福建商学院学术著作资助出版
福建商学院绿色财会问题研究创新团队资助出版

国有商业银行信贷管理体制历史演进及优化研究（1949—2024）

刘 林◎著

厦门大学出版社
XIAMEN UNIVERSITY PRESS
国家一级出版社
全国百佳图书出版单位

图书在版编目（CIP）数据

国有商业银行信贷管理体制历史演进及优化研究：1949—2024 / 刘林著. -- 厦门：厦门大学出版社，2025. 1. -- ISBN 978-7-5615-9643-2

Ⅰ. F832.33

中国国家版本馆 CIP 数据核字第 2025AZ4961 号

责任编辑　李瑞晶
美术编辑　李夏凌
技术编辑　朱　楷

出版发行　厦门大学出版社
社　　址　厦门市软件园二期望海路 39 号
邮政编码　361008
总　　机　0592-2181111　0592-2181406（传真）
营销中心　0592-2184458　0592-2181365
网　　址　http://www.xmupress.com
邮　　箱　xmup@xmupress.com
印　　刷　厦门集大印刷有限公司

开本　787 mm×1 092 mm　1/16
印张　17.75
字数　315 千字
版次　2025 年 1 月第 1 版
印次　2025 年 1 月第 1 次印刷
定价　88.00 元

本书如有印装质量问题请直接寄承印厂调换

作者简介

刘林,女,经济学博士,福建商学院财务与会计学院教师。曾在大型国有商业银行工作9年,任信贷部门主管,具有丰富的商业银行信贷管理实践经验。主要研究领域为公司治理与资本市场,在《福建日报·理论周刊》上发表文章,在《青海社会科学》等CSSCI来源期刊上发表学术论文数篇。

前言

金融是国之重器,是国民经济的血脉,是推动经济高质量发展的重要力量,在中国式现代化建设全局中发挥着重要作用。进一步全面深化改革、推进中国式现代化,必须深化金融体制改革。

党的十八大以来,习近平总书记对金融事业发展的重大理论和实践问题作出一系列重要论述。习近平总书记强调,维护金融安全,要坚持底线思维。金融安全不是没有金融风险,而是金融体系可以有效管理风险,使风险处于可管控、可化解的状态,不发生系统性金融风险。

党的二十届三中全会公报三次提到"金融",聚焦金融领域改革、统筹发展和安全等问题,提出"深化金融体制改革",强调"落实好防范化解房地产、地方政府债务、中小金融机构等重点领域风险的各项举措"。

商业银行是现代金融的基础支撑板块。信贷是商业银行的核心业务,同时也是商业银行利润和风险的主要来源,信贷资产质量的优劣关系着商业银行的安全与发展。当前,我国国有商业银行面临的信贷经营环境日趋复杂。国有商业银行要做好信贷管理工作,必须深刻认识、深入研判新时代新征程上的新形势、新挑战，在短期波动中把握长期趋势，在风险挑战中抓住新的机遇，构建更加适配新发展格局的发展模式，着力加强现代化的信贷管理体系建设，为投融资业务稳健发展保驾护航，全力服务经济社会高质量发展。

信贷管理体制是商业银行为实现对信贷活动的有效管理，对本机构信贷管理的组织机构设置、领导隶属关系和管理权限划分等方面作出的制度安排的总和，是商业银行信贷管理制度的具体表现形式和实施方式。新中国成立75年来，国有商业银行建立并不断完善了有利于我国经济稳定健康发展的信贷管理体制，形成了具有中国特色的信贷管理理论与实践。笔者曾长期供职于国有商业银行信贷部门，后来又攻读经济学博士学位，因此有了将理论与实践结合起来的宝贵机会，得以对国有商业银行面临的问题进行深入的思考，本书即为笔者思考的成果。

本书在马克思主义政治经济学关于银行信用理论的基础上，结合制度变迁理论、信贷管理理论，从信贷资金、信贷审批、信贷风险三个方面回顾和总结新中国成立75年来我国国有商业银行信贷管理体制建设与改革的宝贵经验及历史教训，并提出进一步深化国有商业银行信贷管理体制改革的措施。本书首先全景式地介绍了国有商业银行信贷管理体制的历史演变过程；其次利用熵值法对国有商业银行信贷管理体制的改革成效进行了评价，并在评价指标体系的设计上，创新性地引入了"新经济相适性"概念；最后基于助力实体经济和国有商业银行可持续平稳发展的考量，提出国有商业银行信贷管理体制的优化方案，以期为国有商业银行的转型发展提供参考。

本书旨在系统梳理新中国成立75年来我国国有商

业银行信贷管理体制的演进脉络，总结整理我国在信贷管理体制建立和发展的过程中取得的宝贵经验与历史教训，以期帮助读者更加深刻地理解完善信贷管理体制建设对我国经济发展的促进作用，并在新时代的制度优势下树立起高度的制度自信。但是，商业银行信贷管理体制涉及的范畴较大且内外部环境发展变化较快，书中难免有疏漏或不当之处，恳请各位读者批评指正。

刘林

2024 年 9 月

目录

绪　论 ……………………………………………………………… 001
 第一节　研究背景及意义 ……………………………………… 003
 第二节　国内外研究综述 ……………………………………… 006
 第三节　研究思路、结构与方法 ……………………………… 019
 第四节　创新之处及存在的不足 ……………………………… 023

第一章　相关概念界定及理论基础 ……………………………… 025
 第一节　相关概念界定 ………………………………………… 027
 第二节　理论基础 ……………………………………………… 038

第二章　银行业发展"大一统"时期的信贷管理体制
   （1949—1977）………………………………………… 053
 第一节　新中国银行信贷管理体制创立的初始条件 ………… 055
 第二节　"集中统一"信贷管理体制的确立与发展（1949—1957）… 064
 第三节　曲折中发展的信贷管理体制（1958—1977）……… 075
 第四节　内在逻辑与简要评价 ………………………………… 078

第三章　改革开放初期的信贷管理体制(1978—1983) ·············· 081
第一节　改革开放初期的经济金融背景 ······················ 083
第二节　国有专业银行成立及"二元"银行体制形成 ············ 086
第三节　信贷资金管理体制的改革与发展 ···················· 089
第四节　信贷审批管理体制的恢复与发展 ···················· 090
第五节　内在逻辑与简要评价 ······························ 091

第四章　国家专业银行时期的信贷管理体制(1984—1993) ········· 093
第一节　经济金融背景 ···································· 095
第二节　国家专业银行管理体制的形成 ······················ 103
第三节　信贷资金管理体制的改革与发展 ···················· 114
第四节　信贷审批管理体制的改革与发展 ···················· 117
第五节　信贷风险管理体制的初步探索 ······················ 120
第六节　内在逻辑与简要评价 ······························ 123

第五章　国有独资商业银行时期的信贷管理体制
　　　　　(1994—2002) ·· 127
第一节　经济金融背景 ···································· 129
第二节　国有独资商业银行管理体制的建成 ·················· 135
第三节　资金管理体制的商业化改革 ························ 140
第四节　以控制风险为中心的审批管理体制改革 ·············· 143
第五节　信贷风险管理体制的初步建成 ······················ 149
第六节　内在逻辑与简要评价 ······························ 154

第六章　国有控股商业银行时期的信贷管理体制
　　　　　(2003—2024) ·· 157
第一节　经济金融背景 ···································· 159

第二节　国有商业银行股份制管理体制的形成 …………………… 166
　第三节　资产负债资金管理体制的完善 …………………………… 171
　第四节　信贷审批管理体制的集中化改革 ………………………… 173
　第五节　全面风险管理体制的建立与完善 ………………………… 178
　第六节　内在逻辑与简要评价 ……………………………………… 182

第七章　国有商业银行信贷管理体制变迁的历史经验与问题 …… 185
　第一节　国有商业银行信贷管理体制变迁的历史反思 …………… 187
　第二节　国有商业银行信贷管理体制存在的问题 ………………… 191
　第三节　国有商业银行信贷管理体制问题的成因 ………………… 204

第八章　国有商业银行信贷管理体制改革成效的实证分析 ……… 213
　第一节　指标体系的构建 …………………………………………… 215
　第二节　评价方法的选择 …………………………………………… 219
　第三节　实证结果分析 ……………………………………………… 222

第九章　优化国有商业银行信贷管理体制的对策建议 …………… 231
　第一节　优化国有商业银行信贷管理体制的总体思路 …………… 233
　第二节　国有商业银行信贷管理体制优化的对策建议 …………… 237

结论与展望 ……………………………………………………………… 247

参考文献 ………………………………………………………………… 251

绪 论

第一节　研究背景及意义

一、研究背景

金融是现代经济的核心,银行在金融体系中扮演着不可或缺的重要角色,我国的国有商业银行就在我国金融体系中具有举足轻重的地位。根据国家金融监督管理总局 2024 年 5 月发布的数据,截至 2024 年第一季度末,我国银行业金融机构的总资产达到 4295832 亿元,总负债达 3944883 亿元,其中,商业银行总资产 3679377 亿元、总负债 3394068 亿元,分别约占银行业金融机构总资产、总负债的 85.6% 和 86.0%。而根据中国工商银行、中国农业银行、中国银行、中国建设银行四家国有商业银行发布的 2024 年第一季度的报表,截至 2024 年 3 月末,四家银行的总资产合计 1631456.33 亿元、总负债合计 1502230.75 亿元,分别占我国商业银行总资产、总负债的 44.34% 和 44.26%。由此可见,国有商业银行在资产、负债规模的占比上仍处于龙头地位。同时,根据中国人民银行发布的数据,2002—2021 年,实体经济新增人民币贷款余额在同期社会融资总余额中的占比始终高于 55%,这说明间接融资仍是当前及未来一段时间内我国实体经济获取体外资金的主要渠道,商业银行的信贷支持仍将对我国经济社会和实体企业发展产生重要影响。

中国特色社会主义进入新时代,实体经济发展呈现出新的特点,发展新经济、培育新动能成为经济转型的核心任务。商业银行信贷投放和管理也势必受到经济发展方式和产业结构转型的影响,之前靠信贷规模扩张获利的、外延粗放的信贷管理方式,已不能适应商业银行平衡、可持续发展的要求,这无疑对商业银行信贷管理体制建设提出了更高的制度标准和精细化的管理要求:一是近年来国有商业银行资产增速持续放缓,但 2018 年以来受金融强监管的影响,表内信贷呈现回升趋势,这对国有商业银行信贷资金的配置能力提出了更高的要求,进一步提升信贷资金的使用效率显得尤为重要;二是随着我国经济实体的发展,行业、企业类型不断丰富,在国家大力推动普惠金融的要求下,国有商业银行信贷客户也由央企、国企等大型客户为主转变为多类型客户并存的状态,各类客户在信贷风险暴露识别上的差别很大,这也对国有商业银行信贷审批管理能力提出了更高要求;三是在"稳金融"及"不发生系统性风险"等要求下,作为"大而不能倒"的国有商业银行,能否在国内经济转型的过程中配合监管部门做好逆周期调节,提升信贷风险预测和管控的能力,成为当下及未来一段时间检验商业银行经营绩效好坏的重要标准。因此,当下亟须对现行国有商业银行信贷管理体制的资金、审批、风险等方面做进一步优化。

在上述背景下,本书选择1949—2024年我国国有商业银行信贷管理体制为研究对象,将中国工商银行、中国农业银行、中国银行、中国建设银行四个国有商业银行看作一个整体,深入考察这一历史时期我国国有商业银行信贷管理体制建立与演变的历史背景和社会经济根源,研究国有商业银行信贷管理体制在信贷资金、信贷审批及信贷风险管理体制等方面的变化过程和历史状况,总结其变化规律及特点,以期为新经济背景下国有商业银行信贷经营管理的转型发展提供一些有益的参考和借鉴,推动国有商业银行信贷管理体制的优化。本书的研究显然具有一定的理论意义,但更重要的是对新经济背景下国有商业银行转型发展新金融、助力实体经济发展有一定的现实意义。

二、研究意义

(一)理论意义

首先,为国有商业银行转型发展、提升信贷管理能力提供理论支撑。我国特殊的资源结构和社会经济条件,决定了我国在建立和完善银行信贷管理体制的过程中没有现成的理论,国外的现成理论和标准在我国存在明显的"水土不服"现象,因此,需要总结整理属于我国的信贷管理理论和历史经验,讲好中国故事。习近平总书记指出,历史是最好的教科书。对国有商业银行信贷管理体制改革发展历程的研究,不仅是为了回顾总结过去,更重要的是放眼未来。知史而明鉴,探寻国有商业银行信贷管理体制改革发展历程中所蕴含的内在动力和演进规律,能够为国有商业银行未来的转型发展,以及建设成为国际一流的现代金融企业,提供坚实的理论支撑。

其次,丰富国有商业银行历史变迁研究的理论内涵。国有商业银行信贷管理体制是国有商业银行管理体制的重要组成部分,随着国有商业银行的成立、发展和变革而不断调整和优化,是中国银行业改革发展的缩影和历史见证。从现有文献和资料来看,从宏观层面上对新中国成立以来金融史、银行业史的研究较为丰富,鲜有从微观层面以某一类银行的信贷管理体制改革变迁为研究对象的研究。虽然四个国有商业银行在不同历史阶段出版了各自的行史,但这些行史以资料汇编和叙事为主要形式,且叙述的时间范围大多在股改上市以前,有的甚至在20世纪90年代以前。因此,本书以新中国成立75年来国有商业银行信贷管理体制的变迁历程为研究对象,较为系统地展示了国有商业银行信贷管理体制从酝酿、建立到深刻转变的历史进程,既可以丰富国有商业银行史的内容,也可以充实这一整个历史阶段的历史内容。

最后,为国有商业银行管理者提供有效的决策参考。本书紧扣当前我国的新经济特点,提出新经济背景下国有商业银行优化现行信贷管理体制的对策建议,以期为我国国有商业银行管理者提供决策参考。

(二)现实意义

首先,从国有商业银行面临的发展环境来看,当前国内外经济金融形势发生了重大变化。国际方面,美国于2007年爆发次贷危机,之后于2008年演变为全球性的金融危机,受此影响,欧洲又于2009年爆发了主权债务危机,加之2020年初暴发了新冠疫情,使得世界范围内的经济复苏缺乏内生动力,经济向好发展的不确定性有所增加。国内方面,一方面,我国经济发展进入新常态,经济增速从高速转换为中高速;另一方面,我国金融业市场化改革有序推进,利率市场化、金融脱媒及新兴非银行金融机构的介入,使得我国银行机构的经营环境、监管环境和竞争环境都发生了巨大的变化,国有商业银行的税后净利润增长率在逐年下降,单纯通过扩大资产(资本)规模取得规模效益已无法解决这一问题。因此,值此历史的新起点和转型期,从微观角度对国有商业银行的信贷管理体制现状进行分析评价,有助于发现差距,探寻问题存在的原因,对推进国有商业银行信贷管理体制改革,提升国有商业银行信贷存量的质量,创新信贷增量的方式,提升国有商业银行的信贷管理能力,进而把我国国有商业银行建设成为世界一流的现代金融企业,具有重要的现实意义。

其次，从各项统计数据来看，目前及未来一段时间，除少数上市公司或具有发债条件的大型企业，我国大部分企业融资仍将以间接融资为主。而且，自2018年金融严监管以来，银行表内信贷出现筑底反弹的现象，存款类金融机构广义信贷规模增速保持在11%～13%，国有商业银行因范围广、体量大、市场占有率高等特点，在信贷支持实体经济发展中仍发挥着不可替代的作用。同时，国有商业银行的信贷制度、管理策略也是我国银行业金融机构的行业"风向标"。因此，对国有商业银行信贷管理体制的改革发展历程进行回顾总结，探寻在中国特色社会主义市场经济下国有商业银行信贷管理体制变迁的内在原因、演进规律，可以为加快新经济背景下国有商业银行信贷管理体制的改革提供思路，推进国有商业银行实现战略转型、服务实体经济，从而促进经济和金融的良性循环和健康发展。

第二节　国内外研究综述

信贷管理体制是银行管理体制的重要组成部分，纵观新中国成立以来我国国有商业银行信贷管理体制的变迁，基本是随着我国国有银行改革、国有银行体制的变迁而作出适应性调整的。因此，基于本书研究的目的和经济史角度研究的需要，本节从国有商业银行历史演进的阶段划分、国有商业银行体制变迁、商业银行信贷管理理论三个方面，对国内外相关文献进行梳理和简要评述。

一、国有商业银行历史演进的阶段划分

2019年恰逢新中国成立70周年，这70年也是新中国金融事业砥砺前行的70年，不少学者对新中国成立以来金融事业以及银行业的发展历程进行了梳理总结。学者们关于发展历程的阶段划分主要有以下几种观点。

一类学者认为，可以将新中国成立以来银行业的改革发展历程划分为三个阶段。王国刚（2019）认为，可以将新中国银行事业70年的发展历程大致划分为三个阶段，即社会主义金融体系的探索时期（1949—1978年）、中国特色社会主

义金融体系的建设时期(1979—2017年)、中国现代金融体系的构建时期(2018年至今)。信瑶瑶(2019)以经济体制转型为依据,从经济思想史的角度将新中国成立以来的银行制度的改革历程划分为三个阶段,包括以"大一统"为主导的思想初发阶段(1949—1978年)、以"多元化"为主导的思想转型阶段(1979—1993年)以及以"市场化"为主导的思想发展阶段(1994—2019年)。

另一类学者认为,可以将新中国成立以来银行改革的历史进程划分为五个阶段。例如唐松(2019)认为新中国的金融业发展经历了金融体制的非市场化过渡阶段(1949—1978年)、中国特色社会主义金融体系框架的探索建设阶段(1979—1991年)、市场化导向确定并展开规模性改革阶段(1992—2001年)、多元发展和内涵提升阶段(2002—2011年)以及开放性改革阶段(2012—2019年);曾刚(2019)从银行体系变迁的角度提出,新中国成立后银行的改革经历了以下五个阶段,分别是"大一统"的单一银行阶段(1949—1978年)、专业银行先后成立及"大一统"银行体系的破冰时期(1979—1985年)、国有专业银行商业化改革及多元化的商业银行体系初步形成时期(1986—2003年)、国有商业银行股份制改革及多元化银行体系基本确立阶段(2004—2013年)、银行业进一步开放及民营银行初现的历史新时期(2014年至今);陆岷峰和周军煜(2019)从经济体制的角度出发,结合我国银行改革的特征及重大事件,将新中国成立70年来银行业的发展分为五个阶段,具体包括计划经济体制下的"大一统"阶段(1949—1978年)、市场经济体制下的二元银行体系初步建成阶段(1979—1993年)、国有银行商业化改革阶段(1994—2002年)、国有商业银行股份制改革阶段(2003—2013年)以及经济新常态下的转型与发展阶段(2014年至今)。

还有学者从世界金融发展背景的大环境出发,对我国银行的改革发展历程进行了阶段划分。例如,李志辉(2019)以2008年金融危机为节点,将新中国成立以来银行业70年的发展历程划分为金融危机前、后两大阶段,其中金融危机前的改革历程又细分为五个阶段,包括计划经济体制时期的"大一统"国家银行时期(1949—1978年)、改革开放初期的二元银行体系初步设立时期(1979—1984年)、多层次银行体系构建时期(1985—1994年)、银行业商业化改革时期(1995—2002年)和银行业现代化改革时期(2003—2008年)。

二、国有银行体制变迁的研究

(一)国外研究文献回顾

国外关于国有商业银行体制改革的研究可以追溯到20世纪五六十年代,主要是从产权、公司治理及银行效率几个方面展开研究。有代表性的研究如下:Lewis(1951)主张通过"市场的计划控制"模式,让企业在市场中进行经济活动,而国家则控制市场,对于银行这种经济命脉部门可以通过产权国有化来加强控制;Gerschenkron(1962)从经济发展史的角度对19世纪法国、德国、意大利、奥地利等国的经济发展经验展开比较研究,认为19世纪后半叶德国工业产业的快速发展,得益于德国银行业对重工业领域源源不断的产业资金支持,因此,政府应当在诸如银行一类的具有战略意义的部门取得掌控权,避免不必要的竞争和市场失灵,提高资源配置的效率;Myrdal(1968)认为印度等南亚国家银行所有权的国有化有助于经济发展。

20世纪60年代后期开始,鉴于国有商业银行普遍存在效率低下问题,研究者开始探寻国有商业银行效率低下的原因。Nicols(1967)对比研究了国有商业银行和私有银行两者在经营效率方面的差异,发现国有商业银行效率低于私人银行的原因在于,资本市场对国有产权的金融组织不能充分发挥监督作用;产权理论的代表人物Demsetz(1967)以产权、效率和外部性作为产权理论的基础,认为外部性会给资源的有效配置和使用带来阻力,而外部性的存在则是源于产权不清;O'Hara(1981)认为产权对商业银行也有着广泛影响,私有产权的商业银行由于受到资本市场的充分监督,经营效益会高于公共产权的商业银行;Sung(1994)验证得出公司的股权结构与代理成本正相关。有学者与上述学者持相反的观点,研究发现公有产权的银行的效率并不一定低于私有产权的银行:Tulkens(1993)用生产效率度量方法实证分析了英格兰私人银行和公有产权银行分支机构的经营效率,结果显示公有产权银行的效率更高;Bhattacharyya等(1997)选取了自由化初期(1986—1991年)印度的70家商业银行的数据,采用包络分析法对这些银行的经营效率进行分析,最终得出结论效益最好的是国有商业银行,其次是外资银行,最后才是私人银行。

随着俄罗斯等转轨国家金融危机的发生,学者们开始反思国有商业银行产权过快私有化所带来的问题。比较著名的如美国学者 Mckinnon(1993)在《经济自由化的顺序:向市场经济过渡中的金融控制》一书中明确提出,经济市场化要根据各国不同的经济、制度等背景"按次序"推进,不应同时在所有领域过快地推进市场化。

针对我国国有商业银行体制改革,国外学者也从不同角度展开了讨论。Rawski(1995)对我国经济改革发展进行了长期持续的研究,其中不乏针对银行改革的研究。他对改革的历史进程进行了分阶段的回顾,并对改革成果进行了总结,讨论了其他国家可借鉴的中国改革经验。Leung 和 Mok(2000)分析了东亚银行在金融危机中因银行管理不善而失败的原因,证明了制度变迁引起的法律和营商环境的改善对我国国有银行的商业化进程产生了积极影响。Alicia 等(2006)对我国商业银行股份制改革进行了评析,认为前期的改革取得了一些成绩,但随着金融开放的进一步深入,银行业市场竞争加剧,要满足我国巨大的融资需求和提高国有商业银行的盈利能力,需要尽快完成资本重组,改善公司治理和产权改革。Richard(2006)选取了中国工商银行、中国银行和中国建设银行1997—2004 年银行贷款增长、贷款定价和贷款区域的数据进行分析,认为国有商业银行已经放缓了信贷扩张,但贷款风险定价没有显著改变,且银行在作出放贷决定时并没有将企业盈利目标放在首位,同时国有商业银行的市场份额在持续下降。

(二)国内研究文献回顾

自 1978 年我国金融体制改革、国有商业银行陆续成立以来,关于国有商业银行体制改革的研究就一直是国内学术界讨论的焦点,学者们或从理论方面讨论国有商业银行体制改革的方向或思路,或从实践方面研究国有商业银行体制改革的路径或操作方式,并逐渐形成了产权改革观、市场结构观、公司治理观、引进外资观、行政干预观和增量改革观等观点。

产权改革观以产权理论为基础。20 世纪 60 年代,科斯(Ronald H.Coase)创立了新制度经济学。后来随着威廉姆森(John Williamson)、张五常等学者们的充实发展,逐渐演化出产权学派、契约经济学、交易成本经济学、制度动态学等分支。我国持产权改革观的学者大都以产权理论为理论基础,主张通过引入战略投资者对国有商业银行实行产权改革,从而实现国有商业银行的产权多元化,以达到厘清国有商业银行产权的改革目标。持该观点的学者认为国有商业银行效率低下的原因是产权不清晰,希望通过产权改革引导国有商业银行逐渐向商业化运营的方向发展,比较具有代表性的有曾康霖、吴敬琏、林建华、刘伟、李杨等。曾康霖(1997,1999,2000,2006)是较早系统地对我国国有商业银行产权改革展开研究的学者,提出国有商业银行改革应建立起现代企业制度,走公司化的道路,并对产权改革中选择独资、民营还是国有进行了比较分析,提出改革的核心是解决所有者缺位的问题。吴敬琏(2002)认为,我国国有商业银行存在的首要问题是产权关系不清、所有者缺位的问题,因此应对国有商业银行进行产权改革,先实现商业化经营,再逐步建立起现代公司管理制度并上市,值得注意的是国有商业银行股改上市应在剥离不良资产后整体上市,而不应沿用国有企业改制上市的方法。林建华(1999)认为,国有商业银行体系存在着产权单一、政企不分和责任不明的弊端,对国有商业银行的改革应从根本上改革产权结构、创新产权制度,因此我国国有商业银行改革的根本出路是变革产权结构,股改上市,建立起现代企业管理制度。刘伟和黄桂田(2002,2003)认为我国国有商业银行存在的问题不是行业集中,而是产权结构单一,还有进而引发的国有商业银行效率低下和运行机制不完善等问题,因此国有商业银行改革的核心应是产权结构的改革,引入战略投资者,使产权多元化,但引入的目的不是去国有化,而是在国有控股的前提下,其他产权所有者对国有产权产生牵制,从而形成有效的管理模式。米建国等(2001)认为国有商业银行改革必须深入产权改革的层次,提出对国有商业银行进行股份制改革,且应整体上市。

市场结构观是基于产业组织理论对国有商业银行改革发展方向展开研究,并引入SCP(结构—行为—绩效)分析框架的一种观点。我国持该观点的代表学者有于良春、林毅夫等。于良春和鞠源(1999)认为国有商业银行在我国银行业市场中形成了高度垄断的垄断竞争市场,这种市场结构导致国有商业银行的经营效率低下、人均创利润率远不如中小银行。因此,应放宽银行业准入条件,鼓励民营和外资银行进入市场,给国有商业银行带来竞争压力。高晓红(2000)认为我国国有商业银行各利益相关方处于一种利益均衡状态,存在着大量的效率损失。引入外资可以打破这种均衡状态,引发国有商业银行的适应性修正,从而以市场改革引发产权改革,再以产权改革促进市场调整。林毅夫和李永军

(2001)认为我国银行改革最重要的是改变金融结构,打破国有银行对银行业的垄断。银行业过于集中会导致信贷资金偏向流入大型企业或重工业企业,使得信贷资源无法得到最高效配置。因此,应改变国有银行与中小银行的市场结构形态,支持中小金融机构的发展,进而促进中小企业的发展。焦瑾璞(2001)运用行业集中度指数和赫芬达尔指数对我国银行业集中度进行了测量,发现我国银行业的市场结构存在高度的竞争性垄断,即国有银行占据整个市场的绝大部分。这种高度集中的市场结构造成了竞争力的缺乏和信贷资产的低效运用,因而应该放低准入门槛,鼓励中小金融机构和外资银行进入市场。

公司治理观源于西方现代企业理论。1999年9月,巴塞尔银行监管委员会在其发布的《健全银行的公司治理》一文中提到:"有效的公司治理做法是获得和维持公众对银行体系信任和信心的基础,这是银行业乃至整个经济体系稳健运行的关键所在。"2002年,中国人民银行印发了《股份制商业银行公司治理指引》,指出有效的公司治理对商业银行健康发展十分重要。随着国家层面对商业银行公司治理改革的重视,商业银行公司治理的研究成为国内学者研究的热点,学者们普遍认为良好的公司治理机制有助于国有商业银行的市场化改革,以及经营效率的提高。刘明康(2002)从国际先进企业的经验及亚洲金融危机的教训两个方面讨论了良好的公司治理机制对企业的重要性,因此,不论是从历史的经验教训还是当前面临的机遇挑战来说,我国商业银行都应建立起现代公司治理机制。杨军和姜彦福(2003)介绍了国外银行的先进经验,认为加强公司治理是我国商业银行改革的必然选择,并提出了加强公司治理的措施。李维安和曹廷求(2003)研究了商业银行公司治理的特殊性,构建了商业银行公司治理的理论模式,并针对我国商业银行公司治理改革提出改进措施。刘鹏(2015)认为历经多年改革,我国商业银行已基本建立起了现代商业银行的公司治理框架,但如何从"形似"向"神似"突破,还需要进一步深化改革,协调好党管干部与公司治理的关系,减少政府干预,充分发挥好董事会的作用,促进现代商业银行制度的真正实现。

引进外资观是指在国有商业银行产权改革过程中引入国外的战略投资者,以达到减弱政府对国有商业银行行政干预的目的,建立更为完全的市场竞争机制,推动国有商业银行体制改革。引进外资观从提出初期就饱受争议,学者们对该观点褒贬不一。田国强和王一江(2004)认为国有商业银行的"一股独大"容易导致产权不清和外部监督乏力,使得国有商业银行改革"貌似神异",建议引入外资战略投资者,形成三方制衡的体系,在各方利益和权益相互制约下,促使国有商业银行改革成为"真正的商业银行"。但也有学者对此观点提出了质疑,占硕(2005)认为由于我国商业银行的特许经营制度,取得国有商业银行的控制权,即意味着可以获得租金效应,而当租金高到足以弥补控股风险成本和股权交易成本时,引入外资战略投资者后所形成的三方制衡体系是不稳定的,被打破的"一股独大"局面很有可能被新的股权集中模式所替代,外资战略投资者可能短期持有,即抛售获取暴利,从而造成国有资产的低价流失,更有可能给国家金融安全带来隐患。因此,国有商业银行改革的首要任务是消除国有商业银行特殊的垄断地位,降低准入标准,形成银行业的同业竞争市场,降低国有商业银行的控制权租金,而非引入外资。陈新平(2006)对已完成股改并上市的国有商业银行改革历程进行了梳理,认为银行改革应"一行一策",具体问题具体分析,而不应全部都遵循"财务重组—引进境外战略投资者—海外上市"的模式。史建平(2004,2005,2006)也认为国有商业银行改革中引入外资战略投资者应慎之又慎,避免国家金融安全风险事件的发生。卢嘉圆和孔爱国(2009)、赵亮(2018)通过分析上市银行的年报数据,发现外资持股比例提高并不会显著改善我国商业银行的成本效率,以及提高资产质量和资本充足率,反而会导致商业银行经营效率降低。

行政干预观从商业银行公司治理观演绎而来,强调商业银行改革成功的关键在于减少行政干预。王元龙(2001)认为国有商业银行改革想要取得成功,就要在国有商业银行内建立现代商业银行制度,防止诸如"内部控制人"现象导致的政企不分和行政干预银行经营活动的问题。钟伟和巴曙松(2003)认为国有商业银行在改革中面临的最关键的三个问题就是政企分开、吸收战略投资者和加强内部风控。李克文和宋洪涛(2004)认为行政干预是国有商业银行风险产生的原因之一。但是,也有学者持不同观点,如陆磊和李世宏(2004)利用多元博弈模型分析了2003年以来国有商业银行在中央—地方—公众—银行博弈中的现实表现,认为我国国有商业银行扮演着政府和央行出台的各项经济、金融政策传导实施的角色,因而行政干预是必然属性。

增量改革观是随着产权改革观的发展而产生的,认为国有商业银行的改革应遵循中国经济渐进式改革的特性,减少改革过程中的摩擦成本,使改革达到帕累托改进,即改革增量、保持存量,以增量改革促进存量改革。该观点的代表人物是郎咸平。郎咸平(2003)收集了全球78个国家和地区的958家上市银行的股权结构及经营利润数据,通过实证分析得出结论:国有股权在商业银行产权中占比的大小与股本的回报率没有因果关系。

三、商业银行信贷管理体制的研究

(一)国外文献回顾

国外对信贷管理理论的研究起步较早,早期的研究主要关注商业银行信贷投放与银行资产流动性、安全性的相互关系与作用。例如,亚当·斯密于1776年在其代表作《国民财富的性质和原因的研究》中提出真实票据理论。该理论认为商业银行信贷资金中的大部分来自商业银行吸收的各类活期存款,由于活期存款流动性强,为了避免发生兑付风险,商业银行只能发放以真实的商品交易为基础的并追加物资作为抵押品的短期流动资金贷款。该理论强调保持资产流动性和安全性对银行可持续发展的积极作用,但没有充分考虑存款的相对稳定性,也不能满足人们对信贷产品的多种需求,如长期贷款、消费贷款等。Moulton(1918)在其发表的"Commercial Banking and Capital Formation"一文中提出的资产转移理论继承和发展了真实票据理论。该理论认为商业银行的资产中应包含一定量的信誉好、期限短、有一定收益的有价债券,如短期政府债券,在需要资金时商业银行可在金融市场中转让有价债券以获得流动性。这样既降低了商业银行持有流动资金的成本,又可以保证商业银行资产的流动性。

预期收入理论由美国学者普鲁克诺提出,他在《定期放款与银行流动性理论》一书中写道:"借款人的预期收入决定其能否按时归还贷款,这会影响银行资产的流动性,因此银行应该根据借款人的预期收入来确定贷款的金额、期限等。如果借款人未来有来源可靠的收入,则银行不仅可以发放短期贷款,还可以发放长期贷款和消费贷款。"[①]预期收入理论进一步深化了人们对贷款管理本质的认识,认识到银行贷款能否按期足额收回本质上取决于借款人的预期收入,而非贷

---

① 廖文义,1996.商业银行信贷管理理论与实务[M].广州:华南理工大学出版社:15.

款期限这一表象。这对丰富银行贷款品种、改变银行信贷资产的结构具有积极意义,但客观实际中存在的借款人预期收入难以把握及银行与借款人之间信息不对称的问题,也使得这一理论也存在着明显的缺陷。

　　凯恩斯(1930)在其著作《货币论》中提出"投资对利率缺乏弹性",指出商业银行存在信贷配给现象,但并没有做出具体解释。二战后,西方各国经济复苏,市场中出现信贷资金错配的问题,即需求与供给无法达到平衡,研究者们开始关注信贷配给问题的研究。早期的如 Roosa(1951)在其论文"Interest Rates and the Central Bank"中提出的信用供给可能性理论,从贷款人的角度论证了贷款人也对利率极为敏感,货币政策(包括利率政策)会通过影响商业银行资产的流动性促使商业银行调整其资产结构,进而影响信贷供给量。Jaffee 和 Modigliani(1969)假设银行存在垄断的情况下,银行会对信贷客户进行分类,同一类的客户利率在一定区间内浮动,因而当申请贷款的客户所支付的借款成本低于其所在类型的利率区间时,银行会拒绝该客户,从而形成价格歧视,造成信贷配给不均衡的现象。Fried 和 Howitt(1980)利用隐性合约理论对信贷配给问题展开研究,为银行家为何定量提供信贷这一问题提供了一个初步的答案:随着银行资金成本均值和方差的增加,以及贷款边际成本的增加,形成信贷配给隐性合约的可能性会增加。以上研究和理论的提出均是基于完全信息的框架,随着委托代理理论和信息经济学的不断发展,在信息不对称理论框架下研究信贷配给问题越来越被广大学者接受和认可。Stiglitz 和 Weiss(1981)认为银企之间存在信息不对称的情况,银行会综合考虑收益(利率)及风险(借款人预期收入及还款意愿)来决定是否发放贷款,因此商业银行存在信贷配给现象。

　　与信贷配给研究同时期兴起的还有负债管理理论。1961 年,美国花旗银行发行可转让大额存单之后,改变了银行依靠存款发放贷款的局面,被认为在信贷资金流动性的管理上更加进取,开辟了保持银行资产流动性的新途径,扩大了贷款规模。20 世纪 70 年代中后期,西方金融市场利率普遍上升,银行经营成本和风险水平提升,仅凭资产或负债管理难以达到银行经营的三性要求。美国经济学家贝克(Baeke)于 1977 年提出了综合性信贷管理理论,认为应综合考虑信用风险、流动性风险和利率风险等风险对银行经营产生的影响,促进了银行信贷管理质量的进一步提高。1978 年,美国信孚银行创造的 RAROC(风险调整资本回报率)模型中首先提到了经济资本这一概念,认为经济资本是相对于监管资本而言的、以 VaR(value at risk,风险价值)方式定义的风险资本要求。经济资本概念从新的角度展示了对信贷风险管理的认识。1988年,《巴塞尔协议》颁布和实施,其核心内容就是对银行资本进行了定义并对银行资本的构成进行划分,提出商业银行应保持一定的资本充足率,并对无序的信贷规模扩张进行制约,提高资产质量。

之后,商业银行信用风险管理的理论不断发展和成熟,学者和研究机构又开始对利用计算机技术等科技手段管理银行信贷风险展开研究。美国信孚银行开发的 RAROC 信用风险绩效评价模型,已得到金融理论界和实践方的一致认可。Stoughton 和 Zechner(2007)提出银行总部与各分支机构之间在运用 RAROC 管理技术上存在着信息的不对称性,这种现象的存在会阻碍 RAROC 管理技术发挥效用以及银行整体经营目标的实现;对如何利用 RAROC 技术减少银行高层决策者与分支机构间的信息不对称情况,以及实现银行经济资本的最优配置提出了具体优化方案。虽然 RAROC 指标在银行实践中被广泛应用,并取得了一定的成效,但学者们认为 RAROC 指标在理论方面依然存在着缺陷,如 Crouhy(2000)列示了 RAROC 在实际应用中存在的问题:风险调整收益率的大小和股东价值最大化的目标并不完全一致,因而 RAROC 管理技术也并不是一劳永逸的,基于 RAROC 的定价方式也同样存在着风险偏差。

(二)国内文献回顾

国内关于信贷管理体制的研究起步于20世纪80年代中后期。早期的研究者们如励瑞云(1986)、朱德林(1988)、朱毅峰(1989)、李儒训(1989)等,基于当时我国经济、金融背景,认为信贷管理体制即信贷资金管理体制,是中央银行代表国家对专业银行的信贷资金进行管理的制度总和。

进入20世纪90年代中后期,随着我国社会主义市场经济体制的建立和银行业市场化改革的开展,如何建立一个与经济体制和银行体制相适应的银行信贷管理体制,成为学者们关注的热点、难点问题。一部分学者如曾康霖和王长庚(1993)、俞乔等(1998)、娄祖勤(1999)等系统介绍了西方信贷管理理论,并结合中国经济、金融背景和案例,提出了我国商业银行信贷管理体制改革的意见建议。学者们对信贷管理体制内涵的认识也有了进一步的发展,如曾康霖(2000)认为信贷管理体制包括内、外部两个方面,外部即中央银行对信贷资金的宏观调控,内部指包括银行机构信贷资金营运的管理制度和方法在内的微观管理体制。姜孔祝(1997)、汪爱利(1996)等认为信贷管理体制应包括信贷资金运行的全过程。

随着国有商业银行市场化改革的推进,国有商业银行信贷投放权逐渐回归到商业银行自身,学者们同时也开始重视信贷审批管理体制的研究。肖小勇和肖洪广(2003)认为贷款审批权的设置是存在成本的,极度分散和高度集中两种极端模式都不是最优模式,只有当贷款审批权的三项成本(信息成本、代理成本和知识成本)之和最小时,贷款审批权的设置才实现了最优。罗润年(2002)认为商业银行信贷审批权上收存在一定弊端,应将流动资金贷款的审批权下放至各支行,因为流动资金贷款的需求会根据市场变动而调整,而基层支行最接近市场,所以下放流动资金贷款审批权至基层支行可以使分支机构合理和充分使用资金,支持实体经济发展。祖梅(2007)提出应在商业银行内部营造以市场为导向、客户为中心的信贷文化,对信贷审批开展全流程管理。艾东(2005)认为信贷审批体制垂直化改革是我国商业银行信贷管理体制改革的方向,建立区域审贷中心有利于减少改革阻力并降低改革过渡期的管理成本。

还有一些学者从经济史角度研究了我国商业银行信贷管理体制变迁的历史进程和特点。江其务等(2004)在回顾了我国银行信贷管理制度的历史变迁进程后,认为信贷管理制度的变迁是随着新中国成立五十多年来我国经济管理制度的变迁而做出适应性调整的,信贷资金也从计划经济下的资金供给制逐渐调整到市场经济下的资金交易制,这体现出经济、金融制度变迁对银行信贷制度变迁的决定性作用。刘大远(2007)以信贷资金管理体制的变迁为依据,将新中国成立以来我国商业银行信贷管理体制的变迁进程划分为五个阶段。肖舟(2008)深入研究了中国工商银行的信贷制度变迁历程,认为中国工商银行的信贷制度变迁具有"鲜明的政策设计特征"。同时,信贷制度变迁是随着国有商业银行产权制度的变迁而变化的,因此也可以说"信贷制度变迁的历史也是产权界定、保护、变更或创新的过程"。王相东(2014)认为我国商业银行信贷管理体制变迁是我国政治、经济、金融、银行体制变迁共同作用的结果,体现出渐进性和强制性的特征。王旭峰(2019)回顾了新中国成立以来我国信贷体制的变迁历程,总结出我国商业银行信贷制度存在集中性、分工性、导向性和制衡性四大特征。

四、研究评述

从上述文献可以看出,关于国有银行改革历史阶段划分的观点主要有三阶段论和五阶段论这两种观点。两种观点中,比较统一的一个时间点是1978年,至于对改革开放后的划分则没有形成统一意见。信贷管理体制是国家经济、金融及银行体制的重要组成部分,因而以国家经济和金融体制转型为主、银行体制变迁为辅对国有商业银行信贷管理体制变迁阶段进行划分,具有一定的合理性,本书即采用这种方法进行划分,具体包括:银行业发展"大一统"时期(1949—1977)、改革开放初期(1978—1983)、国家专业银行时期(1984—1993)、国有独资商业银行时期(1994—2002)和国有控股商业银行时期(2003—2024)。

改革开放以来,为降低改革过程中的摩擦成本,我国采取了渐进式的改革方式,即保持存量、改革增量,以增量带动存量,从而使改革达到帕累托最优。围绕着增量改革和存量改革两个思路,学术界关于我国国有商业银行体制改革路径之争主要围绕着产权改革观、市场结构观和公司治理观展开,之后又由产权改革观引申出了引进外资观,由公司治理观衍生出了行政干预观。

产权结构观以产权经济学理论为基础,认为清晰的产权可以充分激发产权主体的积极性,从而形成最有效率的经济行为,提升经营效率。因此,应对国有商业银行产权结构进行调整,形成多元化的股权结构,提升国有商业银行的经营效率。但也有学者认为产权改革等于变卖国有资产,会导致国有资产流失,更有学者认为国有商业银行的股份制改革会产生国有产权私有化问题,导致外国势力插手中国金融事务,影响国家金融安全。

市场结构观主要源自产业组织理论中的 S-C-P(结构—行为—绩效)范式。持该观点的学者们认为我国国有商业银行效率低下的根本原因在于国有商业银行对金融市场的绝对垄断地位使得各金融机构间缺乏竞争,这造成了信贷资源的低效率使用。同时,由于银行业的准入门槛很高,其他金融机构难以进入金融市场参与竞争,致使国有商业银行"懒政"行为出现。因此,要改善国有商业银行的经营管理,必须适当放低银行业的准入门槛,引入其他竞争者,从而促使国有商业银行做出改变。

产权结构观和市场结构观都看到了国有商业银行存在的问题,但过于片面。

产权改革观是从银行内部找问题,认为国有商业银行的问题源自产权过于集中,但却忽视了我国国有商业银行在当时的情况下是不存在规模经济效应的,没有看到当时国有商业银行居高不下的不良率和管理水平的低下也是影响其经营效率的重要原因。

市场结构观的学者们忽视了我国国有商业银行的特殊地位。由于我国国有商业银行体量大、市场占有率高,以及国家对金融安全和金融稳定的考虑,单纯地依靠市场结构调整形成外部竞争压力是很难对国有商业银行形成竞争效应的,也是无法促使国有商业银行为主动应对市场竞争做出改变,从而提升效率的。实际上,从我国国有商业银行体制变迁的现实选择可以看出,在我国国有商业银行的体制改革历程中,产权改革和市场结构调整并不是完全对立的,实际上,国有商业银行选择了"内外兼修""治标又治本"的方式进行改革,即产权改革和市场结构调整有机结合和配合的渐进式路径,这也充分体现了我国国有商业银行体制改革中的中国智慧。

商业银行以安全性、流动性、效益性为经营原则。信贷管理理论历经几百年的发展变迁,其产生与发展的动因或是为了对西方商业银行信贷管理实践进行总结与概括,又或是为了解决西方商业银行调整信贷政策过程中遇到的问题。西方商业银行在不同时期形成不同的信贷管理理论,是为了适应当期的客观经济环境,也是为了获取最大收益而做出的趋利避害的选择。同时,西方商业银行信贷管理理论的产生与发展,反映了资本主义货币金融领域中矛盾的存在与发展,而资本主义货币金融领域中的矛盾又是资本主义经济基本矛盾的表现。

西方商业银行信贷管理理论为我国学者的研究提供了丰富的研究资料,具有一定的借鉴价值。但是,西方的理论并不能直接用于指导我国社会主义市场经济体制下的信贷管理体制的改革与完善。因此,我国学者在进行借鉴性理论研究的同时,更加注重结合我国商业银行经营管理的现实国情,取其精华、去其糟粕,注意研究西方理论对我国国民经济运转带来的负面影响。针对我国商业银行信贷管理体制变迁的特点和方式,我国学者遍认为我国选择了一条不同于西方国家的变迁路径:不是单纯地依靠市场结构调整形成外部竞争压力引发制度变迁,而是在政府主导下的渐进式强制性变迁。这种变迁方式降低了改革的成本,促进了我国信贷管理体制的健康发展。但是,国内学者对我国信贷管理体制变迁的研究大多是在研究金融史或行业发展史时进行简要的概述,较少专门以银行信贷管理体制的改革变迁为研究对象展开研究,又或是只对改革开放以来的信贷管理体制变迁展开研究,涉及的历史时间跨度较短。这就使得我们对新中国成立以来信贷制度变迁过程中所蕴含的基本特征和历史经验的认识不够充分,不利于系统把握新中国成立以来国有商业银行信贷管理体制演进的内在规律。因此,需要系统梳理新中国成立以来国有商业银行信贷管理体制的历史演进脉络,分析归纳信贷管理体制建设与变迁的特点,总结信贷管理体制建立和发展过程中取得的宝贵经验及历史启示。

第三节 研究思路、结构与方法

一、研究思路与结构

本书坚持以马克思历史唯物主义和辩证唯物主义为指导,全面系统地梳理新中国成立75年来国有商业银行信贷管理体制的改革历程,从信贷资金管理体制、信贷审批管理体制、信贷风险管理体制等方面总结分析改革取得的进展与成效、存在的问题及原因,并利用熵值法对国有商业银行信贷管理体制变迁的改革成效进行实证分析,总结国有商业银行信贷管理体制变迁的历史经验,找出国有商业银行信贷管理体制当下存在的问题及成因,提出新经济背景下国有商业银行优化现行信贷管理体制的建议。本书希冀能够有所创新,力求为我国国有商业银行进一步深化信贷管理体制改革提供可参考的方案。

基于以上思路,本书以我国国有商业银行信贷管理体制为研究对象,将中国工商银行、中国农业银行、中国银行、中国建设银行四个国有商业银行看作一个有机的整体,在梳理新中国成立75年来国有商业银行信贷管理体制酝酿、建立、改革和发展历程的基础上,重点从信贷管理体制的资金管理体制、审批管理体制、风险管理体制三个方面着手,总结反思改革中取得的进展与成效,以及存在的问题与成因,提出改善现行管理体制的建议。具体而言,本书拟分成三个部分。第一部分包括绪论和第一章,主要介绍了本书的研究背景及意义、国内外研究现状、本书的理论基础与研究方法等。在此基础上,对研究中所涉及的主要概

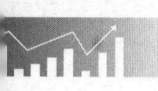

念进行规范界定，对研究中所运用的基础理论进行梳理总结。第二部分包括第二章、第三章、第四章、第五章和第六章，主要对新中国成立75年来的国有商业银行信贷管理体制的改革发展历程进行阶段性划分，运用前文搭建的国有商业银行信贷管理体制改革的理论分析框架，分阶段总结了国有商业银行在信贷资金管理体制、审批管理体制、风险管理体制方面的特点。第三部分包括第七章、第八章和第九章，主要对国有商业银行信贷管理体制改革的历史经验进行总结反思，并对国有商业银行信贷管理体制的发展现状进行评价，分析其目前存在的问题与成因。在此基础上，第九章提出国有商业银行在新经济背景下进一步深化信贷管理体制改革的总体思路和对策建议。本书具体结构路线见图0-1。

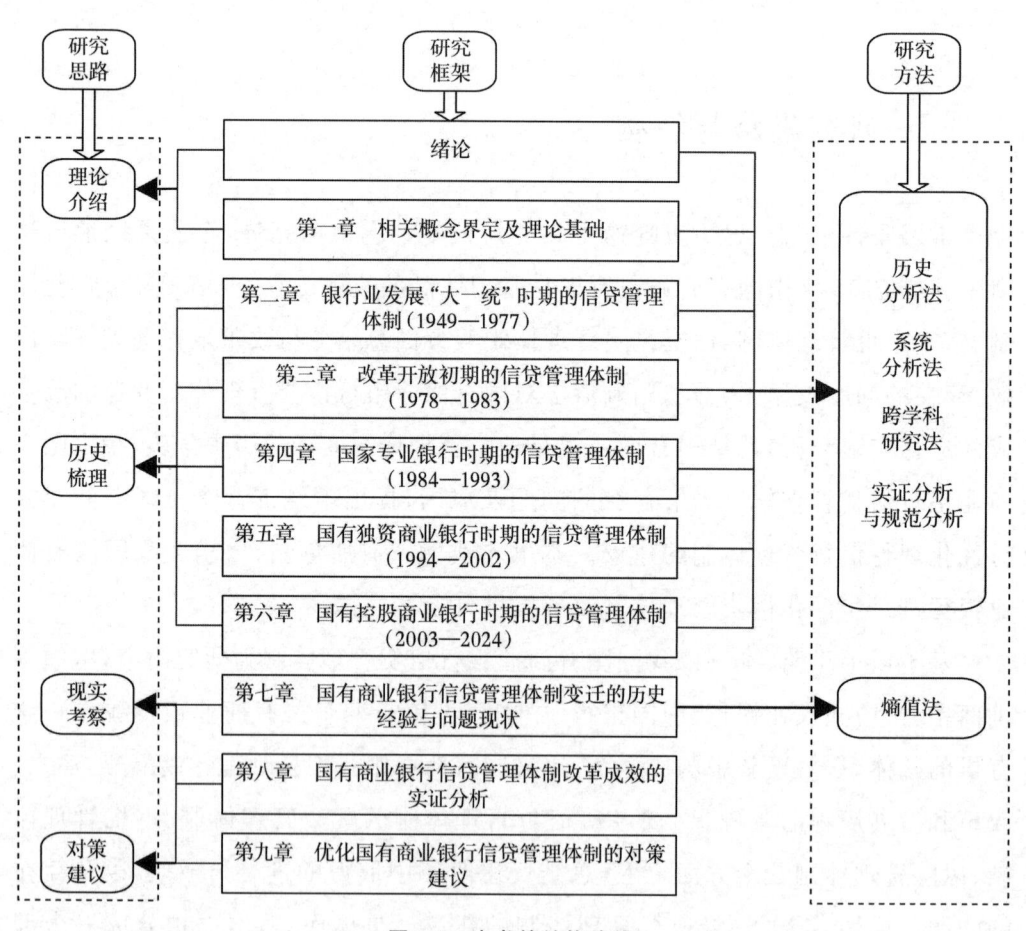

图 0-1 本书的结构路线

二、研究方法

本书以马克思主义理论为指导,在马克思关于银行信用理论的基础上,结合制度变迁理论、信贷管理理论等理论及研究方法,研究我国国有商业银行信贷管理体制在信贷资金、信贷审批、信贷风险等方面的建立、改革和发展历程,探索国有商业银行进一步深化信贷管理体制改革的路径。其中,历史部分以规范性、一般性均衡分析为主,现实部分以规范分析和实证分析相结合为主。本书采用的研究方法主要有以下几种。

(一)历史分析法

历史分析法,也称纵向分析法,是在广泛搜集史实资料或现实经济现象的基础上,结合经济学理论对史料或现象进行总结归纳,并尽可能地揭示其中蕴含的经济学原理的方法。正如经济学家诺思在其代表作《西方世界之兴起》一书中所说,"历史分析方法完美地体现了经济史与经济理论的高度统一"。因此本书运用此研究方法对我国国有商业银行信贷管理体制的历史演进展开研究,梳理其历史发展的基本线索,把握改革的内在联系,揭示我国国有商业银行信贷管理制度改革的合理性与必然性。

(二)系统分析法

系统分析法是指将研究对象看作一个整体,着重研究其结构构成、整体功能、演变规律等。国有商业银行信贷管理体制的改革历程虽有其各自的特点,但从整个银行体系来看,又与股份制银行、地方性银行、农村信用社等其他银行业机构有着天然的区别,是一个整体性强但内部结构复杂的庞大系统,因此特别适合采用系统分析法进行研究。本书将国有商业银行看作一个复杂的系统,从整体和全局出发,对新中国成立以来国有商业银行信贷管理体制的成立、演进过程进行梳理和分析,以期揭示其运动变化规律。

(三)跨学科研究法

跨学科研究法也被称为交叉研究法,是指综合运用多种专业学科的理论知识和分析方法,综合性地对某一问题进行整体上的研究。国有商业银行信贷管理体制改革历程的研究首先涉及历史学上的问题,但要探究其内在的历史逻辑,又需要运用经济学理论,因此在本质上又涉及经济学问题,具有明显的跨学科性质,适合采用跨学科的研究方法进行研究。同时,国有商业银行信贷管理体制改善措施的研究又属于管理学科的问题。因此,本书综合采用历史学、经济学以及管理学的有关理论和方法,对国有商业银行信贷管理体制的历史变迁进行跨学科研究。在研究中,既注重搜集和梳理历史资料,又注重从经济学的角度对历史资料进行分析,利用经济学、管理学的基本理论充分挖掘这些史料背后的经济学逻辑。

(四)实证分析与规范分析

实证分析主要是进行相对客观的动态描述和分析,研究已然"存在"的现象,解决"是怎样"的问题;规范的静态分析解决的是"应该怎样"的问题。通过两者的结合,一方面,对我国国有商业银行信贷管理体制改革的历史变迁、现实状况进行考察;另一方面,对目前我国国有商业银行信贷管理体制在资金、审批、风险等方面存在的问题与原因做出分析,提出新时代背景下国有商业银行改善信贷管理体制、实现转型发展的总体思路、基本原则、政策措施等。

(五)熵值法

熵值法是客观赋权的一种方法,根据指标所提供的信息量来决定指标的权重,可以在一定程度上避免主观赋权对系统评价带来的偏差。熵值法的基本原理是通过评判某一指标观测值的离散程度来确定熵值的大小,指标的变异程度越小,熵就越大,该指标所承载的信息量也就越少,权重也就越小。因此,可以根据各项指标值的变异程度,利用熵值法计算出各指标的权重,为多指标综合评价提供较为客观的依据。

第四节 创新之处及存在的不足

一、创新之处

第一,通过搜集整理1995年以来以"商业银行"或"信贷管理"为关键词的博士学位论文,以及大雅、知网、万方等数据库中相关的图书资料,发现国内学者对我国信贷管理体制变迁的研究大多是在研究金融史或行业发展史时进行简要的概述,较少专门从银行信贷管理体制改革变迁的角度展开研究。本书系统地梳理了新中国成立以来我国国有商业银行信贷管理体制的演进脉络,总结整理了新中国在信贷管理体制建立和发展过程中取得的宝贵经验及历史教训,有助于读者更加深刻地理解完善信贷管理体制建设对中国经济发展的促进作用,有利于读者在新时代的制度优势下树立起高度的制度自信。

第二,已有文献对银行信贷管理体制改革成效的评价多数为定性评价,本书创新性地利用熵值法对国有商业银行信贷管理体制的改革成效进行了测度,并基于评估结果分析了国有商业银行信贷管理体制存在的问题及问题成因,继而以新经济背景下的国家金融改革发展目标为指引,从助力实体经济和国有银行可持续平稳发展的角度,提出信贷管理体制的优化方案,为商业银行转型发展提供参考依据。

第三,创新设计新时代背景下国有商业银行信贷管理体制改革成效评价指标体系。已有文献对国有商业银行信贷管理的评价大多是基于财务指标、不良贷款率等指标,本书创新性地提出了国有商业银行信贷管理体制的新经济适应性指标,在指标体系的设计上具有一定的创新性。

二、研究存在的不足

第一,由于统计年鉴和各国有商业银行公布的数据涉及的范围有限,导致一些分析数据的搜集较为困难,因此在数据分析时无法覆盖75年的历程。

第二，由于商业银行信贷管理体制涉及的范畴较大且内外部环境发展变化较快，所以本书无法面面俱到，只着重选取与商业银行信贷管理体制相关的三个关键部分，围绕关键节点展开分析，因此在研究的全面性和系统性上存在一定不足。

第一章
相关概念界定及理论基础

本章首先对本书所涉及的国有商业银行、商业银行信贷管理体制等概念进行了一般性解释,并明确界定了本书所述的国有商业银行的范围。其次结合学者们的观点,将商业银行信贷管理体制定义为:商业银行为实现本机构对信贷活动的有效管理,对本机构信贷管理的组织机构设置、领导隶属关系、管理权限划分及信贷活动等各方面做出的制度安排总和。最后从马克思主义政治经济学相关理论、制度变迁理论和信贷管理理论三个方面展开理论研究,对商业银行信贷管理体制变迁进行了学理性分析。

第一节 相关概念界定

一、商业银行的起源与本质

(一)西方商业银行的起源与本质

英文中的银行(bank)一词是由意大利文"banca"(长凳)演变而来的,这是因为现代商业银行的雏形被普遍认为诞生于文艺复兴时期的意大利,而意大利的这些早期"银行家"们往往坐在一张长凳上办理各项业务。随着西方资本主义商品经济和商业信贷的发展,资本主义的商业银行纷纷成立,这些银行一部分是从旧的高利贷银行转变而来的,另一部分则是根据资产阶级的意愿以股份制公司的形式建立的。随着这些资本主义商业银行数量与实力的不断增加与提升,到19世纪末,西欧各主要国家基本建成了一个以中央银行为核心、各专业银行(储蓄银行、投资银行、贴现银行等)和其他金融机构(保险公司、信托公司、不动产抵押银行等)为成员的现代商业银行体系。

关于现代商业银行的本质,马克思在《资本论》第三卷中提到,"现代银行制度,一方面把一切闲置的货币准备金集中起来,并把它投入货币市场,从而剥夺了高利贷资本的垄断,另一方面又建立信用货币,从而限制了贵金属本身的垄断"[①]。马克思认为,银行以货币的形式向职能资本家提供信用,且作为信用中介,使货币资本家和职能资本家发生信用关系,即"银行家作为中介人对产业资本家和商人发放贷款"[②]。由此可以看出,现代商业银行的本质是企业,但它又不是普通的企业,因为它经营的是"货币"这一特殊商品。正因如此,在市场经济和商业信用基础上发展起来的现代商业银行,既继承了货币经营资本的这一职能,又发展了资本的分配职能,几百年来在西方发达国家的经济发展中发挥了重要作用,是现代金融体系的核心。

---

① 马克思,2018.资本论:第3卷[M].北京:人民出版社:682.
② 马克思,2018.资本论:第3卷[M].北京:人民出版社:542.

(二)我国商业银行的起源与本质

我国虽然在南北朝时期就已经有了典当铺、钱庄等传统金融机构,但最早以现代商业银行管理体制设立的中资商业银行是成立于1897年的中国通商银行。随着社会主义改造的完成,中国人民银行成了我国唯一的银行,在新中国成立后30多年的时间里既扮演着中央银行的角色,又肩负着工商信贷和储蓄等部分商业银行的职能。直到1979年,我国开始了经济体制改革和金融体制改革,中国农业银行、中国银行先后从中国人民银行中分立出来,中国人民建设银行从财政部中独立出来,中国工商银行于1984年成立并接管了中国人民银行之前所有的工商信贷和储蓄工作,自此,中国人民银行才开始专门行使中央银行的职能。1994年起,上述四家专业银行又开始了一系列市场化改革,逐步建立起现代商业银行经营模式,我国才开始拥有真正意义上的现代商业银行。1995年,我国颁布了《中华人民共和国商业银行法》,而后虽经历过2003年和2015年的两次重大修改,但该法中关于"商业银行"的定义始终如一:"商业银行是指依照本法和《中华人民共和国公司法》设立的吸收公众存款、发放贷款、办理结算等业务的企业法人。"至此,商业银行在我国有了法律上的定义。但我国的商业银行与西方国家的商业银行相比,有着本质的区别,曾康霖(1997)认为我国的商业银行虽然同西方商业银行一样都是经营货币的企业,但因其处于社会主义市场经济中,所以在所有制、组织结构、经营管理目标等方面均存在差异,除了产权国有和不以营利为唯一目标外,还具有适度竞争(即各银行间的竞争"不以损坏对方根本利益为前提")、银企合作、政企合作等特点。在社会主义市场经济条件下,国有商业银行作为国家控股的企业,不仅具有企业的一般属性,还具有社会主义企业的特殊属性。

二、国有商业银行的概念界定

相对于私人商业银行产权的私人属性,国有商业银行的产权则为国家独有或绝对控制。按照产权的结构组成,可以将私人商业银行划分为私人独有商业银行和股份制的私人商业银行。在西方商业银行发展的早期,以私人独有商业银行为主,此时商业银行的所有权、经营权等权利都归一个人或是几个合伙人所有,银行所有者对储户承担无限清偿责任。随着资本主义经济的发展和社会生产力的提高,私人独有商业银行因规模小、清偿能力有限等,已不能适应市场的需求,逐渐退出了历史舞台,当今西方主要国家的商业银行以股份制商业银行为主。

国有商业银行可以分为国有独资商业银行、国有绝对控股商业银行、国有相对控股商业银行和国有参股商业银行这几类。国有独资商业银行是指商业银行产权为国家独有,如股份制改革以前的中国工商银行、中国银行、中国建设银行和中国农业银行。国有绝对控股商业银行是指商业银行的绝大部分股权由国家所有,一般来说国有股权占比超过51%,如我国目前的中国工商银行股份有限公司、中国银行股份有限公司、中国建设银行股份有限公司和中国农业银行股份有限公司。又如法国的巴黎国民银行、兴业银行,在1986年改革前,国家拥有并控制这两家银行92%左右的资本。国有相对控股商业银行指商业银行的股权中国家持有的比例虽没有超过51%,但份额大于其他任何一个持股机构,形成相对控股优势,如我国的交通银行、兴业银行。国有参股商业银行指商业银行产权结构中国有产权仅占一定比例,如俄罗斯在1992年后,逐步出售了原来国有银行的股权,到1994年国有股权在国家银行中的比例仅为10%左右。

国家金融监督管理总局将我国商业银行分为大型商业银行、股份制商业银行、城市商业银行、农村金融机构和其他类金融机构,其中,大型商业银行指中国工商银行、中国银行、中国建设银行、中国农业银行、交通银行和邮政储蓄银行。但交通银行于1987年重新组建成立后改为股份制商业银行,且2010年之前在官方统计数据中均与兴业银行、招商银行等被归类为股份制商业银行;邮政储蓄银行成立之初则以个人储蓄业务为主,2019年才被归入大型商业银行一类中。因交通银行和邮政储蓄银行的发展历程和统计数据与中国工商银行、中国银行、中国建设银行和中国农业银行有着明显区别,考虑到研究目的及统计数据的纵向连贯性与横向可比较性,所以本书所指的国有商业银行特指中国工商银行、中国农业银行、中国建设银行、中国银行这四家银行。虽然陆磊(2007)认为这四家银行已经完成股改并公开上市,不应再使用"国有商业银行"的称谓,但不管是从这四家银行的高管的决定权仍取决于国家行政命令来说,还是从这四家银行的国家持股比例来看,这四家银行"国有商业银行"的称谓都是名副其实的。

三、商业银行信贷的概念及其主要特征

(一)商业银行信贷的概念

要理解商业银行信贷的概念,需要先从信用讲起。马克思在《资本论》第三卷中提到,"这个运动——以偿还为条件的付出——一般地说就是贷和借的运动,即货币或商品的只是有条件的让渡的这种独特形式的运动"[①]。由此可以看出,信用是商品生产和货币流通条件下,以偿还为条件的商品赊销或以货币借贷为形式的经济关系。原始社会末期,随着生产工具的改进,社会生产力大幅提高,剩余产品不断增多,促使以交换为目的、能满足人们某种需求的劳动产品——商品产生。在商品经济的发展过程中,货币出现并开始固定地充当一般等价物。但因商品生产的周期性差异、季节性差异或生产与销售的地点不一致等,商品和货币在不同生产者之间分布不均衡。当商品持有者需出售货物,而商品需求者一时无法提供现金时,就出现了商品赊销,即商业信用。在这一过程中,卖方作为商品持有者为实现商品的货币化,以商品为媒介向买方提供信用,双方约定在将来某一时期由买方向卖方归还货款并支付一定的利息,双方由此形成债权债务关系,并实现了商品价值的单方面转移。但商业信用存在着很大的局限性,随着银行业的出现,银行信用产生了。银行信用是在商业信用的基础上产生和发展起来的,广义的银行信用涉及银行的资产业务和负债业务,银行作为信用中介吸收公众存款,再向资金需求者发放贷款,实现集中资本和分配资本的双重职能,这在资本主义商品经济中体现为"银行家作为中介人对产业资本家和商人发放的贷款"[②];狭义的银行信用仅指银行向企业或个人发放贷款,即本书所研究的银行信贷。

---

① 马克思,2018.资本论:第3卷[M].北京:人民出版社:389.
② 马克思,2018.资本论:第3卷[M].北京:人民出版社:542.

(二)商业银行信贷的特征

商业银行信贷是以"约定偿还和支付利息为条件的价值运动的特殊形式"[①],是商业银行作为信用中介的一种经济上的借贷行为,具有以下几个特点:一是以偿还为前提。在一个信贷关系中必须同时存在债务人和债权人,并约定由债务人到期偿还债权人所规定的相应金额的货币。二是价值单方面的转移。在一般的商品经济活动中,通常是商品的使用权和所有权同时发生变动,一方交付商品,另一方支付货币,二者实现等价交换。但在信贷活动中,是一方先向另一方转移货币,另一方则约定在未来一定时间内归还本金并支付利息。这种情况下,货币的使用权和所有权出现了分离,放贷人仅将货币的使用权转移给了债务人。三是信贷是具有增殖性的价值运动。借款人在约定的时间归还给贷款人的不仅有本金,还有利息,也就是说,正常情况下,收回的贷款金额必定要大于放出的贷款金额。四是商业银行信贷关系的建立通常以正式的书面合同签订作为确立标志。

四、商业银行信贷管理

(一)商业银行信贷管理的内涵

商业银行信贷管理内涵可以从宏观和微观两个层面来理解。宏观层面的商业银行信贷管理是指国家根据客观经济规律,运用经济、法律、行政等手段对商业银行的信贷活动进行管理和调控,以达到平衡社会供需、调节国民经济产业和行业结构、引导企业生产经营及规范借贷双方信贷行为和秩序的目的。微观层面的商业银行信贷管理是指商业银行内部根据国家的法律法规和方针政策,运用各种措施方法,通过合理的制度安排,对信贷行为进行规范和制约,以达到降低经营风险、降低交易成本和提高信贷资金使用效率的目的。微观层面的商业银行信贷管理根据研究对象的不同又可以分为狭义和广义两种。狭义的微观层面信贷管理以信贷资金的发放和收回为起止点,主要研究信贷资金的发放、运

---

① 成保良,杨志,邱海平,2020.《资本论》的范畴和原理:问题解答[M].北京:经济科学出版社:303.

用、收回的过程以及由此产生的各种管理方式。广义的微观层面信贷管理围绕信贷资金的运动全过程展开研究,包括信贷资金的筹集与来源、信贷资金的投放和使用以及贷后风险的控制管理。

本书主要研究广义微观层面的商业银行信贷管理,即商业银行内部开展信贷活动的全过程,包括贷前信贷资金的来源与筹集、贷中审查与审批以及贷后风险的管控。

(二)商业银行信贷管理的原则

商业银行信贷管理原则是商业银行在进行信贷活动中须遵循的基本法则,是商业银行信贷制度制定的基本依据。新中国成立以来,我国的银行信贷管理原则因经济体制的变化经历了大致三个阶段的变迁。

第一阶段是计划经济体制时期,即新中国成立后至20世纪80年代初期。这一时期我国建立了高度集中的"大一统"银行体制,并随之建立起"统存统贷"的信贷资金管理体制,确立了社会主义信贷管理的"三性"原则,即"贷款要按计划发放,贷款要有适销对路的物资作保证,贷款要按期归还"。社会主义贷款管理的"三性"原则起源于20世纪30年代,是苏联为取消商业信贷、集中信用于中央、建立单一集中的计划经济体制而制定的。新中国成立后,我国在总结过去经验和当时国情的基础上,在1955年6月由中国人民银行下发的《国营工业生产企业短期放款暂行办法》中,明确提出了这三项基本原则。总体来看,这三项基本原则反映了计划经济体制下银行信贷管理的基本要求,是与高度集中统一的计划经济体制和银行体制相适应的,促进了国营企业的发展壮大。但也存在着一些缺点和问题,如计划管理的要求过高、过严,资金无法灵活、有效地运用,忽视了资金在流通中的作用。

第二阶段是有计划商品经济建设时期,这一时期信贷管理的原则以"实存实贷"的信贷资金管理方式为核心,主张以"区别对待、择优扶植"的原则按照已批准的贷款计划发放贷款。这一管理原则打破了信贷资金"大锅饭"的格局,是对传统计划经济信贷管理原则的重大突破,银行由过去的按计划发放贷款转变为"以销定贷",体现出信贷管理中对信贷资金使用效益的关注。但由于这一时期各专业银行仍然承担着政策性贷款的任务,贷款发放仍然由国家按计划管控,因此在实际操作中"择优扶植"常常无法实现。同时,由于银行风险意识还不强,给

20世纪80年代末的信贷过度扩张埋下了隐患。

第三阶段是建设社会主义市场经济以来的这段时期。1993年底,中华人民共和国国务院颁布了《关于金融体制改革的决定》,专业银行市场化改革拉开序幕。1995年颁布的《中华人民共和国商业银行法》规定商业银行以"安全性、流动性、效益性为经营原则,实行自主经营,自担风险,自负盈亏,自我约束"。作为商业银行主营业务的信贷业务,在其开展过程中也必然要遵循这一原则,即商业银行信贷管理原则应是在确保银行信贷资金安全性和流动性的前提下,尽可能地提高信贷资金的使用效益。其中:安全性是第一要素,是实现流动性和效益性的前提保障。流动性是连接安全性和效益性不可或缺的要素,流动性不足的商业银行将时刻受到安全性的挑战,效益性也无从谈起,但较高的流动性又会降低银行的盈利水平。因此,三者是既对立又统一的关系。就信贷产品而言,通常情况下,安全性和流动性是正相关的关系,流动性较强的资产安全性也较强,但效益性会比较低,如短期流动资金贷款。效益性则与安全性和流动性呈现出反向的矛盾关系。盈利性较高的信贷产品通常要求银行承担更多的风险,降低安全性的要求,如长期贷款。如此看来,在银行实际信贷管理中,绝对的安全性是不存在的,只考虑安全性和流动性会使银行丧失盈利的机会,银行也就无法实现作为企业成立的目的——赚取利润;若片面追求高利润而忽视安全性和流动性的要求,银行的经营将会陷入困境。因此,商业银行信贷管理需要平衡好安全性、流动性、效益性三者的关系,制定合理的制度或设置适度的控制指标,在保障银行资金安全的前提下,尽可能地获取更多的利润。

五、商业银行信贷管理制度与信贷管理体制

(一)商业银行信贷管理制度与信贷管理体制的内涵

关于"制度"的内涵,《辞海》(第七版)中给出了三种解释:一是在一定历史条件下形成的政治、经济、文化等方面的体系,如经济制度、剥削制度;二是要求大家共同遵守的办事规程或行动准则,如工作制度;三是规格、格局。林岗等(2000)提到,"马克思从生产实践活动出发,将制度的形成归结为一定生产关系,以及与这种生产关系相适应并维护这种生产关系的社会机构和规则的确立过

程，认为制度的本质就是在社会分工协作体系中不同集团、阶层和阶级之间的利益关系"，"马克思的解释不仅构成一个具有严整逻辑的理论体系，而且得到历史事实的有力支持"。

经济学家们对"制度"的定义也各有不同。制度经济学鼻祖凡勃伦（1964）认为制度是某一时期或社会构成人们生活方式的思想习惯。康芒斯（1997）把制度定义为"集体行动对个体行动的控制"，这个"集体"既包括无组织的习俗，也包括有组织的"运行中的机构"，如家庭、公司、国家等。舒尔茨（2006）将制度定义为一种涉及社会、政治及经济的行为规则。诺思（1992）在其早期著作《经济史上的结构和变革》中提出"制度提供人类在其中相互影响的框架，使协作和竞争的关系得以确定，从而构成一个社会，特别是构成了一种经济秩序"，认为"制度是为约束在谋求财富或本人效用最大化中的个人行为而制定的一组规章、程序和伦理道德行为准则"。之后，诺思在他的另一代表作《制度、制度变迁与经济绩效》中将"制度"定义为"一个社会的游戏规则，更规范地说，它们是为决定人们的相互关系而人为设定的一些限制"。林毅夫（1989）认为制度是为了应对不确定性而制定的规范人们行为规则的手段。虽然学者们对"制度"的定义在表述上各有区别，但可以看出制度本质上是对人类行为和关系的规范和约束。这种约束既有强制性的约束，如法律、法规，也包括非强制性的约束，如习俗、传统等，但更多的制度是"被人设计出来的"，这也是研究制度"怎样被设计"和"应该怎样设计"的意义所在。制度制定的目的是建立交易中的秩序以及减少不确定性，通过对制度内涵的分析有助于我们更好地理解商业银行信贷管理制度的本质。

李国民（2004）将融资制度分为广义和狭义两种，"广义的融资制度是指各相关主体之间在调节资金的供给和需求，以及由此带动的生产要素的流动和配置（或在金融资产交易）的过程中一系列被制定出来的规则、习惯、守法程序和约定的行为伦理道德规范"，"狭义的融资制度指资金配置方式的制度安排"。刘大远（2007）从制度经济学的角度将信贷制度定义为"银行在进行信贷交易行为时执行的，用以规范内部运行及与外部交往的信贷交易规则体系，这些规则抑制着可能出现的任意行为和机会主义行为"。肖舟（2008）认为，信贷制度是金融机构共同遵守的、按一定程序办理信贷业务的规程或行动准则，其核心是通过风险控制和管理，在保障信贷资金安全性的同时更多地取得信贷效益。

结合以上学者的观点,考虑到本书研究的是微观层面广义的商业银行信贷管理,本书认为商业银行信贷管理制度是商业银行根据《中华人民共和国商业银行法》《贷款通则》等法律法规制定的、用于规范和约束商业银行信贷活动的行动规范和准则,它是商业银行基本管理制度的重要组成部分,也是国家经济、金融管理制度的次级制度。

《辞海》(第七版)中关于"体制"的释义有两种:一是指国家机关、企业事业单位在机构设置、领导隶属关系和管理权限划分等方面的体系、制度、方法、形式等的总称,如政治体制、经济体制、教育体制等;二是指诗文的体裁、格局,亦指绘画等艺术作品的体裁风格。显然,本书研究的信贷管理体制中"体制"的内涵属于第一种。

学者们对信贷管理体制内涵的认识有着一个逐渐深入的过程。在新中国成立到我国建立社会主义市场经济体制前的很长一段时间里,由于银行信贷按计划指令发放、信贷资金由人民银行拨付,学者们认为银行信贷管理体制即信贷资金管理体制。例如:朱毅峰(1989)认为信贷管理体制反映和规定着中央银行、专业银行和所属各级银行在信贷资金分配使用和管理权限方面的相互关系。信贷管理体制属于经济管理体制的范畴,是经济管理体制的重要组成部分,为经济管理体制服务。因此,信贷管理体制会随着经济管理体制的变迁而做出适应性调整。史建平(1993)认为银行信贷管理体制是银行组织信贷管理活动的基本模式,包括信贷管理体系的构造、管理权限的划分和管理方式的选择。孙家礼(1995)、汪爱利(1996)、廖文义(1996)认为银行信贷管理体制即信贷资金管理体制,是银行对信贷资金进行管理而设置的组织体系和管理形式。随着市场经济体制的建立、银行商业化改革和利率市场化改革的推进,学者们对银行信贷管理体制内涵的认识进一步深化,王明权和赵洪林(1997)认为银行信贷管理体制应该包括银行信贷资金管理体制、信贷资金供应体制和利率管理体制。之后,随着商业银行股改上市,信用风险管理受到重视,学者们对银行信贷管理体制内涵的认识不再仅限于信贷资金管理,有学者认为信贷管理即信贷风险管理,应从信贷活动的全流程来建立信贷管理体系。

结合学者们的观点,基于本书具体研究对象,本书将商业银行信贷管理体制定义为:商业银行为实现本机构对信贷活动的有效管理,对本机构信贷管理的组织机构设置、领导隶属关系、管理权限划分及信贷活动等各方面做出的制度安排的总和，是商业银行信贷管理制度形之于外的具体表现形式和实施方式。其中，信贷资金管理体制、信贷审批管理体制和信贷风险管理体制是商业银行信贷管理体制形成和运作的主要影响因素。

(二)信贷管理制度与信贷管理体制的特点与联系

商业银行信贷管理制度作为国家经济、金融管理制度中的组成部分，是要与一定的经济、金融制度相适应的。同时，商业银行信贷管理制度作为社会众多制度的一个分支，具有广义制度的一般特性。

第一，普适性。制度从产生伊始就不是特定地针对某一个人的，而是为了规范参与某项社会活动的所有人的，除特殊情况外，在其适用范围内，它对所有人都发挥效用，都具有制约性，有着普适性的特征。

第二，稳定性和确定性。制度或是在人类长期实践活动中发展形成的，成为某项活动中的习惯或习俗而被保留流传下来，在一定时期内约束人们的活动或关系；又或是为了达到某一目的而被人们"设计"出来，用来明确人们在进行某项活动时应普遍遵循的规则，它明确地规定了人们可以做什么，不可以做什么，在未被废止前人们都需无条件地执行它。

商业银行信贷管理制度不仅具有广义制度的一般性特征，而且还具有以下特性。

第一，统一性。商业银行信贷管理制度不是根据某个人的喜好制定的，而是商业银行根据国家的信贷法规、信贷政策并结合自身经营管理的理念和经验而制定的，且一般由商业银行总行制定并下发至各分支机构，要求统一强制执行。这种制度执行方式与银行统一法人的管理体制分不开，银行管理者也正是通过这种制度执行方式建立起由上而下的统一集中管理体制，对信贷业务的发展进行强有力的管控和监督。

第二，流程化。早期的银行信贷管理制度相对简单，随着银行信贷产品的多元化和人们对信贷管理认识的加深，商业银行逐步开始根据信贷产品的分类和信贷流程的不同制定详细的信贷管理制度。有专门针对某一类信贷产品制定的管理办法，如流动资金贷款管理办法、固定资产贷款管理办法等。也有根据信贷活动贷前、贷中、贷后的流程制定的操作手册或分工细则，如客户准入办法、信贷评级审批细则、贷后监督手册等。这种分类精准、分工明确的流程化信贷管理制度体现出了商业银行垂直管理和横向组织并行的管理体制特点,分支机构信贷管理部门既接受总行信贷管理部门的直向管理,也受到本机构管理层的管理。

第三,引导性。银行信贷管理制度反映着银行的经营理念和制度制定者的意志。商业银行通过信贷管理制度向银行所有员工传达着本行的信贷管理理念,引导员工根据银行所希望的方向进行适当的信贷工作,明确地告诉所有员工银行提倡哪些信贷行为、禁止哪些信贷行为。例如,商业银行会根据国家经济导向、行业市场前景等在每年制定行业信贷政策,指导本行所有机构根据行业信贷政策发展信贷业务,以达到控制信贷风险、提高经济效益的目的。

商业银行信贷管理体制作为商业银行信贷管理制度安排的总和,具有以下几个特征。

第一,商业银行信贷管理体制是一项基本的信贷管理制度,它是商业银行信贷管理制度形之于外的具体表现形式和实施方式,也是商业银行在管理信贷活动中各项职能的制度化形式。

第二,商业银行信贷管理体制是商业银行各级机构在信贷管理方面的组织结构、隶属关系和职责权限划分的制度总和。商业银行为了实现对信贷活动的有效管理而设置了相关的组织机构,并对组织和机构的职能,内部各个层次,以及各个环节之间责、权、利等方面做了制度上的规定,从而形成了有利于银行信贷业务发展的各种制度和管理方法体系,体现出商业银行对信贷活动全过程的组织、协调、监管。

综上,商业银行信贷管理制度与信贷管理体制既有区别,又有联系。体制是一系列制度的总和,是制度的具体体现形式,商业银行信贷管理体制是与商业银行的体制和信贷管理制度相联系的。信贷管理制度保障了信贷管理体制的正常运行,一定的信贷管理制度总是被要求与一定的信贷管理体制相适应,信贷管理体制的变迁会引起信贷管理制度的调整。

第二节 理论基础

一、马克思主义政治经济学相关理论

(一)马克思关于银行信用及其作用的论述

马克思在《资本论》中提到货币资本到生息资本的转化及相关问题时,对信用的起源、本质及其在资本主义生产中所起的作用展开了论述。马克思指出,职能资本家借入资本取得生息资本的使用价值并投入生产经营,经过一定时期向资本的贷出者还本付息。在这一过程中,资本的所有权和使用权相分离,职能资本家通过借到的货币资本从事生产经营活动,从而获取企业利润;借贷资本家凭借资本所有权获得借贷利息。因此,马克思认为,信用的本质是一种经济关系,这种经济关系表现为以偿还为条件的商品或货币的让渡形式,这种让渡只产生了使用价值的单方面转移,所有权没有改变。

马克思还根据借贷运动采取商品形式还是货币形式,将信用分为商业信用和银行信用,并指出银行信用是在资本主义生产发展和商业信用基础上发展起来的,是资本主义信用的主要形式。银行信用是银行资本家通过银行和职能资本家发生的借贷关系,即"银行家作为中介人,对产业资本家和商人发放的贷款"[①]。银行在这个借贷关系中,既是借贷双方的信用中介,也是资本家相互之间的支付中介。银行作为信用中介,其业务范围包括负债业务和资产业务。负债业务主要是指吸收社会公众存款。资产业务是指以货币的形式向职能资本家发放贷款或直接向企业投资。银行利润的主要来源就是存款和贷款的息差。

马克思认为,信用制度在资本主义生产和流通中都发挥着重要的作用,是资本主义经济运动不可缺少的条件,并成为"促使资本主义生产方式发展到它所能达到的最高和最后形式的动力"[②]。首先,它加速了资本的再分配和利润率的平

---

① 马克思,2018.资本论:第3卷[M].北京:人民出版社:542.
② 马克思,2018.资本论:第3卷[M].北京:人民出版社:685.

均化,从而促进了资本主义经济的发展。"信用制度的必然形成,以便对利润率的平均化或这个平均化运动起中介作用,整个资本主义生产就是建立在这个运动的基础上的"①。其次,它不仅减少了货币流通的费用,也加速了商品形态变化的速度,从而促使整个再生产过程加快。最后,它促进了资本的聚集和集中,促使股份资本的形成和股份公司的成立。把股份制作为资本主义生产极度发展的结果,"是资本再转化为生产者的财产所必需的过渡点"②。但这种作用也有其消极的一面:一是它成为"生产过剩和商业过度投机的主要杠杆"③,使资本主义固有的生产和消费的矛盾进一步加深,加剧了资本主义各生产部门之间发展的不平衡。二是加速了资本主义经济危机的爆发。信用打破了真实需求对生产的制约,形成经济泡沫,一旦泡沫破裂,社会债务链断裂,就会不可避免地引发经济危机。

(二)马克思关于制度及制度变迁的论述

马克思从人类生产实践活动出发,通过研究"资本主义生产方式及与之相适应的生产关系和交换关系","来揭示现代社会的经济运动规律"④。可以看出,马克思考察的制度是人类社会在从事物质资料生产时所形成的人与人之间的社会关系。马克思认为,物质资料生产是人类社会存在和发展的基础,人类社会变迁的根本动力也根植于物质资料的发展与变革之中。生产力是生产的自然属性,代表生产的物质内容;生产关系表现生产的社会属性,是生产的社会形式。两者是社会生产过程中不可分割的两个方面,生产力决定生产关系,生产关系反作用于生产力。由此可以看出,马克思认为,社会生产力的发展是制度变迁,即人与人社会关系变迁的最终原因和根本动力。

同时,马克思还认为制度是分层次的。生产关系的总和构成社会的经济基础,也就是说经济制度是基础性制度,其他的政治、法律等制度是建立在一定的经济基础之上的。

---

① 马克思,2018.资本论:第3卷[M].北京:人民出版社:493.
② 马克思,2018.资本论:第3卷[M].北京:人民出版社:495.
③ 马克思,2018.资本论:第3卷[M].北京:人民出版社:499.
④ 马克思,2018.资本论:第1卷[M].北京:人民出版社:8-9.

二、制度变迁理论

(一)制度变迁的释义

前文已经提到,制度本质上是对人类行为和关系的规范和约束,那么,就可以将制度变迁解释为制度动态更迭、变化演进的过程。这种变迁是因为外部环境发生变化,打破了原本处于均衡状态的制度结构,促使制度发生调整,并向均衡状态演变。

具体到商业银行信贷管理制度,它是商业银行经营管理制度中的核心部分,也是我国金融管理制度中的次级制度,因此其变迁调整也必然受到商业银行制度变迁乃至国家金融制度变迁的影响。江其务等(2004)认为,信贷管理制度是随着新中国成立50多年来我国经济管理制度的变迁而做出适应性调整的,信贷资金管理体制也从计划经济下的"资金供给制"逐渐调整到市场经济下的"资金交易制",这体现出经济、金融制度变迁对银行信贷制变迁的决定性作用。肖舟(2008)深入研究了中国工商银行的信贷制度变迁历程,认为工商银行的信贷制度变迁具有"鲜明的政策设计特征",同时,信贷制度变迁是随着国有商业银行产权制度的变迁而变化的,因此也可以说"信贷制度变迁的历史也是产权界定、保护、变更或创新的过程"。王相东(2014)将信贷制度变迁分为宏观和微观两个层面:从宏观层面来讲,商业银行信贷制度变迁是国家和银行权衡新旧制度绩效后做出的制度创新或再选择的演变过程;从微观层面来讲,商业银行信贷制度变迁是委托—代理模式下的商业银行管理者在衡量信贷制度的预期收入成本比后,通过不断选择和博弈实现信贷制度由上而下创新和更迭的过程。

(二)制度变迁理论的演进

制度经济学起源于19世纪初叶,在理论发展过程中,逐渐形成旧制度经济学派和新制度经济学派,制度变迁理论是新制度经济学派中的代表性理论。

从1899年凡勃伦出版《有闲阶级论》到20世纪30年代前,西方形成了以凡勃伦、康芒斯等学者为代表的旧制度经济学派。该学派着重从制度视角研究非市场性因素对经济变迁所产生的影响,致力于对社会经济生活发展表象的描述。凡勃伦从心理学的角度解释制度的由来,认为制度是"思想习惯",制度的变迁过程也就是人类的思想习惯根据外界环境变化而做出的对应性改变。他认为,制度必须随着环境的变化而变化,因为就制度的性质而言,是对环境变化所引起的刺激发生反应的一种习惯方式。可以看出,凡勃伦将制度变迁的本质归结于人的主观心理和精神上的变化,这与马克思唯物史观中的"物质决定意识"和"生产力决定生产关系"论是有着本质上的区别的。康芒斯认为制度是"集体行动控制个体行动"。这里的"集体行动"中最核心的是法律制度,强调法律制度对经济制度变迁的重要作用——是经济制度演进的动力。可以看出,旧制度经济学对制度变迁内涵的认识,更多的是从资本主义社会经济发展的表面现象来展开的,强调经济学的任务是探究制度的历史演进过程。

威廉姆森和温特(2020)提到,科斯(Ronald H.Coase)在其经典论文《企业的性质》《社会成本问题》中,率先将产权和交易成本的概念引入制度经济学的研究中,通过使用边际分析法,创立了制度分析的实证研究方法,改变了旧的制度经济学以规范分析为主的局面,这也成为新旧制度经济学的代表性差异。

科斯之后,形成了以舒尔茨、诺思、拉坦、林毅夫等为代表的新制度经济学派。舒尔茨认为制度是约束人们行为的一系列规则,制度变迁的主要原因是人的经济价值的上升,即劳动力市场价格的提高促使制度发生改变。戴维斯和诺思(2019)合著的《制度变迁与美国经济增长》在新古典主义经济学理论和新制度经济学理论的基础上,以美国经济制度结构的演进历史为考察对象,构建了制度变迁理论的分析框架。他们认为,只有在预期收益大于预期成本时,一种新的制度安排才会形成。因此,在两种条件下才会发生制度变迁:一是潜在利润的改变,二是创新使成本降低。他们将制度变迁视为"一种制度均衡—非均衡—均衡的过程",并且,在大部分时间里,制度会向帕累托最优的方向演进。拉坦对制度变迁的认识较舒尔茨和诺思更进一步,引入需求供给的概念,认为制度变迁不仅是为了提升制度绩效,也是关于社会与经济行为以及组织与变迁的知识供给进步的结果,如制定与制度相关的法律、社会认知的进步会导致制度变迁的供给曲线右移,降低制度创新的成本。林毅夫(1994)的《关于制度变迁的经济学理论:诱致性变迁与强制性变迁》被舒尔茨称赞为"制度研究的范围与内容方面的杰作"。林毅夫(1994)认为,制度变迁是一群(个)人在制度不均衡时为"追逐获利机会所进行的自发性变迁,即诱致性变迁,或由政府法令导致的变迁,即强制性变迁的过程"。

布罗姆利(2012)在其著作《经济利益与经济制度——公共政策的理论基础》中反驳了诺思的看法。布罗姆利认为诺思的制度变迁模型过于强调收入和效率对制度变迁的影响,这在很大程度上是"同义反复(tautological)"。布罗姆利认为,制度变迁更多的是国家对个人的强制,也可以说制度变迁在很大程度上受经济公共政策及其决定的影响。布罗姆利对诺思的基于收入—成本观的制度变迁模型提出的不同意见,使制度变迁模型摆脱了逻辑上同义反复的困境,且背后是另有深意的:市场不是万能的,不受限制的市场有时可能产生某些被交易双方忽略掉的成本,如环境污染,因此市场中需要"被人设计"的制度。布罗姆利的制度变迁理论对研究我国国有商业银行信贷管理制度的变迁是很有启迪意义的。

(三)制度变迁的特点

新制度经济学认为制度变迁具有时滞性和路径依赖的特点。

1.制度变迁的时滞性

戴维斯和诺思(2019)在《制度变迁与美国经济增长》一书中提到,"我们所使用的模型是非常传统的经济学家所常用的,即'滞后供给模型'的一个变形"。他们利用此模型,详细介绍了制度变迁时滞性的特征,并将制度变迁中的这种时滞性分为四个部分:(1)"认知与组织"的时滞,即从识别外部利润存在到组织初级行动团体所需要的时间;(2)"发明创新"时滞创新使外部预期利润内部化的一种新"技术"的时间;(3)"菜单选择"时滞,即从多种制度安排中选出最优选项的时间;(4)"启动"时滞,即从确定制度安排到最终实施所需的时间。具体到国有商业银行信贷制度变迁,也存在着上述制度变迁的共性特点。

第一,国有商业银行信贷制度变迁中的"认识与组织"时滞,指商业银行管理者发现新的信贷制度安排存在预期利润到组织初级行动团体所需要的时间。时滞时间的长短受几个方面的因素影响:首先,新的信贷制度预期为银行带来的收益越大且确定性程度越高,时滞的时间越短;其次,银行中决定信贷制度创新的组织中的人越少,时滞的时间越短;最后,银行各机构间通信和交通条件越好,时滞时间越短。

第二,国有商业银行信贷制度变迁中的"发明创新"时滞,指商业银行信贷制度创新、制定和安排需要时间和成本。首先,如果制度的"发明者"也是预期收益的最大得利者,则创新的时滞越短;其次,如果有现有的制度形式可以被移植或借鉴,则会缩短相应的时滞时间;再次,如果原有的政治、法律等制度环境为新的信贷制度实施提供的制度基础越可靠,则时滞的时间越短;最后,如果现有的制度结构对新的信贷制度的制约越少,则时滞的时间越短。

第三,国有商业银行信贷制度变迁中的"菜单选择"时滞,指可供商业银行选择的信贷制度安排的选项越多,则时滞越长。若可供银行选择的信贷制度越多,或是各选项之间的优势差异不明显,则需要银行耗费更多的时间评估、择定制度安排,也就会相应地增加时滞的时间。

第四,国有商业银行信贷制度变迁中的"启动"时滞,即在新的信贷制度被确定以后到最终被运用到商业银行信贷管理活动中的时间差。这个时间的长短受两个方面的影响:一是新的制度对银行信贷管理带来的预期效益越大,则启动时间越短;二是与银行信贷管理密切相关的信贷企业、储户等对新制度的需求和认可度越高,则启动时滞越短。

正是由于制度变迁时滞性特点的存在,才会使制度变迁的历程如此漫长,这也是制度变迁过程中制度差异产生的原因。这也解释了我国国有商业银行虽然在产权上是"同质"的,但改革过程中却差异频现的原因。同时也可以看出,影响商业银行信贷制度变迁时滞性的主要原因是现行的信贷制度和制度环境。另外,新信贷制度的潜在收益与现行信贷制度收益的差异大小,新信贷制度与现行信贷制度的相容度,现行信贷制度向新制度改造的难易程度,都会影响商业银行信贷制度创新的时滞时长。

2.制度变迁的路径依赖

路径依赖的概念最早是由古生物学家史蒂芬·杰·古尔德在研究生物演化路径时总结并提出的。美国经济学家布雷恩·阿瑟于20世纪80年代在其代表作《经济学中的自增强机制》一文中,首次将这一概念运用于解释经济现象,提出了"锁定—路径依赖"的理论。他在研究经济的技术变迁过程中发现了类似化学动力学、理论生物学中存在的自我增强机制的动态系统:如果一项技术在最初凭借微弱的优势被选中使用,那么在这一特定的均衡状态下,它可以凭借这一占先状态获得积累优势,且这一技术会在后续的发展中实现自我增强的良性循环,从而在后续的发展中出现"锁定"现象,成为第一首选项;相反的,某项技术虽然更先进，但可能因为出现的时间较晚，没有吸引足够多的用户，所以最终被抛弃。

阿瑟的这一理论被诺思在其代表作《制度、制度变迁与经济绩效》一书中用来解释制度变迁过程中的两个现实问题，即"是什么决定了社会、政治或经济的不同演进模式"和"为什么一些持续低效的制度仍会长期存在"。

诺思首先分析了制度变迁中路径依赖现象产生的根源。他在书中将制度分为"正式的规则、非正式的约束（行为规范、惯例和自我限定的形式准则）以及它们的实施特征（enforcement characteristics）"，并首先从非正式约束开始分析制度变迁。因为，虽然正式的规则非常重要，"但它只是约束人们社会行为的庞大制度体系中的一小部分"，而非正式约束则是在人类社会长期发展过程中逐渐形成并嵌套在文化传统中的，它普遍存在于人类的社会交往和经济交易中，虽然对正式的规则变化不敏感，往往不会立即做出反应，但却在"制度的渐进演化方面起着重要作用，从而成了路径依赖的根源"。因为除了战争、革命等非连续的制度变革外，众多正式规则的变迁往往是无数次具体且微小的非正式约束变化的积累结果。

诺思还指出，阿瑟在研究经济技术变迁中的路径依赖现象时忽略了"报酬递增和以明显交易费用为特征的不完全市场"这两个关键因素。而诺思认为，这两个因素也是制约制度变迁路径的重要因素。因此，在分析制度变迁的路径依赖特征时，不仅要考虑报酬递增的因素，还要考察交易费用和市场结构对制度变迁产生的影响。

为了说明制度变迁中路径依赖的现象，诺思还对比分析了英国和西班牙近代以来的经济发展历程，得出结论：正是由于制度变迁中的路径依赖效应，使得两国在初始条件背景相近的情况下，走出了截然不同的历史演进道路。这进一步说明了制度变迁的路径对初始条件极为敏感，初始条件的一些"微小变化在整体上构成了根本性的制度变迁"。同时，"发展路径一旦被设定在一个特定的方向（course）上，网络外部性（network externality）、组织的学习过程，以及源自历史的主观模型，就将强化这一方向"，也就是说，曾经的路将会在很大程度上决定未来的发展方向。因此，在考察国有商业银行信贷制度变迁时，要特别关注其历史背景和形成这一历史面貌的原始文化基因。

(四)制度变迁的方式

关于制度变迁方式的划分,通常有以下几种:一是按制度变迁的范围划分,可以将制度变迁分为局部变迁和整体变迁;二是按制度变迁主体的态度划分,可以将制度变迁划分为主动变迁和被动变迁;三是按制度变迁的速度划分,可以将制度变迁划分为渐进式变迁和突进式变迁;四是按制度变迁的主体划分,可以将制度变迁划分为强制性变迁和诱致性变迁。前三种关于制度变迁方式的划分较好理解,因此研究者不多。而关于强制性变迁和诱致性变迁的研究,则受到学者们的重视,其中最为著名的成果要数林毅夫的论文《关于制度变迁的经济学理论:诱致性变迁与强制性变迁》。林毅夫在研究制度变迁不均衡的原因时,开创性地将制度变迁的方式区分为强制性变迁和诱致性变迁,并结合其他学者关于国家、意识形态在经济发展中作用的研究成果,指出国家和意识形态在制度变迁中发挥着重要作用。

强制性变迁是指由政府法令引起的制度变迁,是政府借助法律、行政等手段自上而下并强制实施的制度变革,国家是制度变迁的主要推行者。由于强制性变迁有国家的权力机关作保障,因此其速度较诱致性变迁来说更快,且变迁成本较低。但强制性变迁的成功实施对政府执政能力的要求较高:首先是要对制度变迁的预期效果和方向有较为清晰的研判;其次是新的制度要有较为广泛的内生需求,如果政府提供的新制度缺乏较为广泛的潜在需求,那么在实施过程中就会遇到较大阻力和反对的声音;再次是新的制度可以与现行的制度实现较好的过渡,并能够与非正式制度(习俗等)相融合;最后是政府具有实施新制度的强有力的组织机构和政权基础,保证制度的强制实施。强制性变迁中,决策层一旦出现决策失误,将有可能带来不可挽回的严重后果。

诱致性变迁是指由单个行为主体(一个人或一群人)为了实现可预见的自身利益最大化,自下而上、自发地对现行的制度安排进行变更或创新。诱致性变迁一般需要经过一个较长的演变过程。制度的变迁无法一蹴而就,常常会出现不断"试错"或是"进二退一"的现象,但由于它的进程缓慢,因而不会引起较大的社会震荡。拉坦的论文《诱致性制度变迁理论》将舒尔茨和诺思的研究推进了一步,认为制度变迁的动因不仅有需求端的动因——变迁主体对未来潜在收益的追求,还包括供给端的动因——"社会与经济行为以及组织与变迁的知识供给进步的结果"。社会科学知识与法律、计划等方面知识的进步会降低制度创新的成本,因而成为制度变迁的诱因。林毅夫认为诱致性变迁存在着外部性和"搭便车"的问题,而意识形态信念能起到减少"搭便车"现象、道德风险和偷懒问题的作用,但也只能减少而无法完全消除,因此需要国家干预来补救诱致性变迁中制度供给无法达到最优的问题。

具体到商业银行信贷制度变迁,一般来说,发达国家由于金融、银行业发展时间较长,市场化程度较高,金融机构、信贷产品、金融衍生工具较为丰富,竞争激烈,因此金融制度创新的内在动力较强,国家和政府机构通常不是制度变迁的主导者,银行决策层、行业协会及企业通常成为制度创新的主要角色。银行决策层在预见到制度创新将会带来潜在收益后,在银行内部主动实施信贷制度的调整和选择,并广泛搜集新制度的试用效果,不断调整以达到最优,体现出明显的诱致性制度变迁的特征。发展中国家商业银行信贷制度变迁则大多以强制性制度变迁为基础,通过国家行使权力建立起银行体系,并牵头组织各层级的制度变迁。在识别到制度创新可以带来较为可观的预期收益时,国家通过制定法律、行政干预等方式明确金融、银行制度变迁的方向和路径,并在强有力的行政力量保障下确保推进金融、银行制度的变迁,信贷制度作为银行制度的次级制度,随之发生适应性调整。

三、信贷管理理论

(一)资产视角的信贷管理理论

商业银行信贷管理理论最早是从银行资产管理的角度展开的,这一类理论认为商业银行资金主要来源于银行活期存款,从本质上来说这是银行的负债,银行对其的支配能力有限。因此,商业银行信贷管理的核心是在既定的资产规模下,合理安排资产结构,通过资产业务提高经济效益。下面,本书根据时间顺序介绍基于资产角度、具有代表性的信贷管理理论。

1.真实票据理论

美国理论界将真实票据理论(real-bill theory)称为商业贷款理论(commercial loan theory),该理论来源于亚当·斯密的代表作《国民财富性质及原因研究》一书。该理论认为,银行用于发放贷款的资金主要来自客户的活期存款,为了避免发生兑付风险,银行只能发放短期的自偿性贷款。这种贷款以商品交易为基础,并追加贷款人的真实票据或物资为抵押品以控制贷款风险。以商品交易为基础,可以确保有可预见的明确还款来源,贷款人取得贷款用于生产经营,卖出商品后取得销售款,用于归还贷款和利息。而抵押品可以在贷款人无力偿还时,由银行处理,用于抵扣贷款本金及利息。

真实票据理论的形成与其特殊的历史背景有关:一是在资本主义商业银行发展的初期,没有中央银行作为银行的银行为商业银行提供流动性支持,因此商业银行只能缩短贷款期限来保持资产的流动性;二是当时企业生产经营以自有资金为主,银行贷款只是作为辅助性的季节性补充,信贷市场的需求以短期临时性贷款为主。

真实票据理论对资本主义发展初期自由竞争环境下商业银行的稳健经营发挥了积极作用。它以真实的商业行为为前提,并追加相应的抵押物,银行的信贷规模随着商业行为伸缩,既抑制了通货膨胀,也避免了通货紧缩,因此在很长一段时间里,对各国商业银行的信贷管理产生了重要的影响。但它也存在着明显的缺陷:一是忽视了存款的相对稳定性。当商业银行的存款量达到一定规模时,虽然时刻都会发生存取款业务,但始终会形成一个相对稳定的存款余额,并非所有的活期存款每天都会发生存取变动。如果银行在这个留存额度内发放贷款,则不会影响银行的流动性。二是抑制了商业银行贷款业务的发展。随着商品经济的进一步活跃,人们的需求变得更加多样化,相应的,信贷需求也由生产经营的临时周转扩展到消费、购置固定资产等多方面。而真实票据理论将贷款品种限制于短期商业贷款,这不利于商业银行信贷业务的发展。三是错误地认为贷款期限的长短决定着贷款能否归还,而实际上贷款能否归还主要还是要看贷款主体是否有还款能力。四是如果按照真实票据理论来开展信贷活动,将会引发经济波动。这是因为按照这一理论,在经济景气时,商品交易活跃,贷款相应增加,物价随之上涨,导致经济泡沫出现,而经济萧条时,商品交易减少,贷款也相应减少,反而抑制了经济的复苏。

2.资产转移理论

资产转移理论(shiftability theory)又被称为资产转换能力理论或资产可售性理论,该理论最早由美国学者 Moulton(1918)在其发表的论文"Commercial

Banking and Capital Formation"中提出。19世纪二三十年代,该理论被广泛应用。一方面,第一次世界大战后,各国为了弥补金属货币短缺,大量发行短期国债,促进了金融市场的发展和完善,而该理论认为商业银行可以将一部分资本用于购买短期国债,为商业银行资产保持流动性提供了新思路。另一方面,受19世纪30年代资本主义经济危机的影响,企业贷款需求下降,还贷能力普遍降低,为保持资产的流动性和保值增值,商业银行倾向于购买信誉高、期限短、易转让的国库券作为"二级储备"。

资产转移理论是对真实票据理论的继承和发展。它不仅支持真实票据理论认可的短期商业贷款,还提倡贷款品种的多样化,认为商业银行不必刻意追求贷款期限与存款期限保持一致,可以发放长期贷款。因为该理论认为,商业银行流动性的好坏取决于银行的资产能否在市场上随时变现,即流动能力等于可售性;商业银行可以将部分资金投放于二级市场,用于购买信誉好、易转让的短期债券,在保证资产相对流动性的同时提高资产收益。

资产转移理论是商业银行信贷管理理论的一大进步,它扩展了商业银行信贷业务的范围,提高了银行可贷资金的收益,同时也增加了银行保持流动性的方式。因此,该理论在20世纪30年代后的一段时间里被商业银行广泛运用。但它也存在一定的局限性:一是忽视了宏观金融市场对债券的影响,如果金融市场中的债券需求不旺盛,则银行立即变现债券的可能性将降低。二是只看到了商业银行作为个体的存在而忽视了整个银行体系。如果经济不景气时各银行同时抛售债券,就会导致债券价格下降和无人购买,资产的保值增值和流动性都将受到影响。

3.预期收入理论

1949年,美国学者赫伯特·V.普罗克诺在其著作《定期放款与银行流动性理论》中率先提出了预期收入理论(anticipated income theory)[①]。该理论认为,借款人预期收入的高低决定着其能否按时归还贷款,这会影响银行资产的流动性,因此银行应该根据借款人的预期收入来确定贷款的金额、期限等要素。如果借款人的预期收入有保障,在信贷管理时根据借款人的预期收入设置好分期还款的日期,那么长期贷款和消费贷款也可以保持一定的安全性和流动性。这里

---

① 廖文义,1996.商业银行信贷管理理论与实务[M].广州:华南理工大学出版社:15.

的预期收入不是特指某一笔商品交易的销售收入,而是指借款人未来某一时段内的总体现金净流入或收益。

第二次世界大战后,西方各国政府为了经济的恢复和发展,开始大力投资基础设施项目,贷款的需求开始变得多样化,房地产贷款、固定资产贷款等中长期贷款的需求量大幅上升。与此同时,政府为了鼓励消费,普遍接受并推行凯恩斯的"有效需求不足"理论,消费信贷的观念逐渐被银行和消费者所接受。加之金融市场进一步发展,银行机构和非金融银行机构如雨后春笋般拔地而起,银行业竞争更加白热化,迫使银行不断拓展业务领域,向多元化的方向发展。因此,预期收入理论应运而生。

预期收入理论为银行信贷业务的多元化发展提供了理论支持,正是在这一理论的影响下,二战后出现了房地产抵押贷款、分期消费贷款、中长期固定资产贷款等多种多样的贷款品种,这为战后各国的经济复苏提供了有效的金融支持。但预期收入理论也存在着一定的缺陷:借款人预期收入较难准确把握。客观经济环境是复杂多变的,尤其是中长期贷款,时间跨度大,其中的不确定因素更加繁杂,一旦借款人经营出现异常,将会直接影响其预期收入,银行便有可能遭受资产损失。

以上三种理论都着眼于保持资产的流动性,以信贷业务的期限、品种、还款方式等为抓手,设置条件,干预商业银行资产的配置和结构。这是因为这些理论认为存款是银行的负债,它的金额、期限不由银行决定,因而银行无法主动进行管理,而信贷业务中银行处于主动地位,易于按照银行的需求进行管理。这三种理论之间并不互相排斥,资产转移理论是对真实票据理论的进一步发展,预期收入理论也继承了前两个理论的思想,它们都是在金融市场的发展完善和银行信贷管理的实践中不断充实起来的。

(二)负债视角的信贷管理理论

负债管理理论(liability management theory)诞生于20世纪50年代。该理论依然将保持银行的流动性作为银行管理的重点,但它的视角则是凝聚于银行的负债方。虽然这一理论的研究起点已不是信贷业务,但它仍与信贷经营管理有着千丝万缕的联系,因为信贷业务仍然是当时银行业的主要业务,因此,有必要从信贷管理的角度理解这一理论的本质。

负债管理理论认为,保持银行的流动性,可以通过买入负债、调整负债结构等方式来实现,没有必要单纯依靠建立分层次的准备金体系来确保流动性。根据这一理论,银行可以实施积极的负债管理,通过向市场购买、拆借资金,满足资金周转的需求,只要能筹措到资金,就可以大胆地放贷,以提高经营利润。

负债管理理论的产生有其特殊的经济、金融背景。首先,从20世纪50年代开始,西方资本主义经济进入高速发展期,市场对银行信贷的需求大幅上升,银行迫切希望以此为契机扩大信贷规模,赚取更多利润。其次,20世纪50年代起,西方一些国家如美国,开始加强对银行业的监管,尤其是对银行利率设置最高限额。社会闲散资金从银行存款流向有价证券市场,这使得在减少了银行存款来源的同时,还提高了金融市场的利率。最后,西方国家金融市场进一步繁荣,金融机构多元化发展,进一步加剧了市场竞争。在此背景下,商业银行亟须一种新的理论或方法作为指导来拓展资金来源。与此同时,美国联邦基金市场中成员银行之间的拆借活动开始频繁起来。1961年,美国花旗银行发行了世界上第一张可转让大额定期存单。这都为商业银行通过负债方的主动管理来保持资产流动性提供了现实条件。负债管理理论也在商业银行的实践活动中逐渐形成并完善起来。

负债管理理论对商业银行的经营管理是有促进作用的:第一,它给出了新的保持银行流动性的方法,银行不仅可以通过资产方的管理来保持流动性,还可以通过积极的负债方管理为银行提供流动性;第二,加强了银行对负债管理的重视度,使银行转变观念,认识到负债结构的多元化和合理化也会对银行的经营绩效产生积极的影响;第三,丰富了银行的金融产品,扩大了银行的信贷规模。在这一理论的影响下,一些新的金融产品被开发出来,如可转让大额存单、同业拆借等。同时,由于拓宽了银行的资金来源渠道,改变了银行以存款数量确定贷款规模的被动局面,使银行信贷管理变得更加主动。

但是,信贷管理理论在实际应用中也存在着一些不足。一是增加了银行的筹资成本。一般来说,拆借资金的利率是高于存款的付息利率的,而为了弥补拆借资金的高成本,保持利润率,银行会倾向于将这部分资金发放给能够接受更高利率但信贷风险也较高的客户,这无疑提升了银行整体的信贷风险水平。二是外部资金的不确定性较多,受宏观金融市场的影响较大,如果出现银根紧缩的情况,银行通过拆借资金保持流动性的愿望将难以实现。三是依靠借款发放贷款容易出现"短借长贷"的资产负债不匹配现象,不符合银行稳健经营的理念。

(三)综合视角的信贷管理理论

20世纪70年代中后期,西方国家逐渐开始实施利率市场化政策,金融机构间争夺资金的竞争更加白热化,导致金融市场利率普遍上升,银行靠拆借资金扩大资产规模的成本进一步升高,银行发放贷款所需承担的风险也随之提升。同时,西方商业银行在长期的经营实践中,对银行经营管理的认识也更加成熟,意识到仅凭资产或负债的单方面管理,很难做到安全性、流动性、盈利性的最优平衡。因此,一种强调资产负债并重、统筹管理的理论,即资产负债综合管理理论(asset and liability management theory)逐步形成并成熟。这一理论认为银行的资产和负债是一个有机联系的整体,应开展资产负债的全面管理,要求银行在资产和负债管理上要遵循五方面的原则:规模对称,即资产负债在总量上规模对称;速度对称,即资产和负债在总体期限上保持协调;结构对称,即资产和负债在性质、期限、利率、用途等方面保持动态平衡;目标互补,即实现"三性"的目标互补,用盈利性低的产品提升流动性、安全性,用较低流动性、安全性的产品提升盈利性;分散资产,即"不要将鸡蛋放在一个篮子里",将资产投放于不同的行业、区域、币种中,分散风险。

资产负债管理理论认为,在信贷管理决策中,要综合分析资产和负债的规模、期限、利率等因素,相机决定资金的来源和用途。也就是说,要根据银行目前的资产负债情况,预测未来一段时间银行工商业贷款、定期存款、储蓄存款的规模。如果存款规模大于贷款规模,则意味着银行有充裕资金可以用于贷款;如果预期需要新增或转贷的规模大于存款规模,则意味着银行需要对外筹措资金来弥补头寸。在筹措资金的过程中,银行可以根据市场和自身情况,综合考虑期限、利率等因素控制总成本;筹措资金的方式既包括负债方的同业拆借、发行大额可转让存单等,也包含资产方的出售有价证券。

综合视角的信贷管理理论对提升银行信贷管理水平是有促进作用的。首先,它将银行的资产负债业务看成是一个互相联系、互相影响的有机整体,要求银行在信贷管理中要全面地分析问题,寻求安全性、流动性、盈利性的动态平衡;其次,它促使银行的风险意识增强,要求银行关注信贷风险,认真评估并挑选信贷客户,关注对利率敏感的资产负债业务,减少利率风险。

(四)风险视角的信贷管理理论

进入20世纪80年代,西方银行业迅猛发展,信贷规模急速扩张,随之而来的是信用风险的大幅提升。加之西方金融自由化趋势愈演愈烈,金融创新工具不断推高金融杠杆,进一步加剧了市场风险和利率风险,在全球化的影响下,迅速发展成为席卷全球的债务危机,银行资产安全性受到严重威胁,以风险的计量与优化为核心的经济资本管理和全面风险管理逐渐替代了传统的资产负债管理。1988年,第一版《巴塞尔协议》的颁布,为信贷风险管理打开了新的局面。

经济资本(economic capital)也被称为风险资本(risk capital),它是银行内部管理人员根据银行所承担的风险量计算的、银行所需要保有的最低资本量,是银行内部用来抵御由于风险带来的非预期损失的那部分资产,是银行风险的缓冲器。自1978年美国信孚银行率先提出经济资本这一概念后,经济资本相关研究也随之兴起。国内外学者普遍认为经济资本是相对于监管资本而言的、以VaR方式定义的风险资本要求,因而经济资本的管理也属于风险管理的范畴。商业银行的经济资本包含了信用风险、操作风险、市场风险和其他风险,其中,信用风险在商业银行经济资本中的占比达到70%以上,有的商业银行甚至会达到90%。经济资本管理主要包括经济资本计量、经济资本配置和经济资本评价三个方面的内容。其中,资本计量环节要求对信贷资产按照风险等级进行分类,形成了5类12级的分类评级法。

风险角度的信贷管理理论强调银行经营管理的核心是风险管理,指出银行的本质是经营风险,也就是说,商业银行想要开展业务,就必须承担一定的风险,即通过承担风险获取收益。加强信贷资本的风险管理,可以有效控制银行无序扩张,改善过度关注信贷规模增量而忽视信贷资产质量的粗放发展模式,促使银行机构建立科学稳健的经营机制。

第二章

银行业发展"大一统"时期的信贷管理体制（1949—1977）

1949—1977年，是我国银行业发展的"大一统"时期，也是信贷管理体制的初创期。本章首先基于新中国成立初期的经济、金融背景，分析了当时我国信贷管理体制的创立背景。其次梳理了新中国成立初期我国信贷管理体制的创建历程和发展情况，以及1958年以后我国信贷管理体制的曲折发展历程。

第二章　银行业发展"大一统"时期的信贷管理体制（1949—1977）

第一节　新中国银行信贷管理体制创立的初始条件

一、国民经济的全面恢复

1949年10月1日，中华人民共和国成立，标志着中国历史迈进了崭新的发展阶段，中国的金融事业也开启了发展的新纪元。在财政经济极其困难的情况下，政府采取了一系列有力的手段和措施恢复和发展生产，打击投机活动，平抑物价，经过1949—1952年的三年时间扭转了财政赤字，全面恢复了国民经济。

（一）集中统一财政管理体制的初步构建

为更快地恢复秩序，1950年3月，中央人民政府政务院作出《关于统一国家财政经济工作的决定》，将国家的财政收支、物资调度和现金管理权集中统一到中央，初步形成了高度集中统一的财政经济管理体制。在这一经济管理体制下，财政经济工作的开展迅速而有成效。

首先，平抑了物价。1949年7—11月，纸币发行量从2800亿元增长到了16000亿元，致使物价猛涨。市场中一些商家趁机囤积居奇、买空卖空、牟取暴利，给经济恢复带来不利影响。1949年12月，陈云提出"财政经济要统一管理"[①]的意见。1950年3月开始，政府开始统一调度物资供应和财政收支，市场物价逐渐趋于平稳。

其次，扭转了财政入不敷出的局面。新中国成立初期，国家各项支出由中央政府拨付，而各地的税收则分散在省、市、县各级政府，导致中央政府收支极度不平衡。统一财经制度实施后，各地"除批准征收的地方税外，所有关税、盐税、货物税、工商税等一切收入，均归中央人民政府财政部统一调度使用"[②]。这极大

[①] 陈云，1995.陈云文选：第二卷[M].北京：人民出版社：45-50.
[②] 财政部综合计划司，1982.中华人民共和国财政史料 第一辑 财政管理体制：1950—1980[M].北京：中国财政经济出版社：36-41.

地缓解了中央政府财政收支不平衡的局面,扭转了财政赤字。1950—1952年国家财政收支总额见表2-1。

表2-1　1950—1952年国家财政收支总额

单位:亿元

年份	总收入	总支出	收支差额
1950年	65.2	68.1	-2.9
1951年	133.1	122.5	10.6
1952年	183.7	176.0	7.7

数据来源:国家统计局,1989.奋进的四十年:1949—1989[M].北京:中国统计出版社:423.

(二)国营经济体系的建立

新中国成立后,我国最初的金融体系和国营工商体系建立起来。到1952年,国营经济在各行业所占比重均已处于领先主导地位。以工业产值为例,1949—1952年,工业总产值中,全民所有制工业产值从36.8亿元上升到142.6亿元,占比从26.2%提升到41.5%。[①]

(三)国民经济的恢复初见成效

在中国共产党的领导下,社会各界人士建设新中国的积极性被充分调动,经过三年的不懈奋斗,新中国经济得到全面恢复并取得良好发展效果,到1952年底,社会总产值以及工农业、商业等行业的总产值都实现快速增长。这为之后第一个五年计划的顺利实施打开了良好局面,奠定了一定的经济基础。

二、第一个五年计划的颁布实施与社会主义改造

(一)赶超型工业化战略的确定

新中国成立后不久,面对我国重工业基础薄弱的情况,在政治、经济、外交等因素的共同作用下,我国选择了优先发展重工业的赶超型工业化战略。1950年

[①] 国家统计局,1984.中国统计年鉴(1984)[M].北京:中国统计出版社:194.

2月14日,《中苏友好同盟互助条约》签订。在苏联的帮助下,我国一系列大规模的工业化建设项目开始实施,并在第一个五年计划中得到了集中体现。重工业优先发展的赶超型工业化战略的确立,影响了我国之后几十年的经济运行方式和发展方向。

(二)第一个五年计划的颁布与实施

1951年2月,中共中央政治局扩大会议决定从1953年起开始实施第一个五年计划,并要求中央人民政府政务院立即开始计划的编制工作。1955年3月召开的第一届全国人民代表大会第二次会议审议通过了《关于中华人民共和国发展国民经济的第一个五年计划草案的决议》(以下简称《决议》)。《决议》指出1953—1957年为第一个五年计划时期,在此期间的基本任务是"集中主要力量进行以苏联帮助我国设计的156个单位为中心、由限额以上的694个建设单位组成的工业建设,建立我国的社会主义工业化的初步基础"。

第一个五年计划时期(以下简称"一五"时期),我国超额完成了国民经济第一个五年计划的指标,国民经济年均增速保持在8.9%左右[1],取得了可喜的成绩。在这五年里,国家基本建设投资额达549.96亿元,其中经济部门等的基本建设投资总额达492.7亿元,超原定计划的15.3%。[2] 在优先发展重工业战略的影响下,"一五"时期的基本建设投资额中,工业部门的基本建设投资额占比达45.5%,其中重工业的占比达85%。"一五"时期基本建设新增固定资产460.26亿元,固定资产交付使用率的平均值为83.66%。[3] 截至1957年底,苏联帮助设计和建设的156个项目中,有135个在施工建设中,38个项目部分完成投产,30个项目全部完成投产。一些我国之前没有或十分薄弱的工业部门,如有色金属冶炼、钢铁制造、机械工程、煤炭开采等都有了一定的发展,为之后我国发展汽车制造业、飞机制造业、发电设备制造业等奠定了基础。工农业生产产值也有了较大的提升,1957年底的工农业总产值达1241亿元,较1952年底的810亿元增长了34.73%。其中:1957年底,农业总产值为537亿元,较1952年底的461亿

---

[1] 国家统计局,1989.奋进的四十年:1949—1989[M].北京:中国统计出版社:8.
[2] 王立胜,赵学军,2019.中华人民共和国经济发展70年全景实录[M].济南:济南出版社:207.
[3] 国家统计局,1989.奋进的四十年:1949—1989[M].北京:中国统计出版社:355,357.

元增长了 14.15%;工业总产值为 704 亿元,较 1952 年底的 349 亿元增长了 50.42%。① 随着国民经济指标的大幅提升,"一五"时期,我国人民生活水平也有了较大提高。

(三)社会主义改造完成

1953 年 6 月 15 日,毛泽东在中共中央政治局会议上第一次较为完整地发表了关于过渡时期总路线的看法:"从中华人民共和国成立,到社会主义改造基本完成,这是一个过渡时期。党在这个过渡时期的总路线和总任务,是要在一个相当的时期内,逐步实现国家的社会主义工业化,并逐步实现国家对农业、对手工业和对资本主义工商业的社会主义改造。"概括起来,就是"一化三改"和"一体两翼"。"一化"是指社会主义工业化,"三改"是对个体农业、手工业及资本主义工商业进行社会主义改造。其中,社会主义工业化是主体(即"一体"),个体农业、手工业和资本主义工商业的社会主义改造是"两翼"。

根据过渡时期总路线的要求,全国范围内开始了对生产资料私有制的社会主义改造。农业方面,在土地改革的同时推进互助合作运动。从互助组到初级社再到高级社,农民与土地、农具等生产资料的关系有着本质的区别,高级社弱化了农民对农业剩余的支配权,使得农业产值可以在短期内为推进工业化提供支持。对手工业和工商业的社会主义改造实现了国家对产品的掌控权,通过政府加工、订货、包销等方式,将集中有限的工业产能用于生产国家亟须的物资,使手工业生产与国家经济建设计划保持步调一致。1956 年底,社会主义改造提前完成,全国农村入社农户占农户总数的比例达 96.3%,国民经济收入中个体经济收入的占比从 1952 年的 71.8% 下降到 2.8%②,建立了涵盖各行业的、全面的社会主义生产资料公有制,为之后计划经济体制的建立奠定了基础,也为社会生产力的发展提供了经济基础。

---

① 国家统计局,1989.奋进的四十年:1949—1989[M].北京:中国统计出版社:346.
② 国家统计局,1989.奋进的四十年:1949—1989[M].北京:中国统计出版社:50.

三、社会主义计划经济体制的建立

"一五"时期,我国按照过渡时期总路线的要求完成了社会主义改造,农民、手工业者、企业等经济主体与生产资料的关系发生了本质改变,随之而来的是与这些经济主体发生关系的组织在机构设置、领导隶属关系和管理权限划分等方面也发生了变化,高度集中的社会主义计划经济体制顺应而生,具体体现在以下几个方面。

首先是物资管理方面实施统购统销的政策。早在1953年10月,为尽快扭转粮食供需不平衡的局面,中共中央就提出《关于实行粮食的计划收购与计划供应的决议》。同年11月,中央人民政府政务院颁布《关于实行粮食的计划收购和计划供应的命令》,详细规定了粮食统购统销的具体细则。到1957年,统购统销的物资种类上升到了301种,形成了庞大的物资统购统销体系。统购统销制度是社会主义计划经济体制不可缺少的一部分,它的实施实现了国家对要素市场价格、微观主体市场自主权及国家重要战略物资的严格把控,为国家优先发展重工业战略提供了制度保证,有利于国家从农业部门获得剩余资源和将生产资料投向工业部门。

其次是对生产要素的价格实施管控。一是掌控生产资料的进销价、地区价、批发零售价及季节性价格,确保工业生产原料的低价格。二是为保持高积累低消费,使职工工资维持在较低水平,个体差异也趋于平均,这在抑制消费的同时降低了工业生产的成本。三是通过银行信贷调控工业生产调配,对不同类型企业实施不同的信贷政策,使信贷资金主要支持工业发展。

最后是建立专门的计划管理机构,编制经济发展计划。对工业生产实施严格的计划控制,企业的原材料供应、生产资料价格、生产什么产品、产品销售到哪里等方方面面都严格按照国家的计划实施。

经济基础决定上层建筑,高度集中的社会主义计划经济体制的确立决定了我国之后很长一段时间银行体制、信贷体制的运行方式。

四、新中国金融体系的建立

1948年12月1日,中国人民银行在河北石家庄成立,并统一发行人民币。1949年2月,中国人民银行总行从石家庄迁入北平。1949年10月19日,中央人民政府任命南汉宸为中国人民银行行长。根据"边接管、边建行"的方针,对旧中国官僚资本金融机构进行了接管改造,并以此为基础,在全国各地建立起中国人民银行的各地、各级组织机构网络。同时,取消了外商银行在华一切特权,对私营金融机构进行了整顿,恢复了保险业,发行了新版人民币,逐渐建立起新中国金融体系。

(一)接管官僚资本金融机构

"四行二局一库"①是国民党官僚资本建立金融垄断的核心。这些金融机构或是勾结外国力量攫取中国资本,或是成为"四大家族"赚取利润的工具。在中国人民政治协商会议第一届全体会议上通过的《中国人民政治协商会议共同纲领》总纲第三条中明确提出"没收官僚资本归人民的国家所有",因此,中国人民银行工作人员在各地军事管制委员会的统一领导下,随着解放军的队伍进驻各地官僚资本银行,开展接管工作。在接管官僚资本银行的过程中,采取停业清算、整体接管的方式,不解散、打乱原有机构,而是本着"边接管、边建行"的方针,将接管工作与建立中国人民银行各地、各级分支机构结合起来,利用原有的营业场所和人员,成立中国人民银行的分支机构。在对官僚资本银行没收接管时,区分资本的性质,只没收官僚资本和国民党官股,对商业参股部分的资本并未直接没收。对官僚资本银行的工作人员采取"量才录用,原职原薪"的政策,对进步人士且熟悉业务的银行职员采取"自愿留用"原则。

"四行"中的中国银行和交通银行历史悠久,在海外亦有一定影响力。1928年和1935年,国民政府要求中国银行和交通银行增资扩股,提升官股的股权比重,逐步掌握了两家银行的控制权。因此,中央人民政府在对这两家银行开展接

---

① "四行二局一库"指由国民党官僚资本掌控的中央银行、中国银行、交通银行、中国农民银行、中央信托局、邮政储金汇业局和中央合作金库。

管工作时,特别制定了"保留原名义、原机构、原封复业,稳步改造,尽快恢复营业"的政策,只没收了这两家银行中的官股收归国有,保留了私人商股的权益,通过改组银行董事会,实现公私合营,并于 1950 年 1 月顺利接管了这两家银行的海外分支机构。至此,中国银行成为中国人民银行领导下专门从事外汇业务的专业银行,交通银行成为中国人民银行领导下专门从事工矿、交通行业信贷业务的专业银行。这为新中国能在较短时间内恢复对外贸易、外汇兑换等国际业务提供了有利条件。

(二)整顿和改造私营金融机构

在民族工商业的发展过程中,民族资本银行、私营钱庄、票号等金融机构曾起到过积极的作用。但是在国民党统治时期,由于通货膨胀严重和多年战争造成社会动荡,这些私营金融机构已基本无法维持正常的存放汇业务,流动资金抽逃海外的情况十分严重,有的转而从事高利贷和投机活动获取高额利润,有的甚至为社会上的投机活动大开方便之门。因此,新中国成立后,政府十分重视对私营金融机构的整顿、改造和管理。1949 年 4 月 27 日,华北人民政府颁布了《华北区私营银钱业管理暂行办法》,对私营银行业的业务范围、资本额标准、存款准备金率和违反管理办法的处罚条例等方面做了明确规定。1949 年 4 月 28 日,人民日报发表社论《我们的私营银钱业政策》,文中明确提到私营银钱业"正当的存放款、汇兑和其他正当业务,起着调剂社会资金和扶助有益于国民生计的工商业发展的积极作用"[①],应当受到保护,并允许其存在与发展。但"如果它们越出正当的业务范围,利用存款投机囤积",则"会助长物价波动,妨碍正当工商业的发展,对国民经济是有害的"。因此,应对"私营银钱业严加管理,促使并限制其只能向有益于国民生计的方面发展,取缔其一切非法投机的行为"。通过一段时间的整顿,到 1949 年底,全国私营银钱业机构由 1032 个减少到 833 个[②],淘汰了一批资本小、信用差的机构。1950 年 3 月,统一财经政策实施后,金融市场利率下降,市场上银钱价格趋于稳定,不少私营钱庄经营陷于困境,中国人民银行由此开始推动私营钱庄联营、合营。到 1950 年 5 月,全国私人存款总额达 1400 余

---

① 佚名,1949.我们的私营银钱业政策[N].人民日报,1949-04-28.
② 杨希天,等,2000.中国金融通史 第六卷:中华人民共和国时期[M].北京:中国金融出版社:23.

万元,其中,国家银行占比44.6%,公私合营银行占比23.8%,私人钱庄占比由新中国成立初的71.1%下降至31.6%。① 1952年4月26日,中财委下达了《对私营金融业方针的指示》(以下简称《指示》)。根据《指示》的要求,中国人民银行于1952年下半年开始对全国金融业进行全面改造。改造过程中,除中兴银行、东亚银行、华侨银行三家侨资银行外,其余私营金融机构均归属于5个联管系统。1952年12月1日,统一的公私合营银行总管理处在上海成立,各地的公私合营银行一律合并为公私合营银行的分行。至此,我国完成了对私营金融机构的社会主义改造,使社会信贷资金全部掌握在国家银行手中,切断了资本主义工商业与私营金融业的联系。②

(三)外商银行撤离

鸦片战争后,外资银行随着西方列强进入中国,并凭借其政治、经济特权长期攫取高额利润。新中国成立后,中央人民政府当即宣布废除一切不平等条约,取消在华外资银行的一切特权,允许外资银行在中国政府法令和政策规定的范围内正常营业,并指定中国银行为外资银行的专职管理机构。由于没有了特权,原来由垄断带来的高额利润也随之消失,大多数外资银行申请停业,陆续撤离了中国市场。朝鲜战争爆发后,美国对中国实行经济封锁,中国对外贸易量急剧下降,在华外资银行业务也急速缩减,日常经营处于停摆状态。③ 1952年8月,周恩来在关于对外商银行停业清理的文件上作了批示。该文件指出"外商银行的清理工作,是我们和帝国主义之间的一场长期斗争","对外商银行的停业清理方针应该是彻底清理,全部保值偿还中国人民的债务"④。在该文件的要求下以及在各地财经委员会的领导下,对外资银行的清理工作逐步开展。到1955年,中国市场中仅剩汇丰银行和渣打银行继续在营业。

(四)恢复保险业

1949年9月25日,中国人民银行召开全国保险工作会议,决定按照全国财

---

① 中国人民银行,2012.中国共产党领导下的金融发展简史[M].北京:中国金融出版社:131.
② 中国人民银行,2012.中国共产党领导下的金融发展简史[M].北京:中国金融出版社:135.
③ 张徐乐,2011.新中国政府对外商银行的监管与清理[J].中国经济史研究(3):61-68.
④ 王立胜,赵学军,2019.中华人民共和国经济发展70年全景实录[M].济南:济南出版社:75.

经工作会议的决定,筹建国营保险公司。会议确定中国人民保险公司的基本方针是为生产服务,主要任务是"保护安全生产,扶持贸易发展,保障劳动人民福利,保护国家财产"[①]。1949年10月20日,中国人民保险公司在北京成立,中国人民银行副行长胡景沄兼任保险公司总经理。到1952年底,中国人民保险公司在全国各省、市、地、县的分支机构达4416个,职工人数3.4万余人。[②] 中国人民保险公司的成立,标志着我国建立起了独立自主的保险业体系,揭开了新中国保险业发展史的新篇章。

(五)建立独立统一的货币制度

1948年12月1日,中国人民银行成立并开始发行人民币,这是我国统一、独立、自主货币制度建立的开端。新中国成立前,各解放区银行发行了各自的货币。国民党统治区流通的货币是法币、金圆券。同时,市场上还有外币流通以及金、银等贵金属充当货币。面对这种复杂的情况,解放区实施了各项有效措施,通过一年多的不懈努力,逐渐建立起了以人民币为本位币的独立自主统一的货币制度。一是彻底肃清国民党政府发行的各种货币。随着解放战争进入决胜阶段,每解放一个地区,法币和金圆券就被禁止流通,人民币被指定为唯一合法的货币,人民持有的少量金圆券被允许限期兑换。二是逐步收兑各根据地发行的货币。受各地战争状况、经济背景的影响,中国共产党领导下的金融机构在土地革命时期、抗日战争时期和解放战争时期均有发行货币,各个根据地银行发行的货币有较大不同。人民币发行后,根据解放战争推进的顺序,各地有序开展了根据地货币的收兑工作。中国人民银行成立后,率先在华北、西北根据地开始收兑旧币,到1950年4月已收回各类旧币折合人民币239.5亿元,占发行总量的82.95%[③],为建立统一的人民币制度奠定了广泛的群众基础。1954年12月底,中国人民银行根据中财委的指示停止了收兑工作。三是严禁金银自由流通,打击金银投机活动。国民党政府超发货币,导致市场通货膨胀严重,再加上常年战乱致使社会动荡,人们对国民党政府发行的各类纸币失去了信心,社会上以金、银贵金属代替纸币进行流通、支付的现象普遍存在。这也使得市场上的金、银投

---

① 杨希天,等,2000.中国金融通史 第六卷:中华人民共和国时期[M].北京:中国金融出版社:31.
② 中国人民银行,2012.中国共产党领导下的金融发展简史[M].北京:中国金融出版社:136.
③ 中国人民银行,2012.中国共产党领导下的金融发展简史[M].北京:中国金融出版社:140.

机活动十分猖獗,不但扰乱了金融市场的秩序,也不利于以人民币为本位币的货币制度的建立。因此,禁止金、银流通、计价、支付、投机的命令下达,金、银的兑换、销售、贮藏等统一由中国人民银行负责。四是禁止外币流通,外汇业务统一由中国人民银行及其指定机构承办。新中国成立后,中央人民政府禁止外币在市场上流通,并加强了对外币、外汇的管理,规定外币持有者限期到中国人民银行及其指定机构将外币兑换成人民币。同时,严厉打击外币黑市交易,为建立统一的人民币制度扫清了又一个障碍。

第二节 "集中统一"信贷管理体制的确立与发展(1949—1957)

一、"大一统"银行管理体制的形成

信贷管理体制的形成和运行,受到多种客观因素的影响,其中最直接也是最主要的影响因素是银行管理体制。信贷活动是银行的主要业务,银行的组织机构设置、管理权限划分等制度安排,要么直接与信贷活动有关,要么间接与信贷活动有关。因此,银行管理体制决定信贷管理体制。只有建成与银行管理体制相适应的信贷管理体制,才能更好地发挥信贷调节产业、促进经济发展的作用。

1950年2月,中央人民政府政务院召开了第一次全国财经会议,决定财政收支、税收、编制、贸易、银行几个方面的工作都统一到中央管理,并于1950年3月颁布了《关于统一国家财政经济工作的决定》。中国人民银行作为管理国家金融工作的总机构,为了适应集中统一的计划经济管理体制,在银行业开始实施一系列改革,逐步建立起以中国人民银行为唯一国家银行的单一银行管理体制。

(一)对中国银行和交通银行的改革

前文提到,在接管和改造国民党官僚资本银行时,中央人民政府对中国银行和交通银行做了特殊处理,允许这两家银行继续营业。1950年2月,为贯彻全

国财经会议精神,中国人民银行召开了第一届全国金融会议,会议通过了《关于调整机构的决定》(以下简称《决定》)。《决定》指出,新中国金融机构的建设应本着"集中统一、城乡兼顾、减少层次、提高效率、力求精简的方针,建立与健全中国人民银行,有计划地建立与调整专业银行,并逐步实现各专业银行与国家银行分别办理长期与短期信用,普遍设立县、市支行"①。根据这一要求,中国人民银行对中国银行和交通银行管理体制进行了必要的改革。

1950年4月,中国人民银行决定中国银行总管理处与人民银行总行的国外业务处(1952年12月后改称为国外业务管理局)联合办公,中国银行的国内分支机构由中国银行总管理处和各属地人民银行共同领导,国外分支机构仍由中国银行总管理处领导。1952年5月,中国人民银行召开全国区行行长会议,中国人民银行行长南汉宸提出:"银行系统的垂直领导与当地党委一元化领导应当结合。银行内部实行一元化领导,中国银行成为当地人民银行的外汇工作部门。"②此后,中国各地区的中国银行分支机构并入属地人民银行,作为当地人民银行内部的外汇工作部门。对外,仍保持中国银行的名义,方便以商业银行的名义与其他国家进行国际清算,以及向私人股东定期发放股息和年终决算。1954年11月20日,中国银行召开了新中国成立后的第一次股东大会,制定并通过了新的《中国银行章程》,重新规定了中国银行的任务、隶属关系、总行地址、股息计算等重大问题,并提交中国人民银行核准。自此,中国银行成了中国人民银行一元化管理体制领导下的外汇专业银行。

针对交通银行,中国人民银行决定收回交通银行办理短期信贷业务的权限,请交通银行于1950年4月底前将存量的短期信贷业务移交给属地人民银行,并于今后集中力量承办长期信贷业务,以及清理、核算和管理公私合营企业中的公股股权。1951年2月起,交通银行被中国人民银行指定为办理基本建设投资拨款的专业银行。由于基本建设投资拨款属于财政支出,为了理清隶属关系,1952年5月的中国人民银行全国区行行长会议决定将交通银行移交中央人民政府财政部管理。1954年5月,中央人民政府财政部党组向中央人民政府政务院财政经济委员会(以下简称"中财委")提交报告,申请成立办理基本建设投资拨款监督

---

① 伍成基,2000.中国农业银行史[M].北京:经济科学出版社:4.
② 中国银行行史编辑委员会,2001.中国银行行史:一九四九—一九九二:上卷[M].北京:中国金融出版社:46.

工作的专业银行,交通银行只负责公私合营企业中公股股权的管理工作。中财委认为:一方面,基本建设拨款涉及国家重大机密,交由公私合营的交通银行办理不合适。另一方面,基本建设属于"一五"时期国家经济建设的首要工作,交通银行兼办公私合营企业中公股股权的管理工作,任务过于庞杂。因此,同意中央人民政府财政部提交的请示,并于同年6月9日向中共中央提交了《关于建立基本建设专业银行的请示》。1954年6月18日,中共中央批准了中财委《关于建立基本建设专业银行的请示》,同意"在交通银行原有机构和干部基础上,以不增加编制的原则,建立基本建设专业银行,由财政部领导,负责办理基本建设投资拨款监督工作"①。1954年10月1日,中国人民建设银行成立。此后,交通银行只剩下清算、管理公私合营企业中公股股权的工作。伴随着资本主义工商业社会主义改造的完成,1956年,交通银行撤销了所有分支机构,只保留交通银行总管理处,隶属于中国人民银行总行,用于管理交通银行的境外分支机构。

通过改革,中国人民银行成了实际上的"唯一"一家银行,为形成高度统一的单一银行管理体制奠定了基础。

(二)中国银行内部组织架构的调整

第一个五年计划开始实施后,各地政府将主要精力投入经济建设中,为使中央的指示更快地传达到各省市,同时也便于中央了解各项政策落实到地方后的效果,提高工作效率,中央人民政府于1954年6月颁布了《中央人民政府关于撤销大区一级行政机构和合并若干省、市建制的决定》。中国人民银行也随即召开了全国分行行长会议,决定撤销大区一级的人民银行。自此,中国人民银行的组织架构变为三级垂直管理制,即总行、省(市)分行、支行。此举加强了中国人民银行总行对全国各省市金融活动的统一管理,为中国人民银行成为全国唯一的金融机构提供了组织机构支持。

(三)中国农业银行的建立、撤销与并入

1951年1月,中国人民银行总行组织召开了第二次全国金融工作会议,会上讨论并通过了《筹设农业合作银行提案》。同年5月,为进一步细化农业合作

---

① 中国建设银行史编写组,2010.中国建设银行史[M].北京:中国财政经济出版社:19.

银行的筹备工作,中国人民银行组织召开了全国第一届农村金融工作会议,规定了农业合作银行的性质是中国人民银行下属的专业银行,主要任务是办理农林牧渔、农田水利、国营农场及合作社的国家投资拨款与长期贷款业务。1951年7月,中央人民政府政务院批准了中财委提交的《转报农业合作银行筹备经过与开业日期及其主要任务的报告》,准予成立农业合作银行。1952年7月,中国人民银行决定精简组织机构设置,撤销了农业合作银行的建制。1954年8月,为加快过渡时期农村生产发展,中国人民银行向中财委提出设立农业银行,专门从事农村信贷和合作社管理工作。1955年3月,国务院①批准建立中国农业银行。1957年2月,由于中国农业银行与中国人民银行的工作有相当一部分是重复的,难以明确划分权责,造成组织机构的重复设置和人员冗余,且新中国成立初期我国农村经济基础薄弱、农村信贷业务量少,中国人民银行总行向国务院提交了关于将农业银行和中国人民银行重新合并的请示报告。同年4月,国务院正式下发《关于撤销中国农业银行的通知》,决定将中国农业银行的各级分支机构并入同级中国人民银行,由中国人民银行统一管理农村金融工作,进一步强化了中国人民银行对全国金融工作的集中统一管理。

(四)将公私合营银行并入人民银行

1952年底,我国完成了对私营金融业的社会主义改造,成立了统一的公私合营银行。公私合营银行成为中国人民银行领导下的、对私营工商业办理存放款业务的专业银行。随着私营工商业社会主义改造进程的推进,私营工商业逐步实现了国家资本主义的高级形式,公私合营银行对私营工商业办理存放款业务的数量也逐渐减少。1954年8月12日,中国人民银行总行向中财委提交了《中国人民银行总行关于加强领导公私合营银行的请示报告》,申请将公私合营银行代理中国人民银行办理的储蓄业务合并到各属地中国人民银行的储蓄部。1955年2月1日起,14个城市的公私合营银行开始与当地的中国人民银行储蓄部合署办公。此时,公司合营银行对外虽仍保留公私合营银行的牌子,但实际上已成为中国人民银行的一部分。1956年7月,公私合营银行总管理处并入中国

---

① 1954年9月召开的第一届全国人民代表大会第一次会议决定将中央人民政府政务院改为中华人民共和国国务院(简称"国务院"),作为国家最高权力机关的执行机关。

人民银行总行私人业务管理局,至此,公私合营银行正式成为中国人民银行的一部分,国家对金融的统一集中管理得以实现。

通过以上四个方面的改革,中国人民银行实际上成为我国"唯一"的银行。它既是中央银行,作为中华人民共和国财政部和中华人民共和国国家计划委员会领导下的国家机关,履行发行货币和管理全国金融工作的职能;又是商业银行,办理储蓄、信贷、结算、外汇等金融业务。这种"大一统"的银行体制(如图2-1所示)在"一五"时期逐渐形成并强化,直到改革开放前,我国一直保持着这种银行体制,这对我国信贷管理体制的形成和运行产生了深远影响。

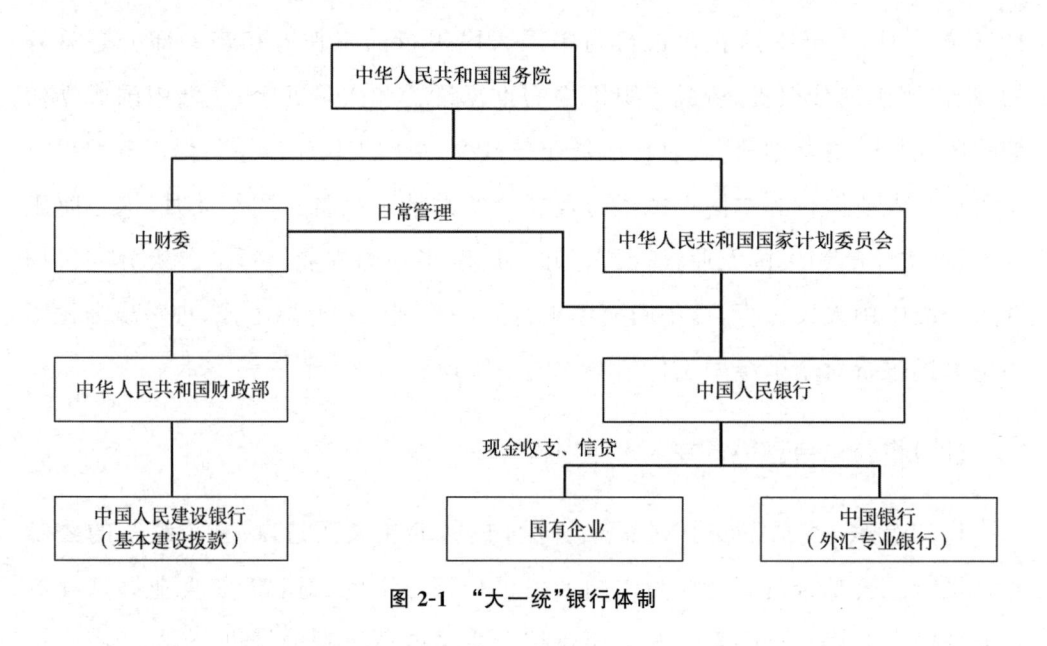

图 2-1 "大一统"银行体制

二、建立信贷资金计划管理体制

在以中国人民银行为核心的集中统一银行体制影响下,中国人民银行在全国建立起了"统收统支"的信贷资金管理体制,并通过以下三个步骤逐步实现了对全国信贷资金的管控。

(一)集中资金于国家银行

新中国成立初期,国家财政困难,经济建设存在大量的资金缺口,迫切需要尽可能地将有限的资金集中起来,投向最需要的地方使用。同时,将国家的现金收支、结算集中于国家银行,便于统一管理和使用,提高效率。因此,1950年3月中央人民政府政务院发布的《关于统一国家财政经济工作的决定》中明确规定:统一全国现金管理,指定中国人民银行为国家现金调度的总机构。同年4月,中央人民政府政务院又颁布了《关于实行国家机关现金管理的决定》,规定"所有国家机关单位、部队、国营企业及合作社的一切现金收入,除允许保留的额度内备用金外,其余的现金都必须统一存放在开户的人民银行"。各单位之间发生经济往来,除小额零星支付允许从单位备用金中直接支付外,其余的都应使用转账支票支付,并通过中国人民银行结算。同时,在具备条件后,各机关单位、部队、国营企业及合作社,都应按期编制现金平衡计划表,提交中国人民银行备案。1951年2月,中共中央转批中财委《关于一九五一年银行工作方针与计划》,要求人民银行广泛开展储蓄业务,大量集中私人资金。[①] 中国人民银行总行向各分支机构下达了存款任务,要求分支机构发动一切可以发动的力量揽收存款。同时,各分支机构吸收的存款必须逐级上缴,归并到中国人民银行总行,不允许各分支机构自行使用。到1957年末,全国银行存款达165.5亿元,较1952年末的93.3亿元增长了77.38%,其中:财政性存款80亿元,较1952年末的47.6亿元增长了68.07%;城市储蓄存款27.9亿元,较1952年末的8.6亿元增长了224.42%。[②] 中国人民银行成为国家的现金收支中心,集中了一切可以调度的社会资金供国家统一调度使用,为"统存统贷"信贷计划管理体制的建立和运行奠定了"统存"基础。

(二)建立纵向型的信贷资金计划管理体制

在集中全国可用资金的同时,中国人民银行建立起了纵向型的信贷资金计划管理体制,实现了中国人民银行总行对全国范围内信贷资金来源和用途的总把控。

早在1950年2月21日召开的第一届全国金融会议上,中国人民银行就提出:全行应首先保证完成中央分配总行的贷款任务;各级银行在规定的范围内,可根据当地生产需要分别轻重缓急有计划地放款。到1950年11月召开全国银行计划工作会议时,中国人民银行进一步强调放款"计划性"的重要性,并于11

---

① 王立胜,赵学军,2019.中华人民共和国经济发展70年全景实录:1949—2019[M].济南:济南出版社:42.

② 国家统计局,1989.奋进的四十年:1949—1989[M].北京:中国统计出版社:430.

月25日颁布了《放款计划编制办法》，要求县（含）以上中国人民银行的各级机构，均应按季度编制放款计划上报上一级人民银行机构，并逐级汇总上报至人民银行总行[①]；同时要求各级中国人民银行在编制信贷计划时应与当地的国营企业、合作社、公私合营企业等生产主体的财务计划、生产计划相结合，使信贷计划与国民经济计划有机地结合起来，促进国民经济的发展。

1951年1月23日，中国人民银行总行颁布了《中国人民银行放款总则》（以下简称《总则》）。《总则》规定了中国人民银行发放贷款的原则、贷款种类、贷款用途等相关章程，明确规定"放款均按计划办理"。在这一规定的要求下，贷款申请主体都需要按季度或年度提前上报贷款申请，详细列明贷款申请的原因、用途、金额、期限等贷款主要要素，由各基层中国人民银行汇总贷款申请后再上报给中国人民银行总行，再由中国人民银行总行上报给中财委审批。只有经过审核的贷款申请，中国人民银行总行才会下达准予贷款的指令，并按批准的金额直接放款给申请人或下拨信贷资金给基层人民银行放款。

1952年9月15日，中国人民银行总行组织召开了大区行长会议和银行计划工作会议。此次会议指出：中国人民银行总行通过执行国家的计划指令配合社会主义计划经济建设；各级基层分支机构的工作重点在于"了解情况、掌握计划、贯彻政策"[②]，切实执行上级下达的计划指令，有步骤地开展工作。会议还制定并通过了《中国人民银行综合信贷计划编制办法（草案）》，并决定于1953年开始在全国银行系统内建立起信贷计划管理体制，使之成为开展经济工作的有效标杆。《中国人民银行综合信贷计划编制办法（草案）》是新中国成立后的第一个全面系统地规定信贷计划编制办法的制度，较为全面地规定了中国人民银行各级机构编制信贷计划的整套流程和操作细则，对信贷资金计划编制的依据、组织机构设置、管理权限划分等作了比较明确的制度安排。在《中国人民银行综合信贷计划编制办法（草案）》的要求下，中国人民银行从总行到基层机构建立起垂直的信贷计划管理体系：信贷局—信贷处—信贷科—信贷股，由基层信贷部门按年度和季度编制信贷计划上报并逐级汇总至中国人民银行总行，最后由中国人民银行总行、中央人民政府财政部及中央人民政府国家计划委员会综合平衡后，再

---

① 中国社会科学院,中央展览馆,1996.中华人民共和国经济档案资料选编·金融卷：1949—1952[M].北京：中国物资出版社：334-338.

② 中国人民银行,2012.中国共产党领导下的金融发展简史[M].北京：中国金融出版社：151.

逐级下达信贷计划指标,各地基层银行只能在总行下达的信贷计划指标额度内放款。

自此,中国人民银行成为国家信贷资金的"总管家",对全国信贷资金实现了全面的掌握,为"统存统贷"信贷计划管理体制的建立和运行奠定了"统贷"基础。

(三)取消商业信用,集中信用于国家银行

1953年2月,中央人民政府委员会第二十三次会议通过了《关于一九五三年国家预算的报告》。报告中的数据显示,1953年预算内总收入和总支出均为233.49亿元,收支平衡。但由于支出项目中国民经济建设支出和社会文教建设支出达138.32亿元,占比将近60%,导致在1953年6月时,根据预算所列的收支项目计算,财政赤字已经将近30亿元,财政和信贷资金周转困难。而当时的政策制定者认为,商业信用占用了企业的部分流动资金,且不利于银行发挥对企业执行国家生产计划和节约资金情况的监督作用,为了进一步加强国家对企业流动资金的集中掌控,深入贯彻实施企业资金分配计划,有必要取消商业信用,并通过以下几个步骤实现:第一步是在1954年3月,中国人民银行总行与中央人民政府商业部共同清理了国营商业系统内的商业信用,改为由中国人民银行统一结算国营商业企业之间的购销款。第二步是1955年5月6日,国务院发出通知,转批中国人民银行《关于取消国营工业间以及国营工业和其他国营企业间的商业信用代以银行结算的报告》。根据报告的建议,国营工业间以及国营工业和其他国营企业之间往来结算,应统一通过中国人民银行进行结算,取消国营工业以及国营工业和其他国营企业之间的赊销、预付等商业信用活动,及时结算往来资金。为了配合该项工作的顺利进行,中国人民银行还在1952年提出的"八种结算方式"试行经验的基础上,制定了《国营企业、供销合作社、国家机关、部队、团体间非现金结算暂行办法》(以下简称《办法》),并于1955年9月起在全国施行。商业信用的取消,确立了中国人民银行全国信贷中心的地位;《办法》的实施,使中国人民银行成为国家的结算中心。

通过以上三个方面的改革,中国人民银行现金中心、信贷中心、结算中心的地位得以确立。到第一个五年计划建设的后期,以中国人民银行为核心的高度集中统一的信贷资金管理体制已基本建立,实现了国家对全国现金、信贷、资金流转的严格把控,对第一个五年计划的顺利实施起到了积极作用。

三、初建信贷审批管理体制

为了加强对各级银行信贷活动的管理,明确信贷活动中管理权限划分、工作制度等事项,中国人民银行先后制定了一系列信贷放款的工作制度,形成了最初的信贷审批管理体制。

(一)建立统一的放款审批制度体系

新中国成立后,中国人民银行出台的第一个关于放款审批的工作制度是1950年颁布的放款工作制度。放款工作制度对信贷发放的组织机构和人员配置、放款范围、隶属关系、管理权限划分等重要问题做了详细规定,并指出要在放款审核过程中建立请示报告制度和调查工作制度。

在组织机构和人员配置方面,中国人民银行从总行到基层支行建立起了垂直型的放款部门结构,如图2-2所示。在审批权限、放款范围方面,规定中央一级的单位和企业由中国人民银行总行负责审批,中央各部属企业和单位办理贷款则遵循属地原则,由当地的中国人民银行负责贷款发放工作。在放款审核工作方面,要求建立请示报告制度和调查工作制度,要求各级行放款部门的负责人按月向所属行行长提交放款工作月度综合报告,包括对辖区内信贷企业的情况分析、信贷计划完成情况、本月贷款收放情况及下个月的贷款发放计划等,便于上级行及时掌握信贷计划的执行情况。

在1951年1月颁布的《中国人民银行放款总则》(以下简称《总则》)中,对贷款审批发放的方针、对象、用途、贷款种类等作了更加明确的规定。例如:《总则》第二条规定放款方针为"发展生产、繁荣经济、公私兼顾、城乡内外交流,配合政府财政经济政策,根据生产及商品流通计划办理之"。《总则》第四条规定贷款用途"以调剂生产及商品流通过程中各种短期周转资金为限",明确了当时的情况下,贷款资金仅能作为企业资金的短期补充。《总则》第八条和第九条对贷款的担保方式做了规定:第八条规定贷款的担保方式应以质押为主,质押品以流动资产为原则,信用贷款除小额放款章程规定的范围外,其余均应由分行及以上级别的中国人民银行逐笔审批;第九条规定贷款需由借款人提供保证担保人,在借款人无力偿还债务时由保证人偿还债务。《总则》第十三条和第十四条则对贷后监

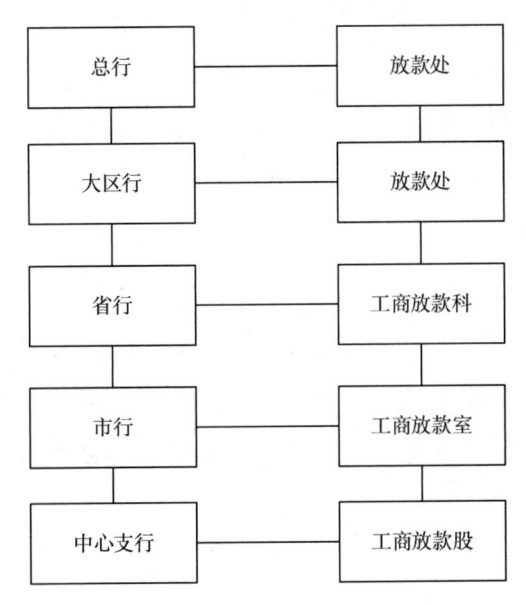

第二章 银行业发展"大一统"时期的信贷管理体制（1949—1977）

```
总行 ——— 放款处
 │
大区行 ——— 放款处
 │
省行 ——— 工商放款科
 │
市行 ——— 工商放款室
 │
中心支行 ——— 工商放款股
```

图 2-2 1950 年中国人民银行信贷部门机构设置

督工作做了规定：要求借款人在贷款还清之前，按期编制财务报表提交贷款行备查。同时，也规定了信贷员可以随时到贷款企业调查企业生产经营情况，企业不得拒绝。在《总则》颁布的同时，中国人民银行还根据当时信贷业务发展的需要，颁布了各行业、各类别的放款章程，进一步细化了贷款审批和发放的制度，如《中国人民银行工业放款章程》《中国人民银行交通、运输、公用事业放款章程》《中国人民银行贸易放款章程》《中国人民银行合作事业放款章程》《中国人民银行小额放款章程》《中国人民银行质押放款办法》等。

  进入"一五"时期，国家经济建设规模不断扩大，国民经济各部门对银行信贷的需求也逐渐增大。为了支持第一个五年计划的顺利完成，中国人民银行在之前信贷工作的基础上，借鉴苏联银行的信贷管理经验，先后出台了一系列行业信贷审批办法，初步建立起行业贷款审批体制。商业方面，1953 年 2 月，中国人民银行和中央人民政府商业部联合颁发了《中国人民银行办理国营商业短期贷款暂行办法》，重点支持国营商业和供销合作商业的发展壮大，将商业贷款的管理权限下放到省一级人民银行审批管理，减少了资金上缴、下拨的流程。1954 年 6 月，该办法又进行了修订，将通过财务收支差额确定贷款额度的做法，改为通过库存商品的增减特征和用途确定贷款额度和期限，便于银行根据市场实际情况向企业发放贷款。工业方面，经过一年多的试点试行，中国人民银行于 1955 年

6月颁布了《国营工业生产企业短期放款暂行办法》，按照工业企业财政定额拨款与银行补充资金分口管理的流动资金管理体制要求，对银行审批国营工业企业的放款条件作了明确要求：一是企业贷款额度必须掌握在国家计划内；二是对银行贷款的用途作了具体规定，包括满足企业季节性或超定额的用款需求、用作临时性设备大修理、弥补流通中临时性结算资金的不足等；三是放款审批时应有适当的物资做担保，贷款额度的多少应与企业的物资增减相适应；四是企业向银行贷款必须按期归还。针对其他行业，中国人民银行也相继出台了相应的贷款审批制度，如《办理个体手工业放款掌握要点》《手工业合作组织短期放款暂行办法》《供销合作社短期放款暂行办法》《农产品采购短期放款暂行办法》等。

（二）建立信贷企业经济分析的审贷制度

为了贯彻中国人民银行颁布的各类贷款工作办法，提升信贷资产的质量，中国人民银行加强了对贷款审批发放工作的逐笔审核，形成了贷前调查、贷时审查、贷后检查的"三查"工作制度，对贷款企业的生产经营活动定期开展分析工作，在为国民经济建设提供及时的信贷支持的同时，发挥信贷的监督作用。例如，1955年颁布的《中国人民银行国营工业生产企业短期放款暂行办法》规定：企业在向银行申请贷款时，要提交借款计划及生产计划供银行审核，银行应进行走访调查，落实企业的用款需求是否符合实际情况；企业在贷款时向银行提交物资储备清单以便放款时供银行检查；在贷款发放后，企业每月向银行报送物资变动报告表，方便银行及时掌握企业的生产经营活动，了解企业的经济情况。

1953年3月，中财委下发通知："为了加强银行对国家短期资金运用的计划性、合理性，并能适当照顾各部门的需要，今后各部门必须按时向银行编送本部门系统的全年分季借款计划。"同时还规定："为了使银行能充分了解企业财务情况，以便于审核借款数额与限额，并通过贷款监督生产，各部门应将自己的资产负债表（包括全部附表）、财务收支计划表（包括全部附表）生产供销计划表等供给银行。"[①]上述通知和规定使得银行信贷部门在审核企业的贷款时有了详细而

---

① 陈云,1953.中央人民政府政务院财政经济委员会通知(53)财经财字第六二号[J].中国金融(10):11.

具体的依据,增强了银行审核贷款的客观性。中国人民银行为贯彻这一通知的精神,要求各级行应与发放贷款的企业主动联系,走访企业收集资料,了解企业的生产流程、库存流转等情况,并对取得的资料研究利用,定期形成企业分析报告,及时掌握企业生产经营活动的情况,加强贷后监督力度。自此,银行工作人员深入贷款企业展开实地调查成为银行审核贷款时的一项必要工作制度,这增强了银行审核贷款的客观性,也使得银行在审批企业贷款期限、额度时更符合企业用款实际。这一工作制度在"一五"时期得到了较好的执行,对提升信贷质量、发挥信贷的监督作用起到了积极的作用。

第三节　曲折中发展的信贷管理体制(1958—1977)

一、1958—1966年的信贷管理体制

(一)下放信贷计划管理权限

"一五"计划顺利完成后,各地建设热情高涨,财政支出随之加大。中央认为,高度集中统一的财政管理体制不能完全适应社会主义建设高速发展的要求,为了使地方有一定数量的机动财力来加快推进建设事业,1957年11月,国务院颁布了《关于改进财政管理体制的规定》,决定于1958年开始实行新的财政管理体制。同年12月,中国人民银行召开全国分行行长会议,决定为了配合财政管理体制改革的要求,适应企事业单位管理权限下放的需要,也于1958年起改革信贷管理体制,对年内季度性的信贷计划审批手续进行简化,放宽地方分行调剂信贷资金的权限,并允许地方按比例使用本地吸收的储蓄存款。

1958年9月,国务院颁布《关于进一步改进财政管理体制和相应改进银行信贷管理体制的几项规定》,决定实行"存贷下放,计划包干,差额管理,统一调度"的管理办法。"存贷下放"即除中央财政、机关团体、部队存款和中央直属企业的贷款仍由中国人民银行总行办理外,其余信贷计划管理权限均下放到各省、市、自治区分行;"计划包干"指分行在完成总行的计划指标以外,多揽收存款,便

可以多发放贷款,工业、商业等不同类别的贷款资金可以统筹使用;"差额管理"指以1958年底的余额为基数,存款大于贷款的差额由总行统一调配,存款小于贷款的部分由总行补齐至存贷平衡;"统一调度"指总行仍具有调度全国信贷资金的权限。

建立下放信贷计划的管理体制的初衷是充分调动各地银行分支机构揽存增贷的积极性,发挥银行信贷资金的杠杆作用,助力国民经济发展。但由于没有相应的约束机制,银行信贷计划管理松散、超计划发放贷款的现象频发,甚至还有挪用银行贷款用于基本建设等方面的财政性开支的现象发生。

(二)试行"全额信贷"

"一五"时期,国家对国有企业流动资金实行"定额信贷"的管理体制,即企业85%的流动资金由财政定额拨付,15%的资金由银行通过贷款的方式补充。1957年起,由于企业对流动资金的需求大幅提升,财政定额拨款常常不能满足企业的实际需求,因此,1958年国务院颁布了《关于国营企业的自有流动资金的规定》,规定从1959年1月起,国有企业的流动资金全部改由中国人民银行统一管理。1959年1月,中华人民共和国财政部和中国人民银行联合下发了《关于国营企业流动资金改由人民银行统一管理的补充规定》,规定:今后企业的流动资金定额核定后纳入各地财政预算,并由财政全额拨付给银行作为信贷基金;企业所需的流动资金均由人民银行以贷款的方式发放给企业,并统一计算利息(这一做法又被称为"全额信贷"的资金管理办法)。同时,强调银行贷款只能用于缓解生产周转和商品流转的资金缺口,不得用于基本建设等其他用途。

实行"全额信贷"的资金管理体制的本意是缓解财政资金拨付不到位、不及时给企业发展带来阻力的问题,希望通过银行"全额信贷"的方式提高资金的使用效率,促进国有企业的发展壮大。但由于当时的历史背景,试行两年的"全额信贷"资金管理体制具有明显的缺陷:一是混淆了财政资金与银行信贷资金的性质。财政资金的来源是财政收入,具有实体支撑,在财政收入不足时,会出现财政资金无法足额拨付的现象。银行信贷资金来源于信贷基金和客户存款,一般情况下商业银行资金不足时会出现无款可放的情况,但中国人民银行兼具发行货币的职能,可以通过发行货币解决信贷资金不足的问题。因此,"全额信贷"管理体制下,如果财政无法足额拨付企业的定额流动资金给中国人民银行,中国人民银行就只能通过扩大信贷规模来向企业提供流动资金,从而会导致货币超发,引起通货膨胀。二是在当时的历史背景下,企业突破实际产能大量购买物资,银行则"大撒把"地向企业提供资金,一些行之有效的信贷管理规定被银行当作"绊脚石"而弃之不用,导致对信贷资金的监管放松,许多信贷资金被挪用。据统计,1958—1959年,被挪用的银行贷款和企业流动资金达100亿元,其中用于基本建设的有27.2亿元,用于炼钢、炼钢补贴的有64亿元。[①]

(三)信贷管理体制的调整

国民经济调整时期,国家对信贷管理体制又进行了改革。1961年4月,中国人民银行下发了《关于改变信贷管理体制的通知》,决定恢复按季度审定信贷计划的做法,各省、市、自治区要按季度向总行核报信贷计划,并严格按照信贷计划放款,超计划外的放款一律由总行审批同时规定各类型的信贷资金要按计划使用,不得相互融通调剂。1962年3月,中共中央、国务院作出《关于切实加强银行工作的集中统一,严格控制货币发行的决定》,从六个方面对加强银行管理工作做了具体规定:一是收回"大跃进"以来下放的权力,恢复到"一五"时期高度集中统一的垂直管理体制。二是加强信贷管理,严格按计划发放贷款。三是划分财政资金与信贷资金,清理"大跃进"以来企业亏损和挪用的贷款,并禁止今后将银行信贷资金用作财政性支出。四是加强企业的现金管理,企事业单位的资金往来应通过中国人民银行转账结算,严禁赊销赊购、预付预收。五是要求各地中国人民银行定期向各地党委、政府汇报货币发行和工商业贷款计划的执行情况。六是在加强银行管理的同时,严格财政管理。严格区分财政支出与银行信贷,严禁财政不足时挤占银行贷款规模从而造成信用过度膨胀的问题,落实财政收入与支出,做到财政预算与信贷的平衡。这六个方面的规定也被称为"银行六条",通过这六个方面的调整,"大跃进"以来银行信贷管理混乱的情况得以改善,中国人民银行内部规章制度的建设得以加强,有利于中国人民银行正确运用信贷杠杆促进经济发展。

---

① 中国工商银行史编辑委员会,2013.工商信贷和储蓄业务史(1949—1983年)[M].北京:中国金融出版社:141.

二、1967—1977年信贷管理体制的曲折发展

1967—1977年,信贷管理体制遭到严重打击。首先是管理信贷业务的组织机构的调整。中国人民银行总行精简机构,只留下政工和业务两个大组。1969年7月起,中国人民银行开始与财政部合署办公,机构再次被精简,信贷管理机构被撤销。其次是信贷管理的制度被破坏,正常的信贷申请、审核和监督制度被扰乱。最后是信贷队伍被迫解体,致使信贷工作处于停滞状态。

1971年,周恩来开始主持中央日常工作,强调正确认识银行的职能和作用,及时纠正了当时银行管理松散的问题。1972年4月,经国务院批准,财政部增设了工商信贷局专门负责工商业信贷管理工作。1972年9月,全国银行工作会议召开,强调了银行要保持独立性,恢复原有的管理体制,要建立起总、省、市、县各级机构,并充实信贷管理队伍。此次会议后,中国人民银行于1972年10月下发了《信贷、现金计划管理办法(试行草案)》,恢复了信贷管理制度,改进了信贷计划管理体制。然而,在1974年,这一制度又再次遭到严重打击。

第四节 内在逻辑与简要评价

一、约束条件与历史必然

新中国成立后到改革开放前我国建立起集中统一的信贷管理体制,是有其历史必然性的,这可以从这一时期我国的国家目标函数和经济社会发展的约束条件来解释。

首先,根据马克思关于经济基础与上层建筑的相关理论,上层建筑是由当下的经济基础所决定的。一方面,新中国成立初期,中国共产党着重从生产关系和上层建筑的角度来解释社会主义的本质,并据此建立了高度集中的计划经济体制,以及"大一统"的银行体制,逐步实现了银行产权的绝对国有化,因此银行的各类制度的形成与变迁必然要服从国家的意志与目标。信贷管理体制作为银行

管理体制的一部分,其形成与变迁必然要服从银行管理体制的规定。另一方面,新中国成立初期,我国确立了重工业优先发展的赶超型发展战略目标。重工业是资本密集型产业,为实现这一战略目标,需要雄厚的资金实力和强大的劳动力动员能力。但是,当时的新中国满目疮痍、积贫积弱,资金严重匮乏。为了尽快实现这一目标,国家层面迫切希望将有限的资金尽可能多地动员起来,并有序地投放到目标产业。因此,我国建立了高度集中统一的信贷管理体制,以便筹集资金和保障优先项目的经费使用。

其次,根据制度变迁理论中关于制度变迁发生条件的相关理论,也可以解释"集中统一"信贷管理体制形成的内在原因。新中国成立初期,我国确立了重工业优先发展的赶超型战略目标,建立"集中统一"的信贷管理体制,有助于国家降低筹集资金和有序安排信贷资金的交易费用,提高资金统筹使用效率。建立新的信贷管理体制所付出的成本明显低于制度创新所带来的预期收益,因此,国家运用行政手段对银行信贷管理体制进行强制性改革,强调对信贷资金的统收统支,这有助于保障国有企业尤其是国有重工业企业获得充足的低利率信贷资金支持,进而有助于实现重工业优先发展的战略目标。

二、简要评价

"集中统一"的信贷管理体制是改革开放前我国银行信贷管理体制发展的主基调。这种信贷管理体制强调国家对信贷管理的绝对垄断,银行没有自主安排信贷管理制度的权力,只是国家的"账房先生",根据政府的行政命令管理信贷资金。在改革开放前信贷资金稀缺、金融中介匮乏但发展国民经济又亟须大量资金的情况下,这种信贷管理体制有助于提高资金筹集效率和使用效率,将有限的资金有序地安排到能实现国家目标的行业中去,降低目标企业获得资金支持的交易费用。

但是,这种高度集中的"统存统贷"的信贷管理体制,要求银行在各地的分支机构将吸收的存款全部上交总行,各分行的贷款工作按照总行的计划执行,这就导致在实际工作中存在信贷计划与地方企业生产计划或商品流转状态相脱节的情况,使得信贷需求无法及时得到满足,不利于企业的快速发展。同时,由于管得过于严格,银行没有自主经营权,银行筹集资金和提高资金使用效率的积极性没有充分被调动起来,这也成为改革开放后银行信贷管理体制变迁的原因之一。

第三章

改革开放初期的信贷管理体制（1978—1983）

1978—1983年是我国经济发展的大转折时期，改革开放对我国经济、金融工作产生了巨大影响，我国建立了"二元"银行体制，各专业银行陆续恢复或成立。在此背景下，我国开始实行"差额控制"的信贷资金管理体制，提高了信贷资金的使用效率，对缓解改革开放初期经济建设中存在的资金压力带来了积极影响。

第一节 改革开放初期的经济金融背景

一、国民经济的恢复与调整

1976年10月后,我国着重强调恢复与发展生产,重建经济秩序,使得国民经济迅速得到发展。1977年的国家财政收支实现了31亿元的结余,扭转了1974年以来连续三年的赤字状况。1977年和1978年的工农业总产值分别达到4978亿元和5634亿元,其中,工业总产值分别为3578亿元和4067亿元,农业总产值分别为1400亿元和1567亿元。工、农业总产值分别较1976年上涨9.74%和24.21%,其中,工业总产值分别较1976年上涨13.3%和28.78%,农业总产值分别较1976年上涨1.6%和13.71%。农业总产值上涨幅度较低的主要原因是1977年和1978年连续两年我国大范围出现干旱导致的农作物减产。[①]

1978年12月18日—22日,党的十一届三中全会在北京召开。此次会议决定,从1979年起将全党的工作重点转移到社会主义现代化建设上来。同时,此次会议还明确提出进行经济管理体制改革和实行对外开放。1979年4月5日—28日,中共中央召开工作会议,针对国民经济比例严重失调的情况,决定从1979年起,对国民经济实行调整、改革、整顿、提高的方针。在这一方针的要求下,中华人民共和国国家计划委员会对国民经济计划做了重大调整:第一,调低了工农业的产值指标,尤其是重工业的指标,将农业产值从增长6%左右降低到增长4%,将工业产值指标从增长11%下降到增长8%[②]。第二,降低基本建设拨款额,缩短基本建设战线。1980年国家财政支出中基本建设拨款从1979年的514.69亿元下降到419.39亿元,1981年下降到330.63亿元[③]。第三,调整经济结构,加快发展轻工业。1978年重工业产值为轻工业产值的1.32倍,经过调整,1979年重工业产值为轻工业产值的1.29倍,1980年重工业产值为轻工业产

---

① 国家统计局,1989.奋进的四十年:1949—1989[M].北京:中国统计出版社:346,423.
② 王立胜,赵学军,2019.中华人民共和国经济发展70年全景实录[M].济南:济南出版社:640.
③ 国家统计局,1989.奋进的四十年:1949—1989[M].北京:中国统计出版社:423.

值的1.12倍,1981年轻工业产值首次超过了重工业产值。① 轻工业的发展使得人民生活用品物资丰富了起来,自行车、缝纫机、电视机等轻工产品的产量达到了新中国成立以来的最高水平,人民生活质量有所提高。

1981年6月,党的十一届六中全会通过了《关于建国以来党的若干历史问题的决议》,明确提出:"必须在公有制基础上实行计划经济,同时发挥市场调节的辅助作用。"这是党对社会主义经济体制认识的一次突破。在1982年9月召开的中国共产党第十二次全国代表大会上,上述内容再次被重申,并于同年12月写入新修正的《中华人民共和国宪法》中,这标志着"计划经济为主、市场调节为辅"的经济体制在我国正式确立。经济体制的改革极大地活跃了国民经济,此后,国民经济走上了快速、协调发展的道路。按可比价格计算,1984年的社会总产值是1978年的1.7倍;农业产值是1978年的1.55倍;工业产值是1978年的1.73倍;轻工业发展迅速,产值是1978年的3倍,对扩大进出口贸易和改善人民生活质量具有重要意义。②

二、金融银行工作的整顿与加强

为了整顿和恢复金融工作,国务院于1977年11月出台了《关于整顿和加强银行工作的几项规定》,并于同年12月组织召开了全国银行工作会议。此次会议后,国家从以下几个方面对银行业开始了整顿:第一,恢复专门的银行机构。国务院决定于1978年1月开始,恢复中国人民银行的建制,将中国人民银行作为国务院直属的部委一级单位。中国人民银行也与政府行政机构一样,设置省、市、县各级机构,各省中国人民银行受中国人民银行总行和当地省政府的双重领导,但主要受中国人民银行总行领导。中国人民银行各级机构的设立为信贷管理各级机构的设立奠定了组织基础。第二,整顿和恢复各类银行工作制度。例如,中国人民银行重新修订了《中国人民银行国营工业贷款办法》,重申了国营工业企业办理银行贷款的对象、种类、管理原则等制度,强调贷款必须有相应的物资作保证并按时归还,严禁超计划贷款和挪用贷款作他用。据统计,中国人民银

---

① 国家统计局,1989.奋进的四十年:1949—1989[M].北京:中国统计出版社:423.
② 国家统计局,1989.奋进的四十年:1949—1989[M].北京:中国统计出版社:345.

行在1978年的整顿工作中,共清理回收了29亿元被挪用的贷款。① 经过两年的整顿,中国人民银行基本恢复了垂直型的组织机制架构,内部管理秩序得以理顺,地位和职能得到了加强,更有利于贯彻执行国家的政策与计划,对经济的促进作用得到提升。据统计:1977年底,国家银行人民币存款余额为1063.8亿元,较上年上升8.72%;人民币贷款余额1663.3亿元,较上年提升8.49%。1978年底,国家银行人民币存款余额为1134.5亿元,较上年提升6.65%;人民币贷款余额1850亿元,较上年提升10.43%。②

针对1978年信贷增长速度较快但存款增长不理想的状况,1979年2月,中国人民银行召开全国分行长会议,提出要转变"重贷轻存"的思想,加强揽存工作,扩大信贷资金的来源,并提升资金的使用效率。通过增加存款种类和档次、开办单位定期存款、提升利率等方式,银行存款有了较快增长,1979—1981年,国家银行各项存款的增长率分别是18.03%、24.05%和22.54%③。

我国在1979年和1980年连续两年出现财政赤字,且收支逆差为新中国成立以来最高,因此,国务院于1981年初立即着手通过财政、金融政策进行调控:1月8日,国务院发布《国务院关于控制各单位上年结余存款的紧急通知》,要求一切机关团体、部队、企事业单位以1980年底在银行的存款余额为限,暂停动用除流动资金以外的任何资金,以控制市场中的货币量,维持物价稳定;1月26日,国务院作出《关于平衡财政收支、严格财政管理的决定》,提出要增加收入、压缩支出,保证财政收支平衡;1月29日,国务院下发《关于切实加强信贷管理 严格控制货币发行的决定》,强调货币发行权、信贷调控权和利率调整权要高度集中统一于中央,严禁将信贷资金调剂作财政资金使用。经过两年多的调整,1983年,我国的GDP增速达12.05%,较1980年的7.59%提升4.46%;物价指数比1980年低4.5;财政赤字额从1980年的127.5亿元缩小到43.5亿元。④

---

① 尚明,1989.当代中国的金融事业[M].北京:中国社会科学出版社:185.
② 国家统计局,1989.奋进的四十年:1949—1989[M].北京:中国统计出版社:431.
③ 国家统计局,1989.奋进的四十年:1949—1989[M].北京:中国统计出版社:430.
④ 国家统计局,1989.奋进的四十年:1949—1989[M].北京:中国统计出版社:339,405,423.

第二节　国有专业银行成立及"二元"银行体制形成

一、各国有专业银行恢复或成立

党的十一届三中全会后,党和国家把工作重心转移到经济建设上来。为了适应经济体制改革和经济发展的需要,我国银行体制也逐步开始了适应性改革。1979年2月,国务院组织召开了中国人民银行全国分行长会议,就怎样发挥银行作用促进经济发展作出了指示。同年3月18日,人民日报发表社论《全党要十分重视提高银行的作用》,提出要改革银行管理体制,以更好地发挥银行的作用。1979年10月,邓小平在中共中央召开的各省、市、自治区第一书记座谈会上提出:"银行应该抓经济,现在只是算账、当会计,没有真正起到银行的作用。……银行要成为发展经济、革新技术的杠杆,要把银行真正办成银行。"[①]邓小平的讲话为金融改革指明了方向,在这一讲话精神的指引下,我国开始了银行体制改革。

党的十一届三中全会认为:"全党目前必须集中主要精力把农业尽快搞上去,……只有大力恢复和加快发展农业生产,逐步实现农业现代化,才能保证整个国民经济的迅速发展,才能不断提高全国人民的生活水平。"基于此,会议通过了《中共中央关于加快农业发展若干问题的决定(草案)》(以下简称《决定》)。《决定》中明确提到:"恢复中国农业银行,大力发展农村信贷事业。"1979年1月,中国人民银行根据《决定》的指示精神,向国务院提请《关于恢复中国农业银行统一管理国家支农资金的报告》,申请恢复中国农业银行,以便对支农资金进行全面统一的规划与管理,更好地为农业发展提供支持。1979年2月,国务院批准了中国人民银行的申请并下发了《关于恢复中国农业银行的通知》,规定中国农业银行为国务院直属机构,由中国人民银行代管,主要负责"统一管理支农资金,集中办理农村信贷,领导农村信用合作社,发展农村金融事业"。1979年3

---

① 邓小平,1994.邓小平文选:第2卷[M].北京:人民出版社:200.

月,中国农业银行正式恢复建立,并于1980年起与中国人民银行分开核算,建立独立的财务、资金核算体系。

党的十一届三中全会后,我国的进出口贸易量得到较快增长,外汇工作的量与种类也随之上升。1979年1月中美正式建交后,我国的对外关系有了进一步发展。为了适应新的局面,中国人民银行于1979年2月向国务院提交了中国银行体制改革的方案:将中国银行从中国人民银行中分设出来;成立国家外汇管理总局,一套人马、两块牌子,对外两个牌子,对内一个机构,直属国务院领导,由中国人民银行代管;在外汇工作量较大的省、自治区、直辖市和口岸设立中国银行分行和外汇管理分局,受当地政府和中国银行总行、外汇管理局总局双重领导。1979年3月,国务院批准了中国人民银行《关于改革中国银行体制的请示报告》,明确中国银行是"国家指定的外汇专业银行,负责统一经营和集中管理全国的外汇业务",并根据国家的委托和授权,代表国家办理国际信贷业务。1982年8月,国务院直属机构改革,中国银行未被列入国务院直属机构。同月,国务院下发通知,明确中国银行是社会主义国营企业,是中华人民共和国的国家外汇专业银行。

1979年4月,面对国民经济比例严重失调的现象,国家决定实行"调整、改革、整顿、提高"的方针,并重点对基本建设规模和投资方向展开调整。一方面是"节流",解决基本建设方面存在的战线长、资金分散、管理混乱、浪费严重和投资效益小的问题,对不急需和不具备条件的项目停建或缓建;另一方面是"开源",基本建设不能完全依靠财政拨款,应拓宽资金来源。在此背景下,邓小平于1979年4月在省、自治区、直辖市党委第一书记会议上提出:"建设银行也应该起到杠杆作用……也要广开门路,会做经济工作,会做生意。"同月,中共中央、国务院转批国家基本建设委员会党组《关于改进当前基本建设工作的若干意见》,指出基本建设投资要逐步由财政拨款改为银行贷款。1979年8月,国务院转批并下发了国家计划委员会、国家基本建设委员会和财政部《关于基本建设投资试行贷款办法的报告》及《基本建设贷款试行条例》,决定开始试行"拨改贷"工作,该工作全部交予中国人民建设银行经办。同时,为了使"拨改贷"工作顺利开展,将中国人民建设银行从财政部中分设出来,改为国务院直属机构,由国家基本建设委员会和财政部代管,由财政部主管。同时,在省、自治区、直辖市设立分行,受当地政府和总行双重领导,由总行主要领导。1983

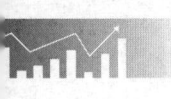

年4月,国务院下发通知,指出中国人民建设银行不再是国务院的直属机构,改为独立经营、独立核算的全国性金融经济组织,且是管理基本建设投资的国家专业银行。

二、"二元"银行体制正式形成

进入20世纪80年代以后,中央银行的问题成为理论界与银行实务工作者重点关注的一个问题。1981年1月,中国人民银行召开全国分行长会议,会议指出:"人民银行总行要积极发挥中央银行的作用,各省、市、自治区分行也要在总行的领导下发挥这个作用。"[1]1981年8月,中国金融学会在山东烟台召开了"外国中央银行学术研讨会",到会的有关部委领导、科研单位专家教授及银行实务工作者就国外中央银行的相关理论和实践经验进行了讨论,并就如何利用外国经验结合我国国情进行中央银行体制改革的问题进行了有益的探讨。通过广泛听取各方意见和综合考虑,1983年9月,国务院作出《关于中国人民银行专门行使中央银行职能的决定》,决定中国人民银行今后只履行中央银行的职能,不再兼办工商信贷和储蓄业务,工商信贷和储蓄业务由新成立的中国工商银行承接。1984年1月1日,中国工商银行正式挂牌成立,这是我国成立最晚的一个国家专业银行。

在20世纪80年代的银行体制改革中,一个最重大的变化是中央银行制度的形成,我国结束了新中国成立以来"大一统"的银行体制,确立了中央银行为核心、专业银行为主体的"二元"银行体制,实现了银行管理体制在组织机构上的政企分离。

---

[1] 杨希天,等,2000.中国金融通史 第六卷:中华人民共和国时期[M].北京:中国金融出版社:216.

第三节　信贷资金管理体制的改革与发展

一、试行"差额控制"的信贷资金管理体制

1979年以前，我国实行"统存统贷"的信贷资金管理体制，各地分行的银行存款统一上缴中国人民银行总行，中国人民银行总行按照信贷计划下拨信贷资金到各地分行。这种高度集中的资金管理体制在管理上僵化，资金的流通性差，不利于发挥信贷资金的杠杆作用，也不利于调动分行的积极性。为了适应经济体制改革的需要，提高信贷资金的使用效益，使之更好地发挥促进经济的作用，1979年初，中国人民银行组织召开了全国分行长会议，提出在坚持银行业务集中统一的基础上，实行"统一计划、分级管理、存贷挂钩、差额控制"的信贷资金管理体制。1979年7月，中国人民银行决定先在上海、天津、湖北、陕西、福建五地展开信贷资金管理体制改革的试点工作，并下发了《信贷差额控制试行办法》和《1979年信贷差额控制计划》。随后，中国农业银行总行于同年11月下发了《农村社队信贷"存贷挂钩、差额包干"试行办法》，对信贷资金管理体制的改革做了具体规定。中国人民建设银行也于1980年开始编制信贷计划，并纳入国家"统一计划"体系中管理。

二、"差额控制"信贷资金管理体制的基本内容

《信贷差额控制试行办法》对新的信贷资金管理体制的基本内容进行了如下规定。

"统一计划"即由中国人民银行总行统一编制全国的信贷计划，各分行和专业银行的信贷差额包干计划由中国人民银行综合平衡后核准。

"分级管理"指按照信贷资金的项目种类，将信贷资金的管理权限划分为三级，分别是由中国人民银行总行直接管理的信贷资金来源和投向、由中国人民银行分行或专业银行在中国人民银行总行授权下管理的信贷资金来源和投向、可

以由基层支行直接管理的信贷资金来源和投向。这一规定赋予了分行和专业银行一定的信贷资金管理权限。

"存贷挂钩"指在信贷差额控制计划内,分行吸收的存款可以与发放贷款的额度挂钩,在规定的指标范围内,多揽收存款便可以多发放贷款。

"差额控制"指对分行实行年末差额控制制度,以上一年末的存贷款余额为基础,由中国人民银行总行核定该分行本年度的存差计划(即资金来源大于资金运用)和借差计划(即资金运用大于资金来源),存差计划必须完成,借差计划不得突破。试点行本年实现的利润,中国人民银行总行于下一年度按规定比例返还,作为增加的信贷基金。

第四节　信贷审批管理体制的恢复与发展

1977年开始,中国人民银行在国家的支持下对信贷审批管理体制展开了整顿工作。1977年7月,中国人民银行重新修订并下发了《中国人民银行国营工业贷款办法》,对国营工业企业的贷款审批规则作了具体规定。同时,有计划地组织召回信贷骨干充实一线力量,并在长春、武汉、长沙等地建立财经干部院校,对银行工作人员展开业务培训。经过1977年、1978年两年的整顿工作,信贷审批体制得以恢复。但是,一些不考虑银行信贷资金效益和风险、盲目审批贷款的现象仍然比较普遍。为了管好、用好信贷资金,1979年2月召开的全国分行长会议对信贷审批管理提出了新的要求,即"为了促进企业提高管理水平,银行对企业的贷款要实行区别对待,择优扶持,做到有所鼓励,有所限制","银行要在国家计划基础上逐步实行根据经济合同发放贷款的办法"。同年,国务院转批了《中国人民银行全国分行长会议纪要》,正式确立了"区别对待、择优扶持"的新信贷审批原则。

在"区别对待、择优扶持"的信贷审批原则下,中国人民银行先后下发了《关于当前国营工业企业流动资金贷款掌握的意见》《关于1980年工商信贷工作要求的通知》《关于加强工商信贷管理的若干规定》等文件,根据国家的经济发展计划和企业的实际情况,分别划分了"优先""从严""管紧"的信贷审批政策。其中:"优先"是指,首先,按照国民经济发展计划,根据1979年确定的国民经济"调整、改革、整顿、提高"方针中确定的六个优先发展的行业,确定优先支持的行业;其次,根据企业评估质量,对完成国家计划好、执行合同好、经营好、信用好的企业优先审批发放贷款。"从严"指对因经营管理不善而造成产品积压、资金周转困难甚至亏损的企业,要从严审批,限制贷款规模。"管紧"则是指对违反国家政策、超经营范围盲目采购、生产不适销对路的产品和有挪用贷款记录、信用状况不好的企业,要管紧贷款,停止审批发放新的贷款。

"区别对待、择优扶持"的信贷审批原则,转变了之前不考虑经济效益和宏观经济政策盲目审批发放贷款的做法,将信贷审批与国民经济的发展有机地结合起来,增强了银行审批贷款的自主权,同时也是银行在运用经济办法提升管理水平上的一大进步,对银行更好地发挥信贷的调节和监督作用具有重要意义。

虽然这一时期国家对国有银行信贷资金管理体制进行了改革,加强了对信贷审批的管理,但由于这一时期国有银行的信贷投放与收回仍然严格按照国家的计划行事,银行对信贷风险管理的意识尚未觉醒,也就未建立较系统的信贷风险管理体制。

第五节　内在逻辑与简要评价

一、约束条件与内在动力

改革开放初期,我国处于计划经济向市场经济的过渡时期,在国家的主导下建立起了"二元"银行体制,并相应改革了信贷管理体制,这与当时我国的国家目标函数和经济社会发展的约束条件有着密不可分的关系。

首先,党的十一届三中全会后,我国决定从1979年起将全党的工作重点转移到社会主义现代化建设上来,经济建设的大面积铺开给财政带来了巨大压力。为了促进经济社会发展,降低改革过程中的"摩擦成本",国家对银行信贷的职能和定位做了调整,取消了对国有企业的财政直接拨款和兜底,实行"拨改贷"政策,迫使国营企业自筹生产经营资金,这一方面减轻了国家财政的压力,另一方面提高了企业生产经营的积极性。因此,这一时期国家对信贷管理体制的改革,是在面对改革开放初期财政资金紧缺与社会主义现代化建设资金需求激增这一矛盾时,为了化解财政资金紧缺问题、激发企业生产经营积极性而做出的适应性选择。

其次,随着改革开放以来对个体经济的逐步放开,国民收入水平稳步提高,大量闲置资金集中在民众手中,如何动员这些资金投入社会主义现代化建设中也成了需要重点思考的问题。因此,国家提出实行"统一计划、分级管理、存贷挂钩、差额控制"的信贷资金管理体制。一方面,促使银行改变"重贷轻存"的思想,迫使银行改革资金筹措制度,多方面筹措信贷资金;另一方面,给予银行一定的自主权,激发银行揽存方面的工作积极性。由此可以看出,这一时期的信贷管理体制改革是收益大于改革成本的,这也是这一时期信贷管理体制改革的内在动力之一。

二、简要评价

首先,"差额控制"的信贷资金管理体制,在统一计划的前提下,允许工业、商业贷款指标在总额度内调剂使用,赋予了分支行和专业银行一定的信贷资金管理权限,既有利于对信贷资金的管控,又有利于信贷资金的灵活运用,及时解决生产和流通中的资金需求;其次,存贷挂钩,多揽收存款便可以多发放贷款,转变了银行管理者多年形成的"轻存重贷"的思想,调动了分支银行吸收存款的积极性,改善了改革开放初期信贷需求激增而银行信贷基金增补不足的情况;最后,分行本年实现的利润可以在下一年度以一定比例获得返还,形成信贷基金,这增强了分行管理者经营管理的责任感,有利于提高信贷资金的使用效益。

但是,这种信贷资金管理体制也存在一定的缺陷:对存款的派生性认识不够,忽视了银行贷款派生存款的能力,造成存、贷款同时快步增长,最终导致了1984年我国经济过热和信贷失控的后果。

第四章

国家专业银行时期的信贷管理体制（1984—1993）

国家专业银行是具有中国特色的银行体制，是计划经济向市场经济变迁过程中特殊的产物。1984—1993 年的国家专业银行既具有计划经济体制下统管的色彩，又兼具商品经济下一定的灵活性和自主性。因此，这一时期的国家专业银行既需要统一计划信贷资金，又因为是独立的经营实体，需要与中央银行划分资金，实行"实存实贷"。同时，由于成为自负盈亏的经济实体，国家专业银行的信贷风险管理意识开始觉醒，初步探索建立了信贷审批体制和风险管理体制。

第一节 经济金融背景

一、经济背景

(一)经济体制的全面改革

1984年10月召开的党的十二届三中全会一致通过了《中共中央关于经济体制改革的决定》(以下简称《决定》)。《决定》认为:"改革计划体制,首先要突破把计划经济同商品经济对立起来的传统观念,明确认识社会主义计划经济必须自觉依据和运用价值规律,是在公有制基础上的有计划的商品经济。"[①]这是党在社会主义经济建设理论上的一个重大的突破和创新,为之后即将开展的全面的经济体制改革提供了理论指引,正如邓小平所说:"这个决定,是马克思主义的基本原理和中国社会主义实践相结合的政治经济学。"[②]根据《决定》中的具体要求,国家从以下几个方面开启了经济体制的全面改革。

第一,对计划管理体制进行改革。1984年10月,国务院批转国家计划委员会:《关于改进计划体制的若干暂行规定》:在生产方面,同意从1985年起缩小工、农业生产和收购的计划指令范围。到1987年,实行计划指令管理的产品从120多种缩减到60多种,工业指标从1900种减少到380种左右。在基础建设方面,下放计划管理权限,1985年1月起正式在全国推行基建经费"拨改贷"措施,赋予地方政府更多的计划自主权。在分配方面,逐渐取消城镇凭票供给生活必需品的制度。同时,为体现多劳多得、奖勤罚懒的按劳分配原则,对企业工资制度进行改革,实行分级管理方案,并与企业经济效益挂钩。

第二,对企业管理体制进行改革。党的十二届三中全会通过的《中共中央关于经济体制改革的决定》指出,"增强企业活力是经济体制改革的中心环节",要"实行政企职责分开,正确发挥政府机构管理经济的职能",使企业成为自主经

---

① 中共中央文献研究室,2011.十二大以来重要文献选编(中)[M].北京:中央文献出版社:56.
② 中共中央文献研究室,2004.邓小平年谱(1975—1997)(下)[M].北京:中央文献出版社:1006.

营、自负盈亏的独立经济实体。1985年9月,国务院下发《关于增强大中型国营企业活力若干问题的暂行规定》,从14个方面对做好国营企业内部改革、提升经营水平做了具体规定。1986年3月,国务院颁布《国务院关于进一步推动横向经济联合若干问题的规定》,就企业横向兼并、成立集团企业的有关原则和目标及具体办法、政策作了规定,开启了企业兼并、破产和集团化发展的序幕。1986年12月,国务院颁布《国务院关于深化企业改革增强企业活力的若干规定》,指出要认真落实搞活企业的有关政策规定,推行多种形式的经营承包责任制,给经营者以充分的经营自主权,改进企业的工资、奖金分配制度,鼓励发展集团企业。随着多种形式的承包责任制的推广,全民、集体、个体经济之间呈现出灵活多样的联合、参股等状态,突破了所有制、企业隶属关系单一不变的结构,对调动企业活力、推动企业发展发挥了积极作用。

第三,继续提升对外开放程度。这一时期,我国进一步提升了对外开放的程度,实施了积极的对外经济技术交流与合作,鼓励吸引外资、外商到国内投资、办厂,作为社会主义经济必要的有益补充。继1984年开放上海等14个沿海城市的口岸后,1988年3月,国务院发布《国务院关于进一步扩大沿海经济开放区范围的通知》,将沿海经济开放区扩大到140个市、县。通过在经济开放区实行优惠政策,吸引了外商到我国投资,一大批出口型企业在沿海城市和经济开放区建立,我国对外贸易的国家与地区、行业种类和进出口总额都有了大幅提升:到我国投资的外商所属的国家和地区从1979年的20个上升到1988年的39个①;我国利用外资的产业从纺织、轻工等行业扩展到冶金、机械、能源、交通等多个领域,进出口贸易总额从1979年的293.3亿美元上升到1992年的1656.1亿美元②。

(二)国民经济的两次较大波动

从1984年开始,我国经济逐步迈入快速发展阶段,到1992年底,我国国民生产总值达24036.2亿元,较1984年提升了245.25%③。但由于我国财政、税收、金融等方面的配套措施还不完善,尚未建立起较完善的宏观调控体系,我国产生了三次较为严重的经济失调现象。

---

① 国家统计局,1989.奋进的四十年:1949—1989[M].北京:中国统计出版社:59.
② 中国金融学会,1993.1993中国金融年鉴[M].北京:中国金融年鉴编辑部:454,544.
③ 中国金融学会,1993.1993中国金融年鉴[M].北京:中国金融年鉴编辑部:532.

第一次在1984年。党的十二届三中全会决定在我国开展经济体制改革后,各行业按照"搞活经济"的方针投入生产,经济增速全面提升,但也导致了固定资产投资规模偏大、消费基金增长过快的现象。例如,1984年全社会固定资产投资总额为1832.87亿元①,较1983年增长28.17%;全国零售物价总指数较1983年上涨2.8%;农副产品收购价格总指数较1983年末上涨4%;职工生活费用价格总指数较1983年末上涨2.7%②。尤其是在"差额控制"信贷管理体制的影响下,银行信贷派生存款的现象没有得到足够的重视,导致信贷失控和货币发行增长过快。据统计:1984年末,国家银行各项贷款余额为4766.1亿元,较1983年增加1176.2亿元,增长率达32.76%,远超年初下达的计划指标753.2亿元。③ 1984年全年新增投放货币量达262.33亿元,较1983年末增长49.52%。④ 为了扭转这一局面,1984年11月,国务院下发了《国务院关于严格控制财政支出和大力组织货币回笼的紧急通知》,要求严格控制固定资产的投资规模和消费基金的增长速度,增产适销对路的产品,扩大市场供应,以回笼货币,同时加强信贷管理,收紧银根,控制信贷新增规模。经过一年多的调整,到1986年年末,货币供应量增速下降到12.3%。但由于宏观调控力度的放松,经济过热情况没有得到彻底缓解,通货膨胀的压力并未消除,这为1988年发生更为严重的通货膨胀埋下了隐患。

第二次在1988年。1985年起开始实行价格双轨制改革后,商品经济有了快速发展,但同时也导致了物价的连续上涨,1985—1987年连续三年全国零售物价总指数增幅较高,分别是8.8%、6%和7.3%,职工生活费用价格总指数上涨率也分别达到了11.9%、7%和8.8%⑤。由于物价连续上涨,民众对物价大幅上涨的心理预期不断增强,1988年上半年出现数次商品抢购风潮,引发了严重的通货膨胀。1988年8月中旬,中共中央政治局全体会议讨论并通过了《关于价格、工资改革的初步方案》,决定放开绝大多数商品的价格,由市场调节,逐步实现国家调控市场、市场引导企业。在价格改革的过程中,通过提高职工工资的方

---

① 国家统计局,1989.奋进的四十年:1949—1989[M].北京:中国统计出版社:353.
② 国家统计局,1989.奋进的四十年:1949—1989[M].北京:中国统计出版社:405.
③ 国家统计局,1989.奋进的四十年:1949—1989[M].北京:中国统计出版社:431.
④ 国家统计局,1989.奋进的四十年:1949—1989[M].北京:中国统计出版社:429.
⑤ 国家统计局,1989.奋进的四十年:1949—1989[M].北京:中国统计出版社:405.

式应对价格上涨给居民生活带来的影响,以保证居民生活水平不下降。但由于前期宣传和准备工作不足,价格改革的消息传开后,民众对物价上涨的恐慌心理被进一步激发,引发了更为严重的挤兑银行储蓄存款和抢购各类物资的风潮,这直接导致1988年的全国零售物价总水平较上年上涨18.5%,副食品价格水平较上年上涨30.4%,城镇储蓄存款增长率从1987年的40.51%下降到28.61%,国家银行信贷资金来源中各项存款的增长率从1987年的21.71%下降到13.94%。① 面对如此严峻的经济形势,中共中央政治局在1988年9月15日—21日的工作会议上正式决定治理经济环境、整顿经济秩序、全面深化改革。1988年9月,党的十三届三中全会批准了中共中央政治局向全会提出的治理经济环境、整顿经济秩序、全面深化改革的指导方针和政策、措施,决定在坚持改革开放的前提下,将1989年和1990年两年的工作重点放到治理经济环境和整顿经济秩序上来,尽全力扭转物价上涨过快的态势,使经济改革走上持续、稳步、健康的发展道路,并从以下几个方面来开展工作:一是压缩固定资产投资规模,压缩社会总需求;二是实行紧缩的财政、金融政策;三是整顿经济秩序,尤其是流通领域的混乱现象,改善商品供应,合理控制物价。

经过两年多的治理和整顿,物价涨幅速度得到控制,从表4-1中可以看到,1989年、1990年全国固定资产增长率大幅下滑,国家银行存款总额与城镇储蓄存款持续增长,零售物价同比增长水平恢复到较低状态,经济、金融实现稳定发展。

表4-1 经济环境整顿效果

项目	时间			
	1987年	1988年	1989年	1990年
全社会固定资产投资额/亿元	3640.86	4496.54	4137.73	4449.29
全社会固定资产投资额增长率/%	20.57	23.50	−7.98	7.53
全国零售物价总指数(上年=100)	107.3	118.8	117.8	102.1
国家银行各项存款/亿元	6517	7425.6	9013.9	11644.9
国家银行各项存款增长率/%	21.71	13.94	21.39	29.19
国家银行城镇储蓄存款/亿元	2067.6	2659.2	3734.8	5192.6
国家银行城镇储蓄存款增长率/%	40.51	28.61	40.45	39.03

数据来源:国家统计局.奋进的四十年:1949—1989[M].北京:中国统计出版社,1989:353,406,430.

---

① 国家统计局,1989.奋进的四十年:1949—1989[M].北京:中国统计出版社:405,430-431.

二、金融背景

(一)银行机构的多元化

为了打破专业银行的垄断地位,搞活银行业,引入竞争机制,提高银行业的整体实力,我国从 1986 年开始恢复和新建了一批股份制的商业银行,逐步实现了银行机构的多元化发展。1986 年 7 月,国务院发布《国务院关于重新组建交通银行的通知》,确定了交通银行全国性、综合性国有控股股份制银行的性质;1986 年 8 月,招商银行在深圳成立,成为我国第一家完全由企业法人持股的股份制商业银行;1987 年 4 月,中信实业银行成立,作为中信公司下属的全资子公司,具有独立法人资格;1987 年 10 月,烟台住房储蓄银行获准成立,成为我国第一家专门从事房地产信贷、结算业务的区域性股份制商业银行;1987 年 12 月,深圳发展银行正式成立,成为我国第一家向普通大众公开募股的商业银行,并在 1991 年 7 月深圳证券交易所开业后实现上市交易,成为我国第一个上市交易的金融机构。之后,陆续有一批全国性或区域性的股份制商业银行获批准成立,如 1988 年 8 月成立的福建兴业银行、1992 年 8 月成立的中国光大银行、1992 年 10 月成立的华夏银行等。

这一时期多元化银行机构的恢复与建立,丰富了我国银行机构的种类,在我国建立起多层次的银行体系,同时也打破了专业银行垄断所有银行业务的局面,将竞争的观念与意识带入银行经营管理中,为我国之后进行大规模的银行机构企业化改革提供了必要的思想基础和实践经验。

(二)国家专业银行试水企业化改革

在中国银行、中国农业银行、中国建设银行和中国工商银行成立之时,国务院下发的文件中都将这四家银行定位为"国家专业银行",专门经营国家规定的某一类银行业务,具有浓厚的行政色彩。1984 年我国开始经济体制改革后,银行业体制改革也被提上日程,并首先在深圳开始了试点工作。1984 年 5 月,国务院批准了《关于改革深圳市银行体制的试点意见》,决定对深圳市的国有专业银行经营体制开展改革试点工作,具体措施包括:无须向总行上缴存款,深圳行

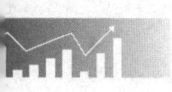

吸收的存款可以自行留存使用；允许深圳地区的银行间互相拆借资金；扩大深圳地区银行的借差额度；允许深圳市的银行实行与其他地区不同的利率，以适应市场需求、提高银行效益。深圳市银行体制改革政策较为灵活，激发了该地银行企业化经营的意识，提升了银行的效益。

1986年1月6日—10日，中华人民共和国国家经济体制改革委员会和中国人民银行在广州联合召开了金融体制改革试点座谈会，确定广州、重庆、武汉、沈阳、常州五个城市为金融体制改革的试点城市，决定从信贷资金管理体制、银行间资金拆借市场、银行内部管理体制等方面开展银行体制改革。1986年8月，中华人民共和国国家经济体制改革委员会和中国人民银行再次召开金融体制改革试点城市座谈会，将试点城市从原来的5个扩大到13个[①]。到1987年上半年，试点城市已增加至27个。

为了规范银行体制改革，1986年1月，国务院发布了《中华人民共和国银行管理暂行条例》（以下简称《条例》），《条例》明确规定："专业银行都是独立核算的经济实体，按照国家法律、行政法规的规定，独立行使职权，进行业务活动。"这从制度上明确了银行体制改革的方向是企业化。在随后的专业银行体制改革中，中央逐步下放了专业银行的经营管理权力，包括允许专业银行拥有一定的自主调配信贷资金的权力、利率和费率浮动的权力以及内设机构调整、中层干部人事任免的权力。同时，放松了对专业银行业务经营范围的控制，允许专业银行在经营原专业分类的同时，适当经营其他专业银行的业务，建立起专业银行业务间的竞争机制。在试点改革的过程中，1988年起，我国出现了经济过热和信贷失控的现象，通货膨胀严重，因此中央又暂时放缓了专业银行企业化改革的速度，直到1992年中央决定建立社会主义市场经济体制后，各专业银行才又重启了进一步的企业化改革。

（三）非银行金融机构的建立

经济的发展对金融服务提出了更多样化的需求，也为非银行金融机构的建立和发展提供了平台。

---

① 新增的城市为大连、南京、丹东、苏州、无锡、宁波、温州、宝鸡。

1.信托投资公司的发展壮大

1979年10月,中国国际信托投资公司在北京成立,由荣毅仁担任董事长和总经理,这是我国改革开放后成立的第一家信托公司。1986年8月,我国第一家民间金融企业——上海爱建金融信托投资公司成立。到1993年末,全国信托投资公司达387个[1],资产总额2569.9亿元,负债总额2569.9亿元,贷款2052亿元,存款1584亿元[2],对激活金融市场、利用外资、加强国际合作起到了积极的作用。

2.金融租赁公司的兴起

1981年4月,中国国际信托投资公司与北京机电设备公司、日本东方租赁公司共同合资创建了中国东方租赁有限公司,这是我国第一家中外合资的融资租赁公司,填补了我国融资租赁业务的空白。1981年7月,中国租赁有限公司在北京成立,这是我国第一家全国性的融资租赁公司。到1993年底,我国共有融资租赁公司11家,从业人员达800多人。[3]

3.邮政储蓄系统的设立

1984年经济体制改革开始后,个体经济得到了快速发展。考虑到专业银行网点分布以城市为主,中央决定充分利用现有邮政机构网点分布广泛、遍及城乡的特点,开展储蓄和汇款业务,一方面便利居民汇款,另一方面有利于吸收分散在广大居民手中的资金,增加国家储蓄资金。1986年3月,中国人民银行与中华人民共和国邮电部联合下发了《关于印发开办邮政储蓄协议的联合通知》(以下简称《通知》),指出:从1986年4月1日起在全国有步骤地开办邮政储蓄和汇款业务,并成立邮政储汇局负责具体的管理工作,邮政储蓄揽收的储蓄存款全额上缴中国人民银行。到1989年底,全国邮政储蓄存款突破100亿元,市场占有率达到2%[4];到1995年底,全国邮政储蓄存款突破1000亿元,市场占有率达5.45%[5],为充实信贷基金、促进社会主义经济建设发挥了积极作用。

---

[1] 中国金融学会,1995.1995中国金融年鉴[M].北京:中国金融年鉴编辑部:656.
[2] 中国金融学会,1994.1994中国金融年鉴[M].北京:中国金融年鉴编辑部:290.
[3] 中国金融学会,1995.1995中国金融年鉴[M].北京:中国金融年鉴编辑部:656.
[4] 中国金融学会,1990.1994中国金融年鉴[M].北京:中国金融年鉴编辑部:346.
[5] 中国金融学会,1996.1994中国金融年鉴[M].北京:中国金融年鉴编辑部:641.

(四)农村金融机构的改革

1979年2月国务院发布的《关于恢复中国农业银行的通知》中规定,中国农业银行有领导农村信用合作社的责任。因此,1979年中国农业银行恢复营业后,负责农村信用社的日常管理工作。1983年1月中共中央印发《当前农村经济政策的若干问题》(1983年中央一号文件),1984年1月中共中央印发《关于1984年农村工作的通知》(1984年中央一号文件),1985年1月中共中央、国务院发布《关于进一步活跃农村经济的十项政策》(1985年中央一号文件),可见,连续三年的中央一号文件都提到了要全面改革农村信用社管理体制,指出要将信用社真正办成群众性的合作金融组织,在遵守国家金融政策和农业银行的领导、监督下独立自主地开展存贷业务。因此,根据中央的指示精神,中国农业银行对农村信用社管理体制进行了改革。改革进程采取了两步走战略:第一步是恢复农村信用社的"三性",即组织机构上的群众性、管理上的民主性、业务上的灵活性。一是将之前"每位社员只能入一股、每股股金不超过两元"的规定改为"股数金额不受限制(社员选举权不受股金多少的影响,每人只有一票)",同时允许集体经济按组织机构入股。二是在日常管理上具有更多的自主权,并通过民主选举的方式产生信用社主任等高级管理人员。三是给予农村信用社在业务经营上更大的灵活性:存款方面,信用社吸收的存款除按比例上缴存款准备金外,其余的资金可以自行安排使用;贷款方面,下放了信贷审批权限,扩大了贷款范围,信贷经营管理权更为灵活;资金流通方面,允许信用社资金横向流通,提高资金的使用效率。第二步是对经营管理体制进行了全面改革,建立起统一的管理制度,进一步提升农村信用社的经营管理水平。在资金管理方面,1987年10月,中国人民银行和中国农业银行联合下发《关于农村信用社信贷资金管理的暂行规定》,指出"信用社的信贷资金实行以存定贷、多存多贷、自求平衡和比例管理的原则,核心是比例管理"。这为农村信用社信贷资金管理体制改革指明了方向。在日常经营管理方面,进一步完善了承包责任制的经营管理制度,贯彻实行按劳分配原则。根据存贷款增减情况、贷款不良率、年终收益等指标,对经营效益好的信用社给予奖励,对亏损的信用社实行"亏损包干、减亏分成"的制度,激发信用社提高经济效益的自主性。在组织机构方面,加强县级联社的建设,1991年底,县级联社机构从1983年底的22个增长到2364个,初步形成了"县县有联社、乡乡有信用社、村村有网点的格局"。[①]

第二节 国家专业银行管理体制的形成

一、专业银行的性质

1979年2月,国务院发布《关于恢复中国农业银行的通知》,规定农业银行是国务院的直属机构,由中国人民银行代管。

1979年3月,国务院批准了中国人民银行关于《改革中国银行体制的请示报告》,同意将中国银行从中国人民银行分设出来,明确中国银行是国务院的直属机构,由中国人民银行代管。1980年9月国务院核准的《中国银行章程》中指出,中国银行是社会主义国营企业,是中华人民共和国的国家外汇专业银行。1982年国务院直属机构改革后,中国银行不再是国务院直属机构,但仍是社会主义国营企业,是中华人民共和国的国家外汇专业银行。1984年4月公布的《中国银行章程》总则第一条也明确写道:"中国银行是中华人民共和国的国家外汇专业银行。"

1979年8月"拨改贷"开始试行后,中国人民建设银行改制为国务院直属单位,成为管理固定资产投资的国家专业银行。1982年国务院直属机构改革后,中国人民建设银行改制为独立经营、独立核算的全国性金融经济组织,作为管理基本建设投资的国家专业银行,不再是国务院直属机构。1986年6月,中国人民建设银行取得了中华人民共和国国家工商行政管理局颁发的企业法人营业执照,这标志着中国人民建设银行正式从事业单位变为了金融企业。

1984年1月,中国工商银行成立,为国务院直属局级机构,作为承接原来由中国人民银行经营办理的工商信贷和储蓄业务的国家专业银行,其业务工作接受中国人民银行的领导、管理、协调、监督和稽核。这是我国成立最晚的一个专业银行,它的成立标志着我国专业银行体系的建成,也标志着"中央银行—商业

[①] 伍成基,2000.中国农业银行史[M].北京:经济科学出版社:296.

银行"二元银行体制的最终确立。

由此可以看出,这一时期我国的国家专业银行具有明显的过渡性质,既不是完全意义上的商业银行,也不同于西方银行界一般意义上的专业银行。在西方银行界的机构体系中,商业银行占主体地位,专业银行作为商业银行的补充,专门从事某一类金融业务或面向某一类客户提供金融服务,如国际复兴开发银行(世界银行)、美国联邦住房贷款银行、法国农业信贷银行等。而我国的专业银行,是在改革开放初期计划经济体制向社会主义市场经济体制过渡的过程中特别设立的具有中国特色的国家专业银行,既要根据国家的指令承担政策性的金融业务,还要为了增强自身的效益,根据国家的安排专职经营某一领域的商业性金融业务。因此,该时期我国的国家专业银行在银行性质上具有双重性,即既有政策性又有商业性,并且以政策性为主、商业性为辅。

二、基本职能与业务范围的变化

各专业银行恢复或成立之初,国家对其基本职能和业务范围进行了明确规定,每个专业银行的业务范围区别较大。

(一)中国农业银行基本职能与业务范围的确定

1979年2月国务院发布的《关于恢复中国农业银行的通知》中对中国农业银行恢复之初的主要任务是这样表述的:"统一管理支农资金,集中办理农村信贷,领导农村信用合作社,发展农村金融事业。"根据这一任务要求,中国农业银行恢复之初的业务范围主要包括以下几个方面。

1.统一管理支农资金

一是财政方面的支农资金,由财政拨付到农业银行后,由农业银行根据国家有关规定和农业支出计划,逐笔审核后拨付给相关单位,并由农业银行监督资金的使用情况;二是商业部门采购农产品的预付资金,由农业银行划转结算;三是农业主管部门筹集的支农资金,也存放在农业银行,由农业银行根据相关规定或计划划转拨付。

2.集中办理农村信贷

这里的集中办理农村信贷不仅指发放贷款,即向农村国营、集体、联营及个体(承包户和专业户)企业发放农业、商业贷款,还指发挥集中信贷资金的功能。中国农业银行恢复后,农村全民所有制、集体所有制、联营及个体企业,以及农村机关、团体、事业单位的各项存款和资金结算,乃至农民的储蓄存款业务,都交由中国农业银行经营。1979年7月,中国人民银行总行决定将供销社的信贷业务也交由中国农业银行经营。1979年底,中国农业银行的信贷业务范围进一步扩大。1979年11月,中国人民银行总行和中国农业银行总行联合下发了《关于人、农两行业务范围划分的通知》,将各类涉农存、贷款业务(除农、林、水、电基本建设拨款和大型工矿企业、部队存款外)均交由农业银行办理。自此,中国农业银行的业务范围不仅涵盖农业贷款,还涵盖农村地区的工业、商业贷款,同时包括吸收农村地区各类存款,承办农村地区的各类结算业务,对调节农村资金流动,以及支持农村经济向商品化和市场化发展,发挥了积极作用。

3.领导农村信用合作社,发展农村金融事业

关于中国农业银行对农村信用社的管理和改革,前文已有相关论述,此处不再赘述。关于中国农业银行支持农村金融事业的任务中,还有一项是"主管农村人民公社基本核算单位的会计辅导,协助社队管理资金"。在这一任务的要求下,各地中国农业银行积极开展对社队会计人员的辅导教育工作,普遍提高了社队财务人员的业务水平,同时也对清理社队积欠款、提升和完善社队财务水平,发挥了有益的帮扶作用。这项工作一直持续到1982年7月,根据国务院的指示,中国农业银行于1982年底前将社队会计辅导工作统一移交给农业主管部门,不再负责此项工作。

(二)中国银行基本职能与业务范围的变化

1980年9月国务院核准的《中国银行章程》中规定了中国银行在当时的主要任务是"组织、运用、积累和管理外汇资金,经营一切外汇业务,从事国际金融活动"。1984年经济体制改革开始后,我国对外开放程度进一步提高,为了充分发挥中国银行作为外汇专业银行的优势,积累和利用外资,1984年4月《中国银行章程》再次修改,将中国银行的基本任务范围扩大为"组织、运用、积累和管理外汇资金,办理国家外汇收支,统一经营国家外汇和一切外汇业务,从事国际金

融活动,为社会主义现代化服务"①。在这一要求下,中国银行主要从两个方面对业务经营范围进行了改革。

1.大力发展传统国际业务

经营管理外汇资金是中国银行的一项传统国际业务。随着国家外汇结存资金(即外汇储备)的体量不断增大,中国银行设立了经营管理国家外汇资金的专门账户,并配备了专门的工作人员,改变了国家外汇储备与中国银行外汇结存合并记账的方式。到1992年,中国银行自有的外汇资金已达到44.38亿美元,而在1978年时仅有1亿美元②。

1984年金融体制改革前,国家对专业银行业务范围的划分较为严格,国际结算业务只能由中国银行办理。1985年,为引入竞争机制,提高专业银行的经营效益,国家放松了对专业银行业务单一性的要求,允许其他专业银行开办国际结算业务。为了保持市场份额,中国银行对国际结算业务进行了承包责任制改革:一是将国际结算业务的办理权限从总、省行下放到二级分行和部分县级支行,扩大业务覆盖网络;二是从国际结算的业务手续费用中提取2%作为承保基金,根据员工国际结算的业务量、差错率等进行奖励;三是将国际结算与信贷业务结合,为国际结算客户提供信用证项下融资等服务,提高国际结算客户的忠诚度;四是实施信用证保证金制度,在降低信用证风险的同时,增加了外汇存款。到1992年,中国银行的国际业务结算量达1068.35亿美元,占全国进出口结算量的64.5%,仍保持着很大的市场占有率。③

2.拓展新的业务领域

为了完成组织、积累外资的任务,提升利用外资的能力,中国银行从20世纪80年代开始持续拓展新的业务领域。首先是利用"三贷"④筹集外资,为国家能源开发、交通水利等大型项目提供资金支持;其次是通过签订双边贷款协议、开办银团贷款等方式,加强国际银行业间的合作,引入外资,为国内企业的经营建设提供支持;最后是利用中国银行在亚洲金融市场信誉良好、机构网络发达的优势,在国际金融市场发行外汇债券,减轻"三贷"和国际商业贷款的还款压力。

---

① 中国银行行史编委会,2001.中国银行行史(1949—1992)[M].北京:中国金融出版社:941.
② 中国银行行史编委会,2001.中国银行行史(1949—1992)[M].北京:中国金融出版社:576.
③ 中国银行行史编委会,2001.中国银行行史(1949—1992)[M].北京:中国金融出版社:581.
④ "三贷"指出口信贷业务中的政府贷款、混合贷款、买方信贷。

(三)中国建设银行基本职能与业务范围的变化

中国建设银行[①]1954—1979年的基本任务是管理国家财政预算内以及部门、企业自筹的基本建设投资和地质勘探拨款,履行代理财政的职能。1979年8月"拨改贷"开始试行后,中国建设银行改制成为国务院直属单位,作为管理固定资产投资的国家专业银行,职能范围扩大,除继续行使代理财政的职能外,还成为"拨改贷"工作的唯一经办银行,发挥信贷杠杆作用,调节和筹集建设资金。

首先是继续履行代理财政的职能。主要包括四个方面的内容:一是根据国家基本建设计划和财政基本建设预算,审核国务院各主管部门的年度基建拨款计划、贷款计划;二是根据部门、省份的基本建设指标,确定各部门的基本建设预算;三是根据国家基本建设计划,审批国务院各主管部门的基本建设、地质勘探和建筑施工企业的年度决算;四是监督各基建部门、施工单位的预算执行情况。

其次是发挥银行经济杠杆的作用。一方面,发展存款业务:一是从1984年开始加强了对单位自筹基本建设资金的管理,要求各单位的自筹基本建设资金必须集中存放在中国建设银行;二是从1986年起开始试办储蓄存款业务,至1993年底储蓄存款规模达1599亿元[②];三是积极开展证券代理业务,主要是固定资产投资领域的债券代理发行工作。另一方面,积极拓展信贷业务领域:首先是突破了信贷资金不能用于基本建设领域的禁锢,在"拨改贷"政策的支持下,发放基本建设贷款;其次是拓展了贷款业务种类,开办了技术改造贷款和工商企业流动资金贷款。

1986年6月,中国人民建设银行取得了中华人民共和国国家工商行政管理局颁发的企业法人营业执照,正式从事业单位变为金融企业,其主营业务范围也进一步扩大,除传统的存贷业务外,还开始开展国际金融业务和信托、委托、咨询等中间业务。

[①] 中国建设银行的前身为成立于1954年10月的中国人民建设银行,1996年3月正式更名为中国建设银行。此处为方便论述,统一称中国建设银行。

[②] 中国建设银行史编写组,2010.中国建设银行史[M].北京:中国财政经济出版社:268.

(四)中国工商银行基本任务与业务范围的确定

根据国务院 1983 年 9 月发布的《国务院关于中国人民银行专门行使中央银行职能的决定》,成立中国工商银行的目的是承接原来由人民银行经营办理的工商信贷和储蓄业务。因此,中国工商银行成立之初的基本任务是"依照国家的政策、法律和法规,通过在国内外开展融资业务,筹集社会资金,加强信贷资金管理,支持工业生产发展和商品流通,促进企业技术改革和技术进步,为社会主义现代化建设服务"①。1989 年 12 月,《中国工商银行章程》正式获得中国人民银行批准并颁布,该章程中对中国工商银行的业务范围作了明确的规定(见表4-2)。

表 4-2 专业银行时期中国工商银行业务范围

币种	存款类业务	贷款类业务	中间业务	其他业务
人民币	城镇居民储蓄存款;工商企业存款;机关、学校、部队等单位存款	企业流动资金贷款;技术改造贷款;科技开发贷款;商业企业网点建设贷款	委托、代理、租赁、咨询等中间业务	投资业务;转账结算;信用卡业务
外币	外币储蓄存款;外币对公存款	技术改造贷款;出口押汇;打包贷款;生产储备及营运贷款;临时贷款;活期透支贷款;信用担保;抵押贷款	票据兑换;担保鉴证;票据贴现;发行和代理发行外币证券;代客办理即期及远期外汇买卖;征信调查和咨询	进出口结算;境外外汇借款

资料来源:根据《中国工商银行史(1984—1993)》的附录"中国工商银行章程"整理而得。

三、组织机构与管理体系的变化

(一)专业银行的组织机构设置

在组织机构设置方面,各专业银行大都形成了与政府行政机构类似的、垂直纵向的组织机构体系,并实行总分行制。但各专业银行根据各自专业的不同,在省级以下组织机构的设置上各有侧重,区别较为明显。

中国农业银行在总行下设若干直属司局,在各省、自治区、直辖市设立厅局

---

① 中国工商银行史编委会,2008.中国工商银行史(1984—1993)[M].北京:中国金融出版社:17.

级分行,在各地区级市设立处级中心支行,在各县设立科级支行,并在乡镇新增了较多营业所,同时将之前中国人民银行在农村设立的农村信用社全部划归属地农业银行统一领导,方便开展农村金融业务。到1980年底,中国农业银行基本完成了组织机构的建构工作,形成的组织机构如图4-1所示,共设立地区一级的中心支行282个,县级支行2109个,加之划归中国农业银行管理的营业所有23500个,全国各级分支机构共达25920个[①]。

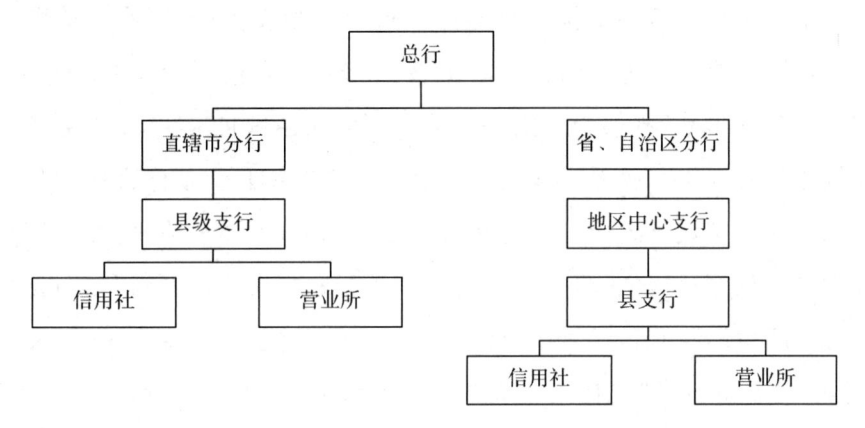

```
                        总行
           ┌─────────────┴─────────────┐
       直辖市分行                  省、自治区分行
           │                              │
       县级支行                    地区中心支行
       ┌───┴───┐                          │
     信用社  营业所                     县支行
                                     ┌────┴────┐
                                   信用社    营业所
```

图4-1 农业银行组织机构(1980—1991年)

中国银行由于其基本任务与主要任务的特殊性,没有按照行政区划设立分支机构。1979年,中国银行总管理处从中国人民银行分设出来,作为中国银行总行,同时成立国家外汇管理总局,即对外两块牌子、对内一个机构。中国银行首批设立了12个厅局级分行,这些分行所处的城市分别是北京、上海、天津、广州、青岛、大连、福州、南宁、南京、杭州、汉口和石家庄。1982年国务院直属机构改革时,撤销了国家外汇管理总局,其职能由中国人民银行接管,此后中国银行对外不再有两块牌子。到1992年底,中国银行已在中国内地、港澳以及海外成立厅局级分行78个,地区处级分行353个,县级支行1285个,基本形成了遍及海内外主要城市的组织机构网络。1978年、1992年中国银行机构数量情况如表4-3所示。

---

① 伍成基,2000.中国农业银行史[M].北京:经济科学出版社:129.

表 4-3 1978 年、1992 年中国银行机构数量情况

单位:个

年份	中国内地厅级分行	海外分行	中国港澳分行	中国内地处级分行	中国内地支行	海外支行	中国港澳支行
1978 年	23	3	14	9	17	5	17
1992 年	49	15	14	353	930	13	355

数据来源:根据《中国银行行史(1949—1992)》附录的数据整理而得。

中国建设银行的组织机构主要参照了行政区划设置,但同时又兼顾了其主要从事固定资产投资业务的特点。一方面,将各省、自治区、直辖市的分行从当地财政部门独立出来,升格为厅级一级分行(其中,国家批准 14 个计划单列市设立副厅级分行),在组织关系上受省分行领导,在业务上受总行直接领导。在省会城市和地区级市设立处级二级分行或中心支行,在经济较发达、基本建设投资规模较大的县设立科级支行。另一方面,在项目总投资 10 亿元以上且建设工期 10 年以上的项目地,设立专业分行或支行,便于对项目资金的监督管理。到 1993 年底,基本形成了"总行——一级分行—二级分行(中心支行)—县支行"为主要架构的四级机构体制,共设立一级分行 44 个,二级分行 327 个,中心支行 454 个,县级支行 2130 个,专业分(支)行 298 个[1],加上储蓄所、办事处等,分支机构总数达 32456 个,是 1978 年的 18 倍。[2]

中国工商银行的成立是为了承接中国人民银行的储蓄和工商信贷业务,因此其组织机构几乎是直接从中国人民银行各级机构的储蓄和工商信贷部门整建制地转隶过来的。中国工商银行在北京设立总行,由中国人民银行原储蓄局和工商信贷局及相关司局人员组成;在各省、自治区、直辖市设立厅局级一级分行;在计划单列市、省会城市及地级市设立县处级的二级分行;在县设立科级支行并下设若干分理处或储蓄所,分支机构主要集中分布在城镇,并基本按行政区划定各分支机构的管辖边缘。从 1984 年成立之初到 1993 年底,中国工商银行陆续设立了 29 个省一级分行、436 个二级分行、2336 个县级支行、3987 个分理处和 21831 个储蓄所,分支机构总数超 3.4 万个。[3]

---

[1] 中国建设银行史编写组,2010.中国建设银行史[M].北京:中国财政经济出版社:860.
[2] 中国建设银行史编写组,2010.中国建设银行史[M].北京:中国财政经济出版社:150.
[3] 姜建清,2008.中国工商银行史(1984—1993 年)[M].北京:中国金融出版社:28.

(二)专业银行的管理体系

1.外部隶属关系

总行方面:在1982年10月国务院机构改革前,中国农业银行总行、中国银行总行都属于国务院的直属单位,归中国人民银行总行领导;中国人民建设银行总行由国家建委和财政部代管,以财政部为主。1983年1月起,中国农业银行总行、中国银行总行、中国人民建设银行总行均不再属于国务院直属机构,成为副部级的金融经济组织,直属领导为中国人民银行总行。另外,中国人民建设银行在财政业务方面同时还受财政部的领导。而中国工商银行由于成立时间较晚,因此在成立之初,其总行的直属领导机构便是中国人民银行总行。

各分支机构方面:在1982年10月国务院机构改革前,各专业银行均建立起了总分行制度,因此各专业银行的分支机构均受上一级机构的垂直领导。同时,还受同级中国人民银行分支机构在业务方面的协调与领导,以及属地人民政府在党政工作方面的领导。中国银行较为特殊,各地分支行还受国家外汇管理总局的领导,在业务上以中国人民银行总行和外汇管理局总局的领导为主,在党政工作方面则强调属地领导原则。

2.内部管理关系

在内部管理关系上,各专业银行因历史情况和自身业务特点而各有不同。

中国农业银行:在各省、自治区、直辖市设立的分行为一级分支机构,属于厅局级,由总行直接管理;地区级市(州)设立的中心支行为处级分支机构,归属地的省、自治区、直辖市管理;各县设立的支行为科级单位,由属地中心支行管理。同时,各级机构内设机构还受上级分、支行同专业内设机构的协调与领导。

中国银行:根据1984年经国务院核准的《中国银行章程》规定,中国银行总行设立董事会,设立董事长一名,以及副董事长、常务董事、董事若干名,均由国务院委任;设立行长一名,副行长若干名,均由董事长提名,经董事会通过后报国务院委任。在分支机构的辖属管理上,各厅局级一级分支机构由总行直接管理,但厦门、沈阳、秦皇岛、连云港四地的副局级分行在业务上仍由所属省份的分行领导;海外和中国港澳分行由总行直接领导。

中国建设银行:1982年7月,经国务院批准,中国人民建设银行下发了《关于总行设置局级机构的通知》,设置综合计划局、投资一局、投资二局、财务会计局、人事教育局办公室和投资研究所共6个内设机构,并在分支机构内建立了相应的机关处室,理顺了内部管理关系。随着业务的扩大与发展,到1993年底,中国人民建设银行总行的内设机构已达到15个,部门分工更加细化,向专业化管理迈进。

中国工商银行:在各省、自治区、直辖市设立厅局级的一级分行,由总行直接管理;在国家计划单列市设立副厅局级的直属分行,在业务上直属总行管理,具有一级分行权限,在人事管理上仍归各省、自治区分行管辖;在直辖市、省会城市和地区级市设立县处级二级分行,由一级分行管辖;在城区、县设立科级支行,由二级分行管辖。

四、经营管理体制的企业化改革

1986年1月初,国务院颁布《中华人民共和国银行管理暂行条例》,确定了银行体制企业化改革的方向,各专业银行根据这一条例对其管理体制进行了企业化改革的初步尝试。

较早开始尝试的是中国银行。1983年"利改税"后,中国银行便开始实行全额利润留存制度,企业发展基金和职工的工资、绩效等各种福利均从留存利润中产生。1984年9月,中国银行出台了《中国银行自费工资制度改革方案》,按照按劳分配、多劳多得的原则,分配奖励性工资,打破分配上的平均主义,充分调动员工在业绩上的积极性。1987年,按照中华人民共和国国家经济体制改革委员会和中国人民银行《金融体制改革"两权分开[①]、目标经营责任制"试点座谈会纪要》的精神,中国银行制定了进一步深化体制改革的方案,提出"改革本、外币信贷资金管理体制,进一步拓宽业务领域,推进企业化经营管理"[②]。为推进企业化改革,中国银行一方面弱化了总行和一级分行的经营职能,将经营管理权限下放到二级分行和支行,实行行长负责制和业务承包制,打破内部分配上的平均主义,激发基层行的发展活力;另一方面,健全和完善组织机构网络,在省会城市设立了分行,在经济特区、进出口贸易业务量较多的城市设立了独立核算的分行,

---

① "两权"指所有权和经营管理权。
② 中国银行行史编委会,2001.中国银行行史(1949—1992)[M].北京:中国金融出版社:746.

赋予单一核算分行更为灵活的业务权限,提高经济效益。同时,还在欧、美、非洲等大洲增设了分支机构,进一步扩大了海外影响力。但由于社会主义市场经济体制还未建立,中国银行在这一时期的企业化改革尝试仍然存在不少阻力:计划经济的影响仍然存在,银行自主经营权中权、责、利的关系仍难理顺,尤其是外汇信贷项目的选择上仍以国家的指令为主;银行对税后利润的自主支配权仍然没有实现,因此一些激励性的措施在改革中不能得到很好的落实。

中国农业银行也对其经营体制进行了企业化改革尝试。在县级支行实行行长负责制,赋予支行行长对支行干部任免、干部奖惩、机构设废、业务经营、资金调度、财务开支、留利分配等事项全权管理的权力。为了适应行长责任制改革,实现政企分开,县级支行相应成立了支行党委和职工代表大会。为了规范改革,1988年,中国农业银行总行下发了《中国农业银行县(市)支行行长负责制暂行规定(试行)》、《中国农业银行县(市)支行党组织工作若干规定(试行)》和《中国农业银行县(市)支行职工代表大会若干规定(试行)》等文件,对行长、党委及职工代表的权、责、奖惩制度作了具体规定。为了配合企业化改革的目标,中国农业银行总行也进行了相应的管理体制改革:一是精简了总分行的职能机构,将职能相近的部门进行合署办公;二是转变职能部门管理理念,将总分行对支行人、财、物的管理转变为对所辖业务的政策指导、调查研究、检查监督,为支行经营中遇到的专业问题提供帮扶;三是总分行职能部门不再直接办理有关经营的具体业务,主要负责调查研究、总结辖属支行工作经验、指导基层提升业务水平。中国农业银行的管理体制改革,极大调动了基层员工的工作积极性,增强了员工经营核算的意识,银行的经营利润也逐年提升,体现出银行企业化改革的必然趋势。但是,此次的管理体制改革并没有彻底改变中国农业银行专业银行的本质,中国农业银行依然承担着大量政策性业务和行政管理职能,政府部门对中国农业银行的日常经营仍存在不同程度的干预,因此,中国农业银行仍旧无法实现真正意义上的自主经营,到20世纪90年代初,这项改革暂缓。

可以看出,20世纪80年代初到90年代初这段时间的银行体制改革是与我国经济体制的变化相呼应的,均由政府主导,各专业银行只是计划的具体执行者。

第三节 信贷资金管理体制的改革与发展

一、"实存实贷"资金管理体制的主要内容

中央银行体制建立后,各专业银行与中国人民银行的性质和关系发生了本质变化,专业银行的信贷资金与中国人民银行的资金关系也发生了较大改变,为了适应新的情况,国家认为有必要对信贷资金管理体制进行相应的改革。为此,中国人民银行总行于1984年10月在石家庄组织召开了全国信贷资金管理体制改革会议,各专业银行参会。会议决定于1985年起在各专业银行实施"统一计划、划分资金、实存实贷、相互融通"的信贷资金管理体制,并配套制定了《信贷资金管理试行办法》。

"统一计划"是指将中国人民银行和各专业银行的信贷资金全部纳入国家综合信贷计划中,各专业银行的年度信贷计划和可以向中国人民银行借款的额度需由中国人民银行总行综合平衡后报国务院核准。

"划分资金"是指中国人民银行按照规定划拨一定的资金作为各专业银行的营运资金,各专业银行自主经营、独立核算,其资金自成联行系统,相互资金往来均需付息拆借。

"实存实贷"是指完成"划分资金"工作后,中国人民银行不再向专业银行无偿划拨资金,与专业银行的资金往来采取借贷的形式。当专业银行资金不足时,由中国人民银行在核定的信贷计划额度内划转资金到专业银行在中国人民银行开立的存款账户中,并计利息,该账户不得透支使用。

"互相融通"是指同一地区内各专业银行可以相互拆借资金,搞活资金,提高信贷资金的使用效率。

二、商业银行的相应改革

根据中国人民银行下发的《信贷资金管理试行办法》,各专业银行根据自身的业务特点,也相应制定了各自的信贷资金管理体制改革制度。

中国工商银行按照"统一计划、分级管理、实存实贷、差额控制"的原则,通过10年时间建立起了本行的信贷资金管理体制。首先,由于每家专业银行的信贷收支额度是受国家信贷综合计划严格控制的,因此中国工商银行自上而下制定了严格的信贷收支计划和资金平衡计划,各分行的信贷规模受严格控制。其次,按照"实存实贷"的核心要义,在本行内部建立起资金买卖制度和价格机制,上下级行部之间的资金往来采用有偿借贷的方式,实贷实存、实缴实拨,要求各级行强化资金的平衡管理,严禁突破本级行的额度透支放款。最后,以信贷"差额"为依据控制信贷计划的执行情况。由总行根据各分行上年度向中国人民银行借款的增减情况、向总行借款和上缴存款的情况以及全国联行汇差资金占用或被占用的情况,确定分行本年度的信贷增减额度。由此可以看出,中国工商银行的信贷资金管理权限主要集中在总行,以"实存实贷"为核心,"规模控制"为目的,同时又通过"差额控制"给予分支机构适当的资金管理权限,调动基层行的积极性,实现了对信贷资金管理的整体控制和适当放活相结合。

中国农业银行根据支持农村金融发展的任务要求,结合农村资金运行的规律,于1984年11月颁发了《信贷资金管理试行办法若干问题的暂行规定》,决定从1985年起实行"统一计划、分级管理、实借实存、自主经营"的信贷资金管理体制。这一信贷资金管理体制主要有以下三个特点:一是突破"重贷轻存"的思想,要求各分支机构广泛动员存款,满足信贷计划中的资金需求,以达到存贷平衡。总行不再根据信贷计划无偿向下拨付资金。二是充分调动基层行自主经营的能动性,多吸收存款便可以多发放流动资金贷款。三是向企业化经营迈进,中国农业银行与中国人民银行之间、中国农业银行内部上下级之间,资金往来按照"实借实存"的办法管理,资金调拨要计息,提高信贷资金的使用效益。通过三年的实践,中国农业银行的信贷资金周转率上升了22.8%,资金利润率提高了4%[①]。

---

① 伍成基,2000.中国农业银行史[M].北京:经济科学出版社:181.

1985年3月，根据中央信贷资金管理体制改革的要求，中国银行制定了《关于加强外汇信贷资金管理的暂行办法》，决定从1986年起将"统存统贷"的外汇信贷资金管理制度改为"差额控制"的外汇信贷资金管理制度，总的原则是"统一计划、存贷结合、差额管理、相互融通"①。具体来说，一是将外汇信贷计划的管理权统一在总行，由总行核定各地区分行的外汇信贷收支计划和存贷差额；二是贷款的计划安排和存款相结合，在核定的计划额度内，多揽收外汇存款则可以多发放外汇贷款；三是各分行之间如存在资金富余或短缺，可以相互拆借。针对中国银行人民币信贷资金来源渠道窄、数量少的特点，中国银行制定了"组织资金、自求平衡、统筹安排、确保信誉、加强核算、讲求效益"②的人民币信贷资金管理制度：各级行大力揽收人民币存款，充分发挥主观能动性筹集信贷资金，扩大信贷资金来源，为实现总行—分行—支行各层级行部借贷资金平衡而努力；加强信贷资金的统筹安排，通过加强对资金的预测、核算，提升资金的使用效率。

"拨改贷"实行以后，中国人民建设银行全面吸收存款并发放贷款，发挥专业银行的职能作用。随着各项业务的全面铺开，中国人民建设银行的贷款余额从1982年的122.38亿元增长到1985年的555.34亿元，占全国金融机构贷款余额的12.43%。③ 因此，中央决定从1985年11月起，将中国人民建设银行的信贷规模也全额纳入国家综合信贷计划中。中国人民建设银行总行相应制定了《中国人民建设银行信贷资金管理试行办法》，决定于同年11月20日起，在全国范围内的中国人民建设银行机构实行"统一计划、分级管理、差额控制、实借实存、存差上缴"的信贷资金管理体制。根据新的信贷资金管理体制的要求，中国人民建设银行相应改革了信贷资金管理的各项制度：一是明确了各级行管理信贷资金的权限和责任。根据资金来源和性质的不同，如财政资金、企业存款、储蓄存款、借入资金等，确定资金的管理权限，实行分层级管理，下放部分资金的管理权限。二是对资金实行统筹管理。下级行吸收的存款属于存差额度内的，要及时上缴。下级行资金不足需要调拨资金时，要上报资金使用计划，避免突破头寸。三是在行内建立起资金价格体制，调拨资金按计划内、计划外、上缴资金等不同情况分

---

① 中国银行行史编委会,2001.中国银行行史(1949—1992)[M].北京:中国金融出版社:766.
② 中国银行行史编委会,2001.中国银行行史(1949—1992)[M].北京:中国金融出版社:762.
③ 中国建设银行史编写组,2010.中国建设银行史[M].北京:中国财政经济出版社:858,865.

别计收不同档次利率。四是建立行内联行网络,便于资金横向流动,提高资金使用效率和周转速度。

通过实践,1987—1989年,国家又对"实存实贷"的信贷资金管理体制进行了进一步的完善。一是实行信贷计划的分层次管理,包括三个层次:第一层次是国家综合信贷计划,包括中国人民银行和四家专业银行的信贷收支计划;第二层次是专业银行的信贷收支计划;第三层次是中国人民银行的信贷收支计划。其他金融机构的信贷收支计划不纳入国家综合信贷收支计划中。二是将贷款的发放权限下放到二级分行。三是将计划与资金分开管理,信贷计划是专业银行发挥自主性的上限,在上限范围内,专业银行可以自行管理资金的筹集和运用。

第四节 信贷审批管理体制的改革与发展

推行银行专业化经营管理以来,一方面,随着"有计划商品经济"理论的提出,银行获得了一定的自主经营权,贷款发放开始注重经济效益;另一方面,在"自担风险、自负盈亏"经营理念的影响下,各专业银行开始重视对贷款企业和贷款项目的事前调研,为提高贷款审批的质量和效率,相应建立起了适合自身经营特点的贷款审批体制。

中国工商银行根据其经营机构主要在城镇,以及业务贷款范围以工商企业为主的特点,将贷款审批管理体制建设的重点放在审批流程和程序的规范化、责任划分的科学化和明晰化上。1986年8月,在总结以往工业企业贷款经验的基础上,中国工商银行颁布实施了《中国工商银行国营工交企业流动资金贷款暂行办法》(以下简称《暂行办法》),对国营工交企业的贷款主体资格、流动资金贷款种类、"区别对待,择优扶持"的政策原则、贷款的管理和检查流程及职责作了具体规定。《暂行办法》是中国工商银行成立后颁布的第一个完整的工交企业流动资金贷款管理办法,为贷前审查、贷时审批和贷后管理提供了操作依据。同年9月,中国工商银行又颁布实施了《中国工商银行流动资金贷款暂行责任制度》(以下简称《贷款责任制度》),对不同岗位贷款审批责任人的职责作了明确规定,划分了责任,形成了信贷员、信贷科长、行长三级审批制度,并按照贷款流程对贷前调查、贷时审查和放贷审批的权限和程序作了规定,建立起"贷前调查、贷时审查、贷后检查"的贷款"三查"制度,明确了操作流程和奖惩措施。《贷款责任制度》的实施,对划分和落实贷款各个环节的权限与责任,规范各级信贷审批人员的行为,以及增强信贷审批的客观性和科学性发挥了积极作用。1988年,中国工商银行又在贷款"三查"制度的基础上进行了贷款审批体制的进一步改革,建立了"三查"分离和"集中审批"的制度,将原有的信贷部门按照贷前、贷中、贷后的流程分为了三个平行的部门,分别管理贷前调查、贷时审批和贷后管理工作,初步形成了相互独立、相互制约的信贷审批管理机制。另外,成立了贷款审查委员会或集体审贷小组,对风险较高或数额较大的贷款项目形成集体决策机制,避免贷款审批中的"一言堂"和"走过场"现象。

20世纪80年代中期,中国农业银行和农村信用社存在较多的到期和逾期贷款,因此该时期的贷款审批以"紧中求活"为方针,压缩清理了一批乡镇企业在建项目,严格贷款审批权限,坚持贷款企业要有30%以上的自有资金比例。同时,加强了贷后管理工作,要求各分支机构和信用社严格按照贷款合同执行还款计划,加大到期和逾期贷款的催收力度。1988年,中国农业银行先后制定并颁布了《企业信用等级评定试行办法》、《中国农业银行工业企业信用等级评定及信贷管理试行办法》和《中国农业银行商业企业信用等级评定及信贷管理试行办法》,开始试行对贷款企业评定信用等级,根据企业的固定资产状况、经营状况、信用状况和往年贷款合同履行情况,将企业分为特级、一级、二级、三级四个等级,并根据不同等级确定企业的贷款规模和利率,对信用等级好的企业优先审批放款。通过这一措施,督促企业形成良好的履约观念,改善经营情况,按时归还贷款。但是,从总体上来说,由于中国农业银行处理的大多是广大农村地区和经济欠发达地区的业务,并且承担着很多惠农贷款项目,尚未建立起较成体系的信贷审批管理体制。

中国银行加强了对外汇贷款的审批管理。第一,进一步完善了贷款审批和管理的制度。针对1984年下半年至1985年上半年信贷过度扩张的现象,中国银行在之前颁布的《中国银行短期外汇贷款办法》及其他贷款管理办法实施经验的基础上,于1987年4月和1992年5月先后出台了《中国银行贷款项目审批和管理的暂行规定》和《外汇贷款项目审批和管理若干补充规定》,强调贷款审批要符合国家经济发展的方针政策,支持国家重点项目建设;要重点支持出口创汇效益好、适销对路的项目;要严格按照审批权限审批贷款,不得超权限审批贷款;要落实贷前调查、贷时审查、贷后检查等贷款各环节责任人的权限和责任;要落实还款来源和担保;要落实贷款项目的真实性,判断其是否与进出口清单相符。第二,调整贷款审批权限。针对进出口贸易量和经济发展情况,适当调高了部分沿海城市和经济特区、对外开放试点城市所在分支机构的外汇贷款审批权限。第三,严格执行贷款分层审批的制度。要求各省级分行建立相对集中的外汇信贷审批管理体制,不能将审批权层层下放。

专业银行时期,中国人民建设银行发放的贷款以固定资产投资项目贷款为主。因此,基于以往贷款审批工作的经验,借鉴国外固定资产投资贷款审批的管理理念,中国人民建设银行在行内建立起"审贷分离"的审批管理体制。第一,制定了"审贷分离"管理制度的相关管理办法。1987年1月,《关于实行审贷分离、设置专职评估机构的建议》发布,首次正式提出设置专门的贷款评估和审批机构,实行"审贷分离"的制度。1991年7月,《中国人民建设银行总行固定资产贷款项目评审管理的几项规定》正式颁布,要求以"审贷分离、分级分段管理、集体审批决策"为原则,进行贷款审批。第二,完善了贷款审批的机构设置。提出"审贷分离"制度后,中国人民建设银行设立了"调查投资部"作为贷款项目评审的专门机构,确立了"投资信息调查、项目评审、专题研究'三位一体'"的贷款审批工作体系。到1994年底,已有93%的一级分行和56%的二级分行设立了专职审批机构。[①] 第三,明确划分了信贷计划、信贷营销和信贷审批三个部门的权责范围。第四,在总行和一级分行成立了信贷集中审批的组织机构,形成了集中审贷制度。中国人民建设银行的"审贷分离"制度提高了贷款审批的效率和质量,促进了信贷业务的健康发展,得到了中国人民银行的充分肯定,并于1991年在召开全国金融体制改革工作会议时向全国各专业银行推荐。1995年,"审贷分离"制度作为商业银行银行贷款审批的基本准则被写入《中华人民共和国商业银行法》。

---

① 中国建设银行史编写组,2010.中国建设银行史[M].北京:中国财政经济出版社:221.

第五节　信贷风险管理体制的初步探索

　　20 世纪 80 年代初,拉美债务危机爆发,受其影响,大批曾向拉美国家贷款的美国银行出现了信用违约情况,最终导致大批银行机构破产倒闭。基于此背景,为了维护国际银行业发展的稳定,1987 年,巴塞尔银行监管委员会研究制定了银行经营风险的一般性度量标准。1988 年 7 月,该标准得到英、美等 12 国政府的共同认可,由此形成了《巴塞尔协议》。该协议在世界范围内的银行界引起广泛影响,多个未签署该协议的国家也开始按照该协议的标准建立适合本国情况的风险管理体系。加之在新的信贷资金管理体制的影响下,我国各专业银行成了"独立核算、自主经营、自负盈亏、自担风险"的独立运营主体,但各专业银行此时已出现不少的信贷违约事件,因此,探索和建立贷款风险管理体制,加强风险的调控与管理,成为我国银行业信贷体制改革中亟待解决的问题。1989 年,我国开始以《巴赛尔协议》为主要依据,探索信贷风险管理体制建设,并具体从以下几个方面展开。

一、建立贷款风险管理的制度体系

　　由于中国工商银行承接了中国人民银行的工商信贷业务和主要信贷人员队伍,具备了较为理想的信贷风险管理体系建设试点基础,基于《巴塞尔协议》的信贷资产风险管理改革试点工作首先在中国工商银行的部分城市行中开展。1993 年 4 月,中国工商银行颁布了《中国工商银行贷款风险管理试点办法》(以下简称《办法》)。《办法》在总结中国工商银行成立以来贷款风险管理经验的基础上,首次从企业和项目的信用等级评定、贷款品种、担保方式等方面,对企业贷款的风险及其表征进行了较为全面的描述,并对预防和应对各类风险做了一般性规定:一是以贷款企业的领导素质、经济实力、资金结构、经济效益和发展前景五个方面为评价指标,将贷款企业的信用等级划分为 AAA、AA、A、BB、B 五个级别,并根据企业的信用等级设定不同等级企业的风险系数以及企业贷款的品种、额度、期限、利率等贷款相关要素。二是对已发放的贷款,根据贷款形态将贷款划分为正常贷款、逾期贷款、呆滞贷款和呆账贷款四种类型,并按这四种类型的贷款对贷款安全的影响,将相应的贷款形态系数确定为100%、130%、180%、250%。三是从制度上规定"审贷分离",明确设立贷款调查岗、贷款审批岗和贷款检查岗三类岗位作为贷款风险防范和管理岗位,对贷款质量进行监测与考核,初步形成银行信贷质量的量化管理体系,弱化贷款决策中的主观臆断因素。

在计划经济体制下,企业只是根据国家指标完成生产的执行者,不存在破产和倒闭的风险,银行也是按照国家指令发放贷款,无须考虑贷款风险。随着我国经济体制向社会主义市场经济体制转轨,国有企业市场化改革逐步深入,其经营风险也显露出来,银行贷款风险不断暴露,国家专业银行的贷款风险管理意识随之觉醒。在这一背景下,国家专业银行开始探索与市场经济相适应的贷款风险管理机制,尝试建立根据企业信用等级来量化贷款风险的管理制度,这是国家专业银行向国有商业银行转变需要走的路,也是我国国有商业银行贷款风险管理体制建设的一大进步。

二、试行资产负债比例管理

信贷资金管理体制改革以来,专业银行向独立经营、自主运营信贷资金的实体转变。但实际情况是,当时专业银行的信贷计划和存款计划仍保持着收支两条线的状态,贷款资金与存款资金在实际运作中常常是背离的,这种情况在中国人民建设银行中尤为突出:一方面,从总行来看,存在着贷款期限与存款不匹配的现象。放出的贷款大部分是固定资产建设贷款,贷款期限在5年以上的占到一半,而存款大部分是活期存款,尤其是在1987年开办储蓄业务以前,1年以内的存款占全部存款的2/3以上。存贷款的不匹配给银行经营埋下了隐患。另一方面,从基层行来看,由于中国人民建设银行发放的大部分为大型项目贷款,放款权限集中在总、省行,基层行获得的贷款指标很少,因此存在存款大量闲置的状况。基于以上几个方面的状况,中国人民建设银行决定从1989年起试点推行资产负债比例管理制度,按照安全性、流动性、盈利性优化组合的原则,制定资产负债比例管理的方案。一是适当扩大存款增长数量较多的基层行的贷款规模,此类基层行新增的存款在按比例缴足总行重点建设基金、中国人民银行存款准备金和备付金后,实行存贷挂钩政策,多存便可以多贷。二是调整资产负债结构,鼓励基层行揽存储蓄存款、企业定期存款,同时调整贷款结构,扩大期限较短的贷款品种的占比,如贴现、国际打包贷款等,逐渐缓解贷款期限与存款期限不匹配的状况,预防兑付风险。三是加强考核制度和贷款还款计划管理,要求基层行按月、按季、按年编制贷款收回计划,提前测算资金缺口,实现资产负债比例动态管理。

实施资产负债比例管理措施后,首先,基层行揽存的积极性被充分调动,中国人民建设银行自筹资金的能力提升,各项贷款余额从 1986 年的 772.53 亿元增长到 1993 年的 4243.94 亿元,存款余额从 1985 年的 584.72 亿元增长到 1993 年的 3771.83 亿元,并于 1994 年首次实现存款余额超过贷款余额,超出 398.68 亿元[①];其次,新增存款按比例上缴总行作为重点建设项目贷款基金,有利于总行集中资金管理,形成稳定的大型项目贷款资金来源;最后,有利于基层行自主调节优化信贷结构,缓解"长贷短存"情况,提高资产的流动性水平,在一定程度上降低银行的经营风险。

中国人民建设银行实行资产负债比例管理措施后,取得了较好的效果。因此,1994 年,中国人民银行下发了《关于对商业银行实行资产负债比例管理的通知》,要求中国工商银行、中国农业银行、中国银行、中国人民建设银行均实行资产负债比例管理,并对增量部分按中国人民银行制定的商业银行资产负债比例管理暂行监控指标进行考核。

三、加强贷后管理工作

贷后管理是贷款管理程序和制度中的重要环节,也是对贷款进行风险预判、预警的有效手段。20 世纪 80 年代中后期开始,专业银行向着"自主经营、自担风险、自负盈亏"的方向改革,各家银行的经营管理者开始重视贷后管理工作,并通过对贷款程序、操作流程和管理制度的制定与修改,不断完善贷后管理制度,到 20 世纪 90 年代初期,基本建立起较为完整的贷后管理制度体系。其主要内容包括以下几个方面。

---

① 中国建设银行史编写组,2010.中国建设银行史[M].北京:中国财政经济出版社:857-858.

第一,建立贷款企业定期监测制度。例如,中国工商银行要求信贷人员定期监测贷款企业的以下情况:贷款是否按借款合同中标明的用途使用;贷款企业是否按还款计划按时归还本息;贷款企业的生产经营状况;贷款企业的主要财务指标变化情况;贷款抵押物是否安全并被妥善保管;贷款担保人担保能力是否变动;贷款企业是否发生对外担保;等等。综合这些情况的检查结果,评价企业还款意愿以及在贷款还款期内按时付息还款的能力。

第二,对贷款使用去向开展定期检查。例如,中国人民建设银行1992年颁布《中国人民建设银行贷款项目后评价实施办法(试行)》规定:对项目贷款的贷款使用情况和项目进度情况进行定期监测,防止贷款被挪用,或是超项目进度付款;在贷款到期的前一个月,对企业还款能力和途径等要素进行重点检查。

第三,加强贷款本息催收及不良贷款管理。例如,中国工商银行出台了贷款到期催收制度,要求信贷员在贷款到期前一个月向企业发出"催收到期贷款通知书";将贷款到期当日未能还清的贷款于次日转入逾期贷款账户,逾期两年以上的贷款转入呆滞贷款账户并进行重点管理;对逾期贷款,及时依合同规定直接从借款人或保证人账户上划收贷款本息;每半年向借款人和担保人发一次"催收逾期(呆滞贷款)通知书",以保证贷款的诉讼时效。

第六节 内在逻辑与简要评价

一、客观条件与内生动力

新制度经济学认为,制度变迁发生的原因在于潜在利润的改变或是预期成本的降低。1984—1993年,国有银行信贷管理面临的客观环境发生了巨大变化,这些变化也成为国有银行信贷管理制度创新的内生动力。

一方面,通过第五个五年计划和第六个五年计划的实施,我国经济得到了恢复并走上了高速发展的道路,全民所有制单位固定资产投资额从1976年的

523.94亿元增长到1984年的1185.18亿元①,国家财政压力巨大。"实存实贷"资金管理体制的实施,促进了国家专业银行存款业务的发展。鉴于国家专业银行的垄断地位,通过其吸储来弥补建设资金缺口,显然比通过税费来增加收入更加低成本且高效,国家积极推动了此次国有银行信贷管理制度的创新。

另一方面,国家专业银行各项贷款余额从1976年的1541.8亿元增长到1984年的4766.1亿元②,但信贷风险也逐步形成,对经济社会稳定和金融业发展造成了打击,因此,从国家层面来看,需要创新银行信贷管理制度以控制银行风险。同时,国有银行在企业化改革后成为自负盈亏的企业,不再有国家为之兜底,因此,从银行层面来看,需要对原有的信贷制度进行改革。

二、简要评价

信贷资金管理体制方面,"实存实贷"的信贷资金管理体制是与有计划商品经济体制和"二元"银行体制相适应的,它的实施有积极意义:一是改变了中国人民银行与专业银行间的资金无偿供给制度,打破了专业银行吃中央银行资金"大锅饭"的状态。中国人民银行与专业银行间形成的资金借贷关系,有助于专业银行提升对信贷资金"有价性"和"稀缺性"的认识水平,增强合理使用信贷资金的自主意识。二是改变了中央银行直接控制信贷规模的模式,建立了存款准备金制度,为中央银行进一步实施间接调控积累了宝贵实践经验。三是突破了资金不能横向流通的禁锢,搞活了资金,提升了资金的流动性,也为建立同业拆借市场奠定了基础。但"实存实贷"的信贷资金管理体制也存在一些问题:第一,此时的专业银行还不是真正意义上的商业银行,具有过渡性的特色,其自主经营、自负盈亏的经营管理意识尚在萌芽阶段,因此在"多存可以多贷"政策的影响下,时常发生突破资金头寸透支发放贷款并向中国人民银行寻求"兜底"的情况;第二,国营企业吃专业银行"大锅饭"的状况时有发生;第三,专业银行还在承担部分政策性贷款任务,因此无法从根本上将计划管理与资金管理分开,中国人民银行"兜底"专业银行资金的情况也就无法改变。

---

① 国家统计局,1989.奋进的四十年:1949—1989[M].北京:中国统计出版社:354.
② 国家统计局,1989.奋进的四十年:1949—1989[M].北京:中国统计出版社:432.

信贷审批管理体制方面,这一时期国有专业银行信贷审批管理体制改革具有明显的过渡特征:一方面,在组织机构设置上和人员管理上,体现出行政机关的特色,根据"金字塔"的管理模式设置了审批机构,形成层层审批、报批的模式;另一方面,在相关制度建设上,体现出商业银行"自主经营、自担风险、自负盈亏"的理念,开始重视贷款项目调查与考察,根据企业的经营情况、信誉状况择优审批发放贷款,这为之后在社会主义市场经济体制下建立以市场为导向的信贷审批体制奠定了基础。

信贷风险管理体制方面,这一时期各专业银行对信贷风险管理的认识还处于觉醒阶段,风险管理的意识还不强,尤其是基层机构吃"大锅饭"的思想还比较严重,在资金不足或是贷款发生逾期时,还是会下意识地寻求上级行的"兜底"。

总体而言,这一时期信贷风险管理体制的建设还处于"摸着石头过河"的试探阶段,信贷风险事件时有发生。

第五章

国有独资商业银行时期的信贷管理体制（1994—2002）

  1992年10月召开的党的十四大，确定我国经济体制改革的目标是建立社会主义市场经济体制。1993年12月，《国务院关于金融体制改革的决定》颁布，明确提出中国金融体制改革的目标。因此，从1994年开始，国家专业银行开始了市场化改革，旨在改革成为"产权清晰、政企分开、管理科学"的国有独资商业银行。本章基于以上背景，着重考察1994—2002年国有独资商业银行信贷管理体制的改革变迁历程，分析信贷资金间接调控的前因与后果，回顾国有商业银行信贷审批与风险管理体制建设的历史进程，以及国有商业银行从"技术上破产"到快速发展所采取的一系列改革措施。

第五章 国有独资商业银行时期的信贷管理体制(1994—2002)

第一节 经济金融背景

一、经济背景

(一)市场经济体制的确立

1992年初,邓小平先后到广东、上海等地考察,并发表了一系列重要的讲话(即南方谈话)。邓小平在南方谈话中提出"计划和市场都是经济手段"[①]和"三个有利于"的重要论断。1992年6月,江泽民在中央党校省部级干部进修班上明确表示:"我个人的看法,比较倾向于使用'社会主义市场经济'这个提法。"[②] 1992年10月召开的党的十四大,确定我国经济体制改革的目标是建立社会主义市场经济体制。1993年11月,党的十四届三中全会审议通过了《中共中央关于建立社会主义市场经济体制若干问题的决定》,明确了我国建设社会主义市场经济体制的主要内容和基本框架。1997年9月12日—18日,党的十五大在北京召开,会议在总结过去五年我国社会主义市场经济体制改革理论和实践经验的基础上,明确回答了我国所有制结构、公有制实现形式、分配结构和分配形式、国有企业改革方向等一系列改革中的重大问题。会议提出,"以公有制为主体、多种所有制经济共同发展是我国社会主义初级阶段的一项基本经济制度","一切符合'三个有利于'的所有制形式都可以而且应该用来为社会主义服务"。[③]

党的十五大对"以公有制为主体"的全新阐释,突破了传统公有制经济就是国有经济和集体经济的局限性,为之后的国有企业改革,以及大力发展股份制、公司制等现代企业制度扫除了思想障碍,是改革开放以来马克思主义政治经济学的一大创新性成果[④],为深化经济体制改革奠定了理论基础。

---

① 邓小平,1993.邓小平文选:第3卷[M].北京:人民出版社:373.
② 中共中央文献研究室,1993.十三大以来重要文献选编(下)[M].北京:人民出版社:2073.
③ 中共中央文献研究室,2011.十五大以来重要文献选编(上)[M].北京:中央文献出版社:17.
④ 洪银兴,等,2021.中国共产党百年经济思想史论:上[M].天津:天津人民出版社:573.

(二)国有企业改革

党的十四届三中全会提出国有企业改革的方向是建立现代企业制度,即建立适应市场经济需求的"产权明晰、权责明确、政企分开、管理科学"的国有企业。1994年起,国有企业优化资本结构试点工作率先在上海等18个城市展开,尝试将优胜劣汰机制融入企业建设中。同时,针对大中型国有企业的现代企业制度改革工作100个大中型国有企业中如火如荼地展开。另外,集团企业的筹建工作也在56个大型企业中开展起来。通过试点工作,这些企业基本建立起了符合社会主义市场经济要求的新管理体制。1995年9月,党的十四届五中全会对国有经济和国有企业改革提出进一步要求:一是转变经济增长方式。通过建立有利于增加效益的企业经营机制、有利于自主创新的技术进步机制和有利于市场公平竞争的经济运行机制,实现经济增长由粗放型向集约型转变。二是"抓大放小",抓好大企业,放活小企业,择优扶持,优胜劣汰。1997年,优化资本结构和资产重组的试点城市扩大到111个,集团企业改建试点扩大到120家。到2001年底,由国务院和省部级政府批准成立的企业集团、中央管理的企业集团、国家重点企业中的企业集团共计2710家,其中,在179家特大型企业中,国有企业及国有控股企业有165家。① 在2002年发布的《财富》世界500强排行榜中,中国有13家企业上榜,这些企业都是国有企业或国有控股企业。通过改革,中国国有企业的实力不断增强,在关系国民经济命脉的重要行业和关键领域中发挥着不可替代的重要作用。

(三)非公有制经济迅速发展

党的十四大提出:"在所有制结构上,以公有制包括全民所有制和集体所有制为主体,个体经济、私营经济、外资经济为补充,多种经济成分长期共同发展,不同经济成分还可以自愿实行多种形式的联合经营。"②党的十五大报告进一步明确:"非公有制经济是我国社会主义市场经济的重要组成部分。对个体、私营等非公有制经济继续鼓励、引导,使之健康发展。"③在党中央的支持鼓励下,非

---

① 郑有贵,2019.中华人民共和国经济史(1949—2019)[M].北京:当代中国出版社:226.
② 中共中央文献研究室,1996.十四大以来重要文献选编(上)[M].北京:人民出版社:19.
③ 中共中央文献研究室,2000.十五大以来重要文献选编(上)[M].北京:人民出版社:22.

公有制经济进入了快速发展的新阶段。1994年,我国城乡个体工业户数达到800.74万个,占全部工业企业数量的79.94%,创造产值8853.23亿元,占工业总产值的11.51%。[①] 到了2002年,非公有制工业企业所创造的工业总产值已达到全国工业总产值的40.78%[②],非公有制经济成为中国新的经济增长点。

(四)国民经济的调整

在社会主义市场经济改革春风的吹拂下,中国经济呈现出高速、强劲的发展势头,但由于一些地方和相关部门片面追求高速度,1992年下半年,我国经济出现了"四热、四高、四紧、一乱"[③]的现象,并且到1993年上半年还没有明显缓解的迹象。因此,1993年6月,中共中央、国务院下发了《中共中央、国务院关于当前经济情况和加强宏观调控的意见》,旨在以金融秩序的整顿为切入点,通过实施适度从紧的财政政策和货币政策,恢复经济秩序。到1996年,国民经济恢复到正常状态,全社会固定资产投资总额增长率从1993年的58.6%下降到1996年的14.8%[④];商品零售价格指数从1993年的13.2%、1994年的21.7%回落到1996年的6.1%,1997年继续降至0.8%[⑤]。这是改革开放以来我国首次成功以经济杠杆为主要手段进行宏观调控,并在较短的时间内取得了良好的效果,避免了以往主要依靠行政手段而导致"刹车"过猛的现象发生,成功实现了中国经济发展从"高速度、高通胀"到"高速度、低通胀"的"软着陆"。

二、金融背景

1993年12月,《国务院关于金融体制改革的决定》发布,决定进一步提升中央银行的宏观调控能力,建立政策性银行,把国家专业银行办成真正的国有商业

---

① 国家统计局,1995.中国统计年鉴1995[M].北京:中国统计出版社:407.
② 国家统计局,1995.中国统计年鉴1995[M].北京:中国统计出版社:407.
③ "四热"指房地产热、开发区热、集资热、股票热;"四高"指高投资膨胀、高工业增长、高货币发行、高信贷投放;"四紧"指交通运输、能源、重要原料及资金的紧张;"一乱"指经济秩序混乱特别是金融秩序混乱。
④ 国家统计局,1994.中国统计年鉴1994[M].北京:中国统计出版社:139.
  国家统计局,1997.中国统计年鉴1997[M].北京:中国统计出版社:149.
⑤ 国家统计局,2003.中国统计年鉴2003[M].北京:中国统计出版社:313.

银行,建立统一开放、有序竞争、严格管理的金融市场。因此,从1994年开始,我国进入了金融体制市场化改革时期,国家提出了一系列金融体制改革的目标和措施。

(一)中央银行宏观调控职能的强化

1993年发布的《国务院关于金融体制改革的决定》明确将"建立在国务院领导下,独立执行货币政策的中央银行宏观调控体系"作为改革目标之一。为了实现这一目标,中国人民银行对其组织体系和职能操作体系进行了改革和调整。一是上收宏观调控权限。将货币发行权、信贷总量调控权、基础货币管理权和基准利率调节权全部集中到中国人民银行总行。二是取消了利润留成制度。中国人民银行与其所办的所有经济实体实现了脱钩,实行独立的财务预算和核算制度。三是理顺了货币政策与财政政策的关系。财政部于1994年起停止向中国人民银行透支,于1995年起停止了向中国人民银行借款。四是调整了组织机构体系。逐步撤销了31家省级分行,设立了9家跨省(自治区、直辖市)分行对辖区内的金融业进行监管。

(二)金融机构实行分业经营和分业监管

1993年6月,中共中央、国务院下发了《关于当前经济情况和加强宏观调控的意见》,提出以金融秩序的整顿为重点和切入点,进行经济的宏观调控。基于此种情况,国家对金融机构及其所办的实体企业进行分离,将银行业、证券业、保险业和信托业进行分业经营,实现了货币市场与资本市场的分离。1992年10月,中国证券监督管理委员会(以下简称"证监会")成立,实行证券业的分业监管,中国人民银行不再从事证券业务的监管工作。1998年11月,中国保险监督管理委员会(以下简称"保监会")成立,实现保险业的分业监管。至此,金融业分业经营、分业监管的新金融体系形成。

(三)政策性金融的建立

根据金融体制改革"建立政策性银行,实行政策性业务与商业性业务分离"的目标,国家开发银行、中国进出口银行和中国农业发展银行先后于1994年的3月、4月、11月成立,承接原先由中国工商银行、中国农业银行、中国银行、中国建设银行兼营的政策性业务,为专业银行实现商业化转变创造了条件。

政策性银行的成立是我国银行业改革进程中具有里程碑意义的事件:一方面,它们的成立使得国家专业银行可以摆脱政策性任务的束缚,向着商业银行"流动性、安全性、效益性"的目标改革。尤其是在"效益性"目标方面,国有商业银行可以根据"效益性"目标自主选择贷款项目,通过市场化运作实现盈利目标。另一方面,从根本上解决了国有银行不良贷款率高的问题。同时,政策性银行的经营目标更加明确,业务分工更加具体,可以更加精准地支持中国基础设施建设,推进我国进出口产品体系改革,以及贯彻国家对"三农"的扶持政策。

(四)金融法律制度体系的建立

1995年5月,第八届全国人大常委会第十三次会议通过《中华人民共和国商业银行法》,在法律层面上明确了商业银行作为独立自主的企业法人的民事法律地位,并对商业银行管理体制、经营管理等基础性原则进行了规定,为之后我国顺应金融体制改革、制定各项金融法律法规奠定了基本法律依据。之后,《中华人民共和国中国人民银行法》《中华人民共和国保险法》《中华人民共和国担保法》《中华人民共和国票据法》等陆续颁布,改变了金融业长期以来缺乏法律规范和约束的局面,对规范金融市场中各类机构和工作人员的行为起到了积极的作用,标志着我国金融业进入依法治理的新阶段。

(五)化解金融风险

在1997年11月召开的第一次全国金融工作会议上,党中央、国务院提出要正确估量和抵御东南亚金融危机给我国带来的负面影响,要求用三年的时间建立起符合社会主义市场经济发展要求的金融机构体系、金融市场体系和金融监管体系,切实提高我国银行业经营管理水平,增强防范和抵御金融风险的能力。为了实现这一目标,国家从以下几个方面进行了改革。

1.加强党中央对金融系统的集中统一领导

1998年5月,中共中央下发了《中共中央关于完善金融系统党的领导体制,加强和改进金融系统党的工作有关问题的通知》,决定成立中共中央金融工作委员会、中央金融纪律检查工作委员会和金融机构系统党委,在金融机构中建立垂直管理的干部管理体制,取消中央与地方党委对银行的双重领导,加强党中央对金融工作的集中统一领导,发挥党的思想政治优势,保证党中央的路线、方针、政策和国家金融法律法规更好地在金融系统中贯彻实施。

2.改革金融业的宏观调控手段

中国人民银行于1998年1月起取消了对商业银行的信贷限额管控,结束了新中国成立后近50年的对银行信贷资金的直接管理,转而在商业银行实施资产负债比例管理制度,通过存款准备金率等间接调控手段实现对信贷规模的宏观调控。同时,国家对利率的管理更加趋向市场化,先于1996年实行同业拆借利率的市场化管理,之后于1998年放开票据转贴现、票据回购利率和票据贴现利率的上限,2000年起又进一步实现外汇存贷款利率的市场定价,并逐步放宽人民币存贷款利率的浮动空间。

3.剥离国有独资商业银行的不良资产

1998年末,我国国有独资商业银行的不良贷款率已达到了31.3%[①],巨额的不良资产已经对国有独资商业银行的发展构成巨大隐患。为了使国有独资商业银行轻装上阵,在改革前进的道路上走得更稳,1999年,国务院决定成立中国信达资产管理股份有限公司、中国东方资产管理股份有限公司、中国长城资产管理股份有限公司、中国华融资产管理股份有限公司四家金融资产管理公司,分别收购和处理中国建设银行、中国银行、中国农业银行和中国工商银行的不良资产。截至2000年末,四家金融资产管理公司累计从四家国有银行和国家开发银行剥离不良贷款人民币1.39万亿元[②];2004年和2005年,又累计从中国银行、中国建设银行、中国工商银行剥离不良资产人民币1.3万亿元[③]。至此,国有独资商业银行的经营风险得到极大缓解,不良贷款率下降到了安全水平。

---

① 姜建清,詹向阳,2019.中国大型商业银行股改史:上卷[M].北京:中国金融出版社:47.
② 姜建清,詹向阳,2019.中国大型商业银行股改史:上卷[M].北京:中国金融出版社:125.
③ 姜建清,詹向阳,2019.中国大型商业银行股改史:上卷[M].北京:中国金融出版社:427.

第二节　国有独资商业银行管理体制的建成

一、统一法人管理体制的建立

1995年颁布的《中华人民共和国商业银行法》明确规定：商业银行为统一法人；商业银行的分支机构不具有法人资格，在总行授权范围内依法开展业务，民事责任由总行承担。根据这一规定，国有独资商业银行从体制机制入手，逐步建立了总行统一法人管理体制。例如，中国工商银行于1995年制订了《中国工商银行"九五"时期发展规划》，明确"九五"时期中国工商银行体制改革的主要任务是根据《中华人民共和国商业银行法》的要求，建立和完善统一法人管理体制，实现经营管理体制从国家专业银行向商业银行的转变，建立起全国统一调度资金、统一核算的国有独资商业银行经营管理体制。

1996年初，中国工商银行率先实行了法人授权制度，规定中国工商银行是统一的全国性金融企业，总行行长是中国工商银行的法定代表人，各分支机构负责人只能在法人授权的范围内行使职责，不具有法人代表资格。1996年底，中国人民银行发布了《商业银行授权、授信管理暂行办法》，进一步明确了商业银行总行统一法人的管理体制及法人授权、授信的具体细则与办法，界定了商业银行各级机构的经营管理权限，明确向下授权只可减少授权事项和缩小授权范围。1996年12月，中国建设银行也根据该办法制定了《中国建设银行法人授权制度（试行）》。

统一法人管理体制的建立与完善，有助于资金管理权和信贷管理权的集中统一管理，为商业银行实行统一调度资金、统一授信及统一核算奠定了组织基础，对提升商业银行资金的整体使用效率，以及商业银行应对、抵御风险的能力具有积极作用，有利于商业银行在较短时间内提升整体的经营管理水平。

二、组织机构的商业化调整

(一)组织机构改革的目标与原则

专业银行时期,四家国有专业银行在组织机构方面,纵向上采取总分行制,根据行政区划和层级设立各级别的分支机构,横向上根据工作分工和产品设置部门。机构重叠、人员冗余、管理效率低下的问题比较突出,严重阻碍了国家专业银行向国有商业银行的转型发展。就中国工商银行而言,1994年末的境内分支机构就多达37039个,在岗员工有561887人;1997年,境内分支机构总数更是发展到了41990个,在岗员工达676107人。[①] 因此,1997年11月召开的第一次全国金融工作会议提出,国有独资商业银行"要按照经济、合理、精简、高效的原则,因地制宜,减少管理层次和分支机构,进一步改变国有商业银行按行政区划设立分支机构的状况"。1998年6月,国务院转发了《中国人民银行关于落实国有独资商业银行分支机构改革方案有关问题的通知》,决定从1998年开始对国有独资商业银行的组织机构和人员部署进行调整。

改革的总体目标是精简与优化机构布局,压缩人员规模,积极稳妥、有步骤地撤并效益低下、亏损的分支机构,分流与银行业务经营无关或关系不大的工作人员,按照现代公司管理的理念设置国有商业银行的组织机构,逐步建立起符合市场化需求、功能规范、分工科学的组织机构体系,以达到提高经营效益和防范风险能力的目的。

改革的原则主要有三个方面:一是根据1995年颁布的《中华人民共和国商业银行法》的规定,在统一法人制度下建立起分工明确、管理规范的组织机构体系,打破以行政区划设置分支机构的理念,减少管理层级,推行扁平化的管理模式,以降低经营成本和提高工作效率为目标;二是坚持因地制宜与具体情况具体分析的原则,对低效和亏损的分支机构要大刀阔斧地撤并,建立符合商业银行发展目标和当地市场需求的机构体系;三是以市场为导向,根据业务需求和便利客户的原则,调整机构内设部门,提升机构功能和服务手段。

---

① 姜建清,2014.数据30年:中国工商银行:1984—2013[M].北京:中国金融出版社:195.

(二)总行层面组织机构的改革与调整

在向商业银行转变的过程中,各专业银行对总行内设部门分阶段进行了调整。

第一阶段是20世纪90年代中后期。这一时期的总行机构调整主要是为了适应统一法人制度的要求,本着精简、高效、统一的目标,对总行本部的内设机构进行调整。在调整的过程中既兼顾国有银行转型发展的稳定性,又具有前瞻性,使之与商业银行管理体制的发展要求相适应。例如,中国工商银行于1994—1998年先后两次对总行内设机构进行了重大调整:第一次改革中将总行内设部室从29个压缩至25个,主要对综合管理类的总务部、行政处、财务部等部门进行了压缩合并;第二次是1997年全国金融工作会议召开后,为贯彻全国金融工作会议"化解商业银行风险"的精神,本着提升资产质量和抵御信贷风险、化解不良贷款的目的,对总行内设机构部室进行了调整,按照管理与经营分离的理念,将总行的内设机构按功能分为五大类、25个部室[①],见图5-1。

第二阶段是2000年以后至商业银行股份制改革前。21世纪初,为了进一步加强总行对全行业务发展规划的指导、统筹、协调、监督力度,进一步健全国有商业银行的统一法人管理体制,本着以市场和客户为中心、提升市场营销能力和竞争力、提升经营绩效和增强风险管理能力的原则,国有商业银行对总行内设机构进行了进一步改革,初步形成了产品研发与市场营销相分离,前台营销综合化,后台管理研发专业化、集中化的组织机构体系。调整后的总行内设机构大致形成了三个层次、五个大类:第一层次是决策层,下设行长室和各类委员会,由行长或分管副行长担任委员会主任;第二层次是执行层,分为四大类,包括业务拓展营销类部门、产品研发与支持类部门、综合管理类部门及党政部门;第三层次是监督层,包括稽核、监察、审计类部门。2004年中国工商银行总行组织架构、2001年中国建设银行总行组织架构分别如图5-2和5-3所示。

---

① 姜建清,2008.中国工商银行史(1994—2004年)[M].北京:中国金融出版社:27.

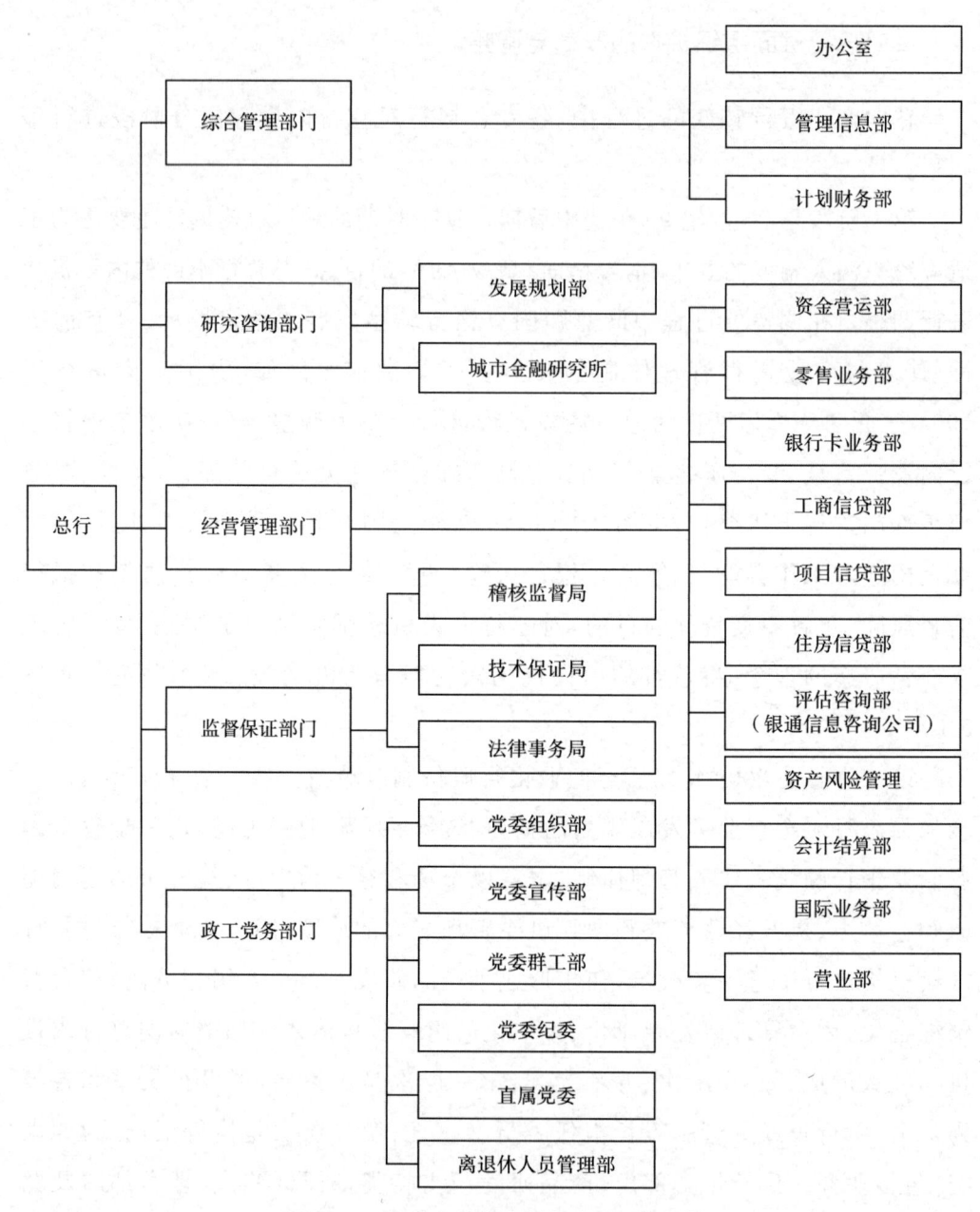

```
                                                              ┌─ 办公室
                                        综合管理部门 ─────────┼─ 管理信息部
                                                              └─ 计划财务部

                                        研究咨询部门 ─┬─ 发展规划部
                                                     └─ 城市金融研究所

                                                              ┌─ 资金营运部
                                                              ├─ 零售业务部
                                                              ├─ 银行卡业务部
                                                              ├─ 工商信贷部
                                        经营管理部门 ─────────┼─ 项目信贷部
                                                              ├─ 住房信贷部
            总行 ─┬─                                          ├─ 评估咨询部
                                                              │  （银通信息咨询公司）
                                                              ├─ 资产风险管理
                                                              ├─ 会计结算部
                                                              ├─ 国际业务部
                                                              └─ 营业部

                                                     ┌─ 稽核监督局
                                        监督保证部门 ─┼─ 技术保证局
                                                     └─ 法律事务局

                                                     ┌─ 党委组织部
                                                     ├─ 党委宣传部
                                        政工党务部门 ─┼─ 党委群工部
                                                     ├─ 党委纪委
                                                     ├─ 直属党委
                                                     └─ 离退休人员管理部
```

图 5-1　1998 年工商银行总行内设组织机构

图片来源：姜建清，2008.中国工商银行史（1994—2004 年）[M].北京：中国金融出版社：27.

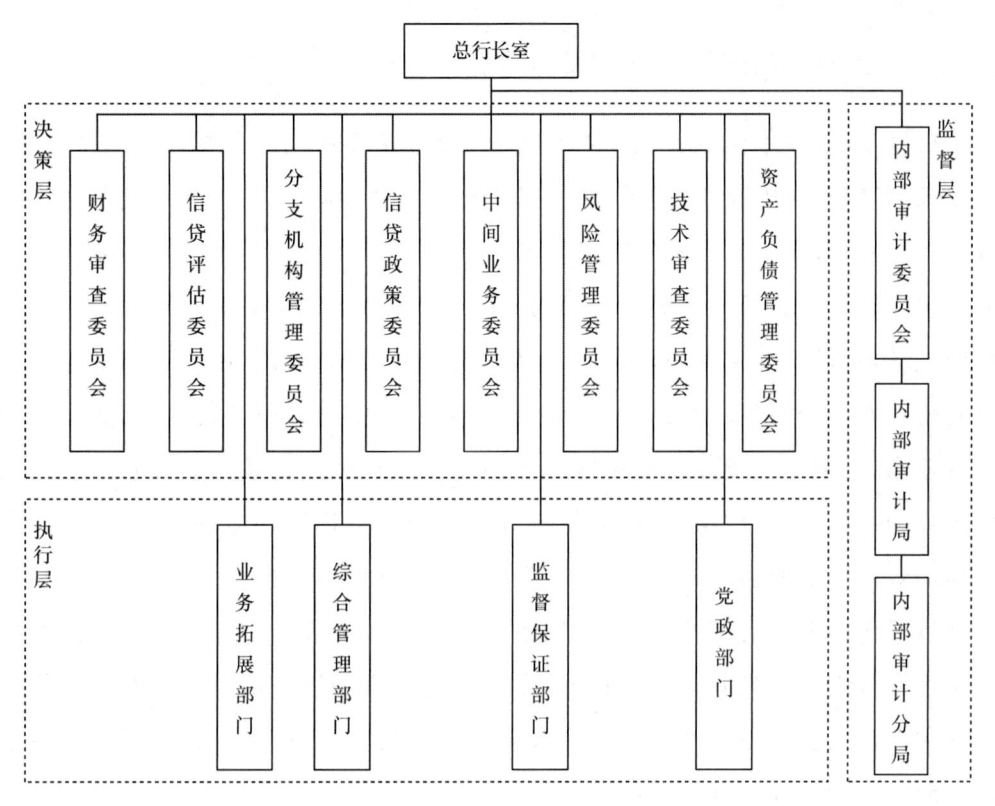

图 5-2　2004 年中国工商银行总行组织架构

图片来源：姜建清，2008.中国工商银行史（1994—2004 年）[M].北京：中国金融出版社：27.

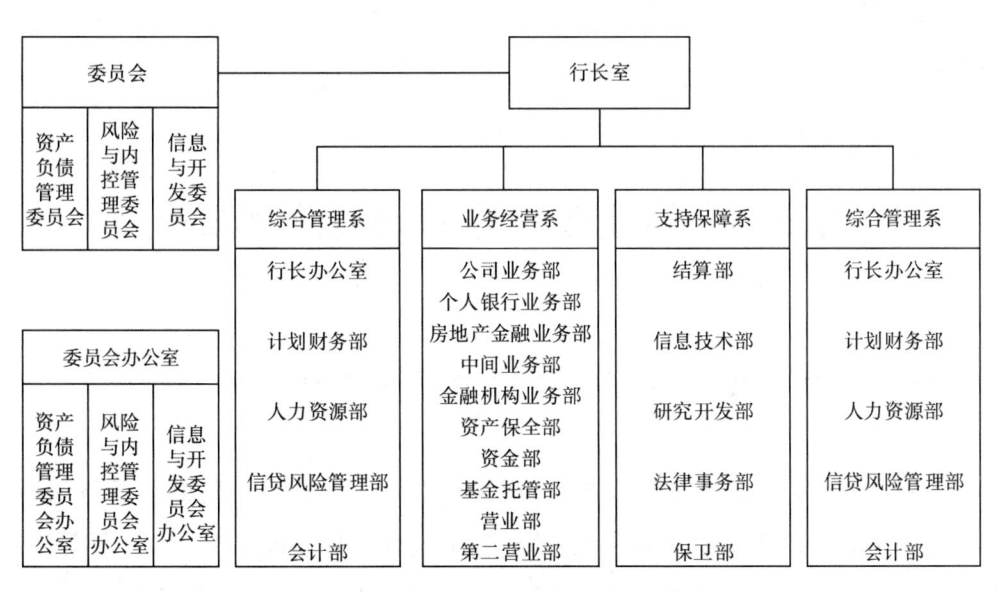

图 5-3　2001 年中国建设银行总行组织架构

图片来源：中国建设银行史编写组，2010.中国建设银行史[M].北京：中国财政经济出版社：413.

(三)分支机构层面机构的改革与调整

根据1998年中国人民银行起草的《国有独资商业银行分支机构改革方案》的要求,各国有独资商业银行开始了以"经济、高效、精简、合理"为主旨的分支机构调整:一是减少分支机构的层级设置,将原来的七个层级的分支机构缩减到了五个层级,形成"总行——一级分行(省分行)——二级分行(地级市分行)——支行——分理处或储蓄所"的垂直管理机构。二是着重精简在同一地区重复设立的地、市、县支行。例如,撤销了省会城市分行,将省分行与省会城市分行合并,成立省分行营业部;撤销了二级分行所在地的市、县支行,打破按行政区划设置分支机构的方式,减少管理机构和人员,强化二级分行的业务拓展功能;撤销了一批连续亏损或效益较低的县级支行和营业网点。三是按照扁平化的管理要求,对城市行进行机构调整。对规模较小、管理幅度偏小的省一级分行,撤销二级分行,实行城市支行由省一级分行直接管理,进一步减少管理层级,提高管理效率,实现集约化、规模化经营;规模较大的二级分行由总行直接管理,扩大二级分行的业务权限,加快其发展速度。

经过五年多的改革与调整,到2002年末,四家国有独资商业银行累计精简机构5.5万个,占网点总数的1/3,精简人员55.62万人,占全部工作人员的18%。[①]

第三节 资金管理体制的商业化改革

一、向市场化过渡的信贷资金管理体制

根据1993年底金融体制改革"把国家专业银行办成真正的商业银行"目标的要求,1994年3月,中国人民银行颁布了《信贷资金管理暂行办法》,决定从1994年起实行"总量控制、比例管理、分类指导、市场融通"的信贷资金管理体制。

---

① 中国人民银行,2012.中国共产党领导下的金融发展简史[M].北京:中国金融出版社:255.

(一)新管理体制的主要内容

总量控制的主要内涵是中央银行可以运用间接、经济的手段,控制货币发行、基础货币量、信贷规模以及金融机构的金融资产总量,以达到信贷规模变动与经济发展相适应的目的。其中包含几个方面的内容:一是中国人民银行作为中央银行,具有控制货币信贷总规模的权力,如在货币政策、货币发行、基础货币管理、信贷总量、基准利率等方面的决定权;二是中国人民银行的分支机构可以在中国人民银行总行授权的范围内,对辖内信贷资金进行管控;三是中国人民银行可以根据经济、金融的发展状况确定货币供应量和年增长幅度,并编制社会信用规划,指导金融机构信贷活动;四是中国人民银行可以选择运用一种或多种间接管理手段对信贷资金进行控制,如再贷款、再贴现、调整准备金率等。

比例管理的主要内涵是金融机构的资产和负债之间必须保持一定的比例,以保证信贷资金的安全性和流动性。为此,中国人民银行于1994年2月下发了《中国人民银行关于对商业银行实行资产负债比例管理的通知》(以下简称《通知》),并随《通知》一同下发了《商业银行资产负债比例管理暂行监控指标》和《关于资本成分和资产风险权数的暂行规定》两个文件,规定对商业银行的资本充足率、存贷款比例、中长期贷款比例、资产流动性比例、备付金比例、单个贷款比例、拆借资金比例、股东借款比例和不良贷款比例九个指标进行考核,以保持商业银行资产的安全性和流动性,保证资产质量,防范和减少资产风险,提高信贷资金效益。

分类指导的主要内涵是:在统一的货币政策下,根据金融机构的不同类别,实施差别化的信贷资金管理方式。这里的不同类别主要指商业银行与政策性银行的区别,以及银行机构与非银行机构的区别。对商业银行实行贷款限额控制下的资产负债比例管理,由商业银行总行负责系统内信贷资金的集中管理和统一调度,并对本行资产的流动性及支付能力负全部责任,商业银行分支机构之间可以相互调剂资金余缺。对政策性银行的信贷资金实行计划管理、定向用款、自求平衡、保本经营的原则。对非银行金融机构实行以资本总额制约资产、资金自求平衡的原则,在发生头寸困难时,机构可向人民银行申请借款或贴现。

市场融通的主要内涵是:在信贷资金的调配方面,中国人民银行主要利用市场手段进行宏观调控;在改善商业银行资产负债结构方面,提倡商业银行通过自主市场融通的方式来实现。

(二)新管理体制的特点

1.信贷资金总量管理仍占主导地位

中国人民银行总行每年会核定各商业银行的贷款增长计划,给予一个最高限额,商业银行可以在这个总量限额中发放贷款,实施资产负债比例管理,自求平衡,但该总量指标未经批准不得突破。

2.扩大了信贷资金的范围

过去的信贷资金主要指银行存款和贷款,新的信贷资金管理体制中所规定的信贷资金包含了金融机构的资本、资产和负债。

3.改进了中国人民银行对金融的宏观调控

一是从以前的直接调控逐渐向间接调控转变,改变了以前以贷款计划为主要调控手段的方式,探索资产负债比例管理的新方式;二是将信贷资金的调控权集中于中国人民银行总行,有利于加强总行宏观调控的控制力;三是对信贷资金管理实行分类管理。

4.强调商业银行信贷资金余缺的市场化调节

国家先后于1996年和1997年建立了全国统一的同业拆借市场和银行间债券交易市场,规范商业银行间的同业头寸拆借和票据贴现、债券买卖,鼓励商业银行通过市场方式调剂资金余缺。

二、"间接调控"的信贷资金管理体制

(一)"间接调控"管理体制的主要内容

1997年12月,中国人民银行下发《关于改进国有商业银行贷款规模管理的通知》(以下简称《通知》)。《通知》决定,将于1998年1月1日起不再对商业银行的贷款规模进行指令性的控制,而是在逐步推行资产负债比例管理和风险管理的基础上,实行"计划指导、自求平衡、比例管理、间接调控"的信贷资金管理体制。其主要内容包括以下几个方面。

(1)计划指导。中国人民银行不再以行政命令的方式严格控制商业银行的信贷规模,而是通过调节货币供应量等方式对商业银行的信贷规模增量实现指

导性的规划和监测。

(2)自求平衡。商业银行作为独立法人,自主编制信贷资金增减计划,报备至中国人民银行。

(3)比例管理。商业银行作为独立的法人,应充分发挥主观能动性制订本行的战略发展规划,提升经营管理水平,以达到中国人民银行规定的资本充足率、资产质量比例、存贷款比例等指标。

(4)间接调控。一方面,中国人民银行调控经济的主要抓手不再是信贷规模,而是改为货币供应量、商业银行头寸等间接调控的方式;另一方面,中国人民银行对商业银行信贷规模的控制不再以单一行政化的指令为主要手段,而是更多地通过存款准备金率、再贴现、再贷款等方式实现。

(二)"间接调控"管理体制的特点

(1)打破了新中国成立以来国家对银行信贷资金总量规模的控制,改为指导性计划。

(2)将商业银行当作是独立的企业法人,由其自主决定经营规模,自主管理资产负债的平衡。

(3)对商业银行资产负债的管理手段更加宏观,通过对资产负债比例的管理,而非直接通过控制信贷规模、存款规模等具体事项来间接达到管理商业银行的目的。

第四节　以控制风险为中心的审批管理体制改革

随着1994年末国有企业改革的全面铺开,国企资产并购重组频现,国企银行贷款违约概率急剧上升,这给各国有商业银行经营效益带来巨大压力。而根据1995年颁布的《中华人民共和国商业银行法》和《贷款通则》规定,商业银行以效益性、安全性、流动性为经营原则,实行自主经营、自担风险、自负盈亏、自我约束。因此,国有商业银行开始以防范风险为重点对信贷审批体制进行改革。

一、改革信贷审批的组织机构

为适应向国有商业银行转变的新要求,国有商业银行对其信贷审批的组织机构进行了适应性改革。总体思路是预防信贷风险,寻求信贷资金的安全性、流动性和效益性的"三性"最优组合。走在改革前列的有中国建设银行和中国工商银行。

中国人民建设银行于1995年4月制定了《中国人民建设银行总行固定资产贷款项目前期管理工作的暂行规定》,详细规范了"审贷分离"和"集体决策"的内涵及操作流程,并规定设立贷款审查委员会负责贷款的审批工作,信贷经营部门只负责贷款申请的受理工作,不具有审批资格。1999年1月,中国建设银行制定了《建设银行信贷业务管理体制改革方案》,将原来的信贷管理部门改为前台信贷经营、后台信贷审批和后台信贷风险管理三个大的独立部门,各部门具体职责划分见表5-1。

表 5-1 中国建设银行负责信贷管理组织机构的职责划分

业务范围		涵盖部门	主要职责
前台	信贷经营	公司业务部、房地产信贷部、机构业务部、国际业务部	贷款营销,贷款受理,贷前尽职调查,撰写贷款调查报告
后台	信贷审批	信贷审批部	对贷款材料进行合规性审查,审查合格后提交贷款审批会议集体审议
	信贷风险管理	风险管理部	对各类信贷资产进行风险监测

中国工商银行早在20世纪80年代末就开始在试点城市建立"贷款三查分离"的相应组织机构。进入20世纪90年代,为了适应市场经济条件下控制风险和服务客户的要求,中国工商银行参考借鉴国外商业银行信贷机构设置的先进经验,对信贷管理的组织机构展开了以"前后台分离""营销与审批分离"为主要内容的信贷管理组织机构改革,设立了信贷政策委员会、公司业务部、信贷管理部、资产风险管理部,分专业承担原先由信贷部承担的工作,这些部门的主要职责见表5-2。通过机构改革,建立了分工明确、组织合理、调控有力、运作高效的信贷管理组织机构,在提高信贷审批效率的同时,也增强了信贷审批的专业性和客观性。

表 5-2 中国工商银行负责信贷管理组织机构的职责分工

业务部门	具体部门名称	职责分工
宏观	信贷政策委员会	全行信贷决策最高机构,只在总行设立。主要职责:制定符合本行发展战略与经营方向的信贷政策;建设并完善风险管理体系,使之更加有效、合理;确定本行衡量信贷风险的标准、方法和模式;对代表特定风险的重大事项进行审批;将本行总体信贷风险控制在可承受范围内;定期向管理层上报本行信贷风险管理和业务发展状况。
前台	公司业务部	确定公司业务目标市场和目标客户并制定相应的营销策略;开展对公客户经理的培训和日常管理工作;开展目标市场和客户的调研工作,以满足客户需求;根据客户需要协调和运用行内各项资源,提供相应的产品或服务;搜集、处理和传递市场信息;营销和推广信贷产品;发起和维持信贷方案和信贷交易;受理客户的贷款申请,并对客户开展贷前调查,撰写调查报告;按照贷款审批意见发放贷款,并开展贷后检查。
后台	信贷管理部(下设信贷审批中心、授信管理中心、信贷监测检查中心、行业分析中心)	根据信贷政策委员会的决策意见,具体制定综合性信贷业务管理的制度、办法和政策措施;根据信贷市场的变化情况和各信贷业务部门提出的问题,向信贷政策委员会提出政策调整建议;研究和开发信贷产品;监督、检查各项业务制度和管理制度的落实;负责信贷综合管理系统的应用管理,并根据业务发展情况向技术保障部门提出开发需求;对全部客户信息进行管理和维护;对全行信贷业务进行动态监测、分析并定期向管理层报告;为信贷决策提供信息支持;管理信贷业务档案。
	资产风险管理部	负责组织全行信贷资产、投资、其他资产及人民币和外汇资金营运风险的监控和管理,通过采取转化、清收、核销等措施,防范和化解资产风险。资产风险管理部门的职能拓展到全面负责全行不良资产的清收、转化和处置;组织全行债权管理;制定信贷风险管理与控制的各种政策措施,如以物抵债管理、呆坏账核销管理、风险监测等。

通过健全信贷审批中心的组织机构,完善其职能,使信贷政策、制度、流程的制定和具体的信贷业务审查审批工作相分离,有利于培养在特定领域或行业有专长的主审查人和审贷专家,从而提高信贷审查审批的质量和效率。

二、改革信贷审批流程

为了确保信贷审批工作的有效运行,进一步提高信贷决策的质量和效率,落实审贷分离制度,国有商业银行进一步优化了信贷审批流程,建立起信贷审批决策的支持体系。例如,中国工商银行将贷款的审查、审批职能集中到信贷管理部门,并根据信贷客户的审批环节在信贷管理部门下设四个中心,分别负责不同阶段的业务。

(一)授信管理中心

授信管理中心是公司客户进行信贷审批的首要环节,主要负责全行统一授信管理工作,对公司客户及其关联企业的授信方案进行审查,提出审核意见,在授权范围内办理公司客户的综合授信审批工作。

通过组建授信管理中心,实现了授信工作的集中统一,便于银行实现对单一客户风险的整体把控,尤其是对跨区域、地区的集团客户,可在行内形成统一的授信额度。

(二)信贷审批中心

信贷审批中心由专业的信贷审批人员组成,其职责包括:第一,根据全行统一的信贷政策,审批本级行公司业务部提交的客户贷款申请和下级行上报的贷款申请;第二,在超出授权范围时,将审批事项提交信贷政策委员会审议;第三,定期向信贷政策委员会汇报近期贷款审批情况。

信贷审批中心的设立,使得信贷审批流程更加集中化、客观化、科学化,信贷政策和制度更易于实施,同时也有利于提升专职信贷审批人的业务素质,进而提升信贷审批的效率和质量。

(三)信贷监测检查中心

该中心主要职责包括以下几个方面:第一,定期监测和检查存量法人客户的信贷业务;第二,监测和检查各下属分支机构执行信贷政策、制度以及信贷资产的质量状况,督促各分支机构加强和改进信贷管理;第三,做好信贷管理系统的日常维护和应用管理。

信贷监测中心的设立实现了对存量信贷客户的实时监测,有利于对可能产生的信贷风险进行提前预警和控制。同时,通过运用技术手段对下级行信贷资产质量进行实时监测,以及对下级行信贷政策、制度执行情况进行现场检查,监督下级行依法合规经营,确保信贷审批制度的严格执行。

(四)行业分析中心

该中心的设立旨在定期监测和分析行业风险,为信贷审批提供依据,其主要职责包括:第一,确定需要重点关注和监测的目标行业,制定行业分析和监测的制度与办法;第二,定期发布目标行业的行业分析报告并提交信贷政策委员会;第三,对重点行业实施动态监测,及时预警行业风险。

行业分析中心的设立,有利于为银行正确做出信贷决策提供支持,比如为信贷审批中所需要掌握的行业发展趋势和风险控制点提供必要的信息汇总和分析。

三、完善信贷审批制度体系的建设

(一)贷款审批人管理制度的健全

信贷审批人业务素质的高低直接影响到信贷业务审批工作。为了提高信贷审批的质量和效率,进入21世纪后,国有商业银行陆续建立了贷款审批人制度,并主要通过以下几个方面完善了相关管理制度。

1.严格审批人选拔聘任制度

贷款审批人既要对贷款项目严格把关,确保新增贷款的质量,又要具有责任担当意识,不可随意否决可以发放的项目。因此,各家银行对贷款审批人的选拔都采取了审慎的态度,制定了专门的管理办法。例如,中国建设银行先后发布了《关于严格按文件要求任命贷款审批人的紧急通知》(1999年)、《关于严格任命贷款审批人有关问题的通知》(2001年)、《关于进一步充实专职贷款审批人的通知》(2001年)、《中国建设银行风险经理(专职贷款审批人)岗位职务管理暂行办法》(2003年)等文件,中国工商银行制定了《信贷业务审批人管理办法》(2003年)。

2.推动审批人的垂直管理

为保持贷款审批人审批工作的独立性、科学性和权威性,各商业银行实行了审批人垂直管理的制度。例如,中国建设银行2001年制定的《关于对专职贷款审批人实行垂直管理的通知》规定,一级分行的贷款审批人聘任需报总行贷款审批人审查小组审查同意,对总行负责,独立行使贷款审批权。

3.形成考试竞争上岗制度

为了确保贷款审批人的专业能力,各商业银行对贷款审批人采取了考试竞争上岗的制度。例如,中国工商银行建立了法人客户信贷业务审批人资格认定管理制度,贷款审批人需经过总行的统一考试后择优录取,以此加强对审批人的管理。中国建设银行于2003年发布了《中国建设银行专业技术岗位职务管理暂行办法实施意见》,要求贷款审批人实行竞争上岗选拔制度。

(二)信贷审批操作流程的规范

为了明确贷款审批各环节的工作任务、要求与责任,形成贷款审批有法可依、有章可循的规范体系,商业银行陆续制定了信贷业务审批的操作规程。例如,中国建设银行制定的《中国建设银行信贷业务审批操作规程》(1999年),对信贷业务的受理、评估、审批职责等审批各环节做了统一的制度规范;中国工商银行于2001年发布了《中国工商银行总行信贷审批中心工作规则(试行)》《中国工商银行总行信贷审批中心审贷委员管理办法(试行)》《中国工商银行总行信贷业务主审查人管理办法(试行)》等,规范贷款审批的各环节。

为了提高贷款审批的效率,商业银行根据信贷业务风险的不同制定了差异化的审批流程,减少了低风险业务的审批环节。例如,中国建设银行制定了《中国建设银行信贷业务一级审批操作规程》(2001年),要求对超过信贷授权范围的信贷业务,均由该业务所在行直接将申报材料上报给具有审批权限的行(部),取消层层审批;中国工商银行建立了"审批时效"制度,规定了审批人对贷款材料完成审批的时间截止点。

(三)信贷审批标准的统一、规范

在统一法人体制下,为使全行内形成统一的信贷审批标准,增强信贷政策的落实效果,商业银行按照信贷客户的行业制定了行业信贷业务审批准则。按照客户类型的不同,将客户分为大中型企业、小企业、微型企业,制定了全行统一的、针对不同类型客户的信贷审批标准,以提高商业银行信贷审批评价方法和测算结果的严谨度,控制信贷审批中主观因素带来的风险。例如,中国建设银行制定的《信贷业务审批指引》(2003年)、中国工商银行制定的《中国工商银行法人客户统一授信管理办法》(2002年)等制度,初步建立了贷款审批标准化程序的制度体系。

第五节　信贷风险管理体制的初步建成

随着1994年末国有企业改革的全面铺开,国有企业"关、停、并、转"现象频现,国有企业的银行贷款违约概率急剧上升,因此,国有商业银行长期积累的资产质量问题开始暴露,贷款质量急剧恶化,信贷风险开始大量释放出来。1997年,亚洲金融危机爆发,给我国经济发展带来负面影响,国有商业银行不良贷款率达到顶峰,到1998年末,国有商业银行的不良贷款占比已达到31.3%[①]。因此,建立全方位的信贷风险管理体制逐渐成为国有独资商业银行的中心工作。

一、信贷风险管理组织机构的调整与改革

随着国有商业银行经营管理者风险意识的提升,管理层开始考虑在银行内部设立专门的风险管理机构。1994年10月,中国工商银行总行在工交信贷部下成立了风险贷款保全处,专门负责贷款风险管理工作,这是全国金融系统中成立的第一个维护金融资产安全、保全银行资产的专职机构。1996年7月,为了强化防范风险的职能,中国工商银行将贷款保全处升级为资产保全部(二级部)。1998年4月,根据全行压缩和降低不良贷款、防范信贷风险的需要,中国工商银行进一步把资产保全部升格为一级部,并更名为资产风险管理部。在不断强化资产风险管理职能的基础上,2001年4月,中国工商银行总行成立了风险管理委员会,并制定了《中国工商银行风险管理委员会工作规则》,规定风险管理委员会是全行控制和管理风险的辅助决策机构,负责制定行内风险管理的方针政策、战略目标、考核机制等,同时负责制定经济资本配置方案,监督检查行内风险管理执行情况。

中国建设银行于1996年4月成立了资产保全部,负责信贷风险管理工作。1999年3月,为进一步增强信贷风险管理工作的独立性,中国建设银行总行成

---

① 姜建清,詹向阳,2019.中国大型商业银行股改史:上卷[M].北京:中国金融出版社:47.

立了信贷风险管理部,负责全行信贷风险的监管工作,并相应在一级分行和二级分行成立了相关部室。信贷风险管理部的单独设立,有利于在贷前环节就对信贷风险进行控制,从组织、制度上保证和强化了信贷风险管理。

风险管理组织机构的变迁过程,既是国有商业银行对资产质量问题和不良资产处置工作重视程度不断提升的过程,也是国有商业银行对风险管理的认识和把握逐步深化的过程,以及从传统的资产负债管理向全面风险管理逐渐过渡的表现。

二、信贷风险防范与管理机制的建立

为了使信贷风险管理更加科学化和制度化,商业银行建立起了较全面的信贷风险防范与管理机制,其中,中国工商银行和中国建设银行的管理机制较为全面。

(1)根据中国人民银行颁发的《商业银行实施统一授信制度指引(试行)》规定,各商业银行陆续建立了全行统一的企业信用等级的评定内容、评定标准和评级资格,依据企业信用等级制定了统一的贷款政策。

(2)建立了统一的固定资产项目评估机制。统一了评估机构、评估标准和评估程序;固定资产贷款项目必须通过评估才能进入审贷程序;评估权限与法人授权及贷款审批权限相一致;实行了主评估人制度和评估专家委员会制度。

(3)建立了贷款决策体系和贷款授权经营机制。通过法人授权,确定了各级行贷款审批权限,实行分级审批;建立并实行了审贷分离、集体审贷制度;适度上收了部分县级支行的贷款审批权,强化了贷款的集中经营与管理。

(4)加强了贷后管理。例如:中国工商银行制定了《中国工商银行关于加强贷后管理若干规定》(1999年),规定了贷后管理的细则和流程,并从贷款安全性、效益性和流动性的角度出发,建立了贷后跟踪检查制度和贷款监测反馈系统。中国建设银行建立了信贷风险事项报告制度,不定期报告重大信贷风险事项。

(5)依托先进科技手段,对信贷资产展开实时监控。例如:中国工商银行建立了贷款台账系统,实现了总行对全部贷款的逐笔、实时监控;中国建设银行建立了信贷管理信息系统,以及全行统一的信贷管理数据库,要求信贷分支机构按月、季、年提交本机构信贷客户的信贷资产质量报告,对信贷资产做到及时监测。

通过持续不断的改革,一个以风险控制为中心的信贷管理体系逐步形成,这一体系在推动国有商业银行信贷风险管理的标准化、规范化,提高贷款决策的科学性、可靠性,有效掌控和防范信贷风险,以及提高信贷资产质量方面发挥了重要的作用。

三、健全信贷风险管理制度

为了适应信贷业务的发展和风险管理的需要,加快规章制度的建设速度,各国有商业银行纷纷制定了涵盖各类信贷业务、品种、流程的信贷风险管理制度,明确了各类信贷业务、品种、流程的操作标准和制度措施,为行内信贷业务风险管理操作提供了统一、规范的制度保障。

(一)完善企业评级授信制度

20世纪80年代末,部分国有商业银行已经开始探索企业客户信用等级评定工作,并出台了相关办法。例如,中国农业银行1988年制定的《企业信用等级评定试行办法》、《中国农业银行工业企业信用等级评定及信贷管理试行办法》和《中国农业银行商业企业信用等级评定及信贷管理试行办法》,采用定量分析为主、定量与定性分析相结合的方式,将企业信用等级划分为特级、一级、二级、三级四个等级,用以确定贷款的投向、额度和利率水平。但是,此时的企业信用等级评定办法还较为粗放,且银行制定信用等级评定方法的初衷还不是防范风险。

进入20世纪90年代中期,国有商业银行的风险管理意识逐渐增强,迫切需要寻找完善信贷风险管理制度的方式方法。与此同时,随着与西方商业银行及评级机构交流的深入,企业评级制度的优点凸显出来,逐渐为我国国有商业银行经营管理者所推崇。因此,我国国有商业银行结合自身的经营特点,借鉴国外金融机构贷款风险评级的经验,陆续制定了企业评级授信管理制度。

最早开始尝试这项工作的是中国工商银行。1994年,中国工商银行制定了《中国工商银行资产风险管理办法(试行)》和《中国工商银行工业流动资金贷款风险管理实施细则》,形成了较为完整的企业信用等级评估制度。1996年12

月,又进一步细化了贷款企业信用等级的评定标准,制定了《中国工商银行企业信用等级评定标准(试行)》,将信用等级评定指标扩大到22项,并上收企业信用等级评定的管理权限到二级分行以上(含)。2001年,中国工商银行制定了《中国工商银行企业法人客户评价办法》和《中国工商银行企业法人客户评价办法实施细则》,采用新的客户信用评级体系,通过对法人客户一定经营期内的偿债能力和还款意愿进行定性和定量分析,形成行内唯一的评级级别。该评级办法已经接近国际通用的信用评级标准,标志着中国工商银行企业信用评级工作开始与国际接轨。随后几年,工商银行还根据行业特点和客户特点,制定了专门的信用等级评定细则,如《中国工商银行教育及医疗机构法人客户评价办法》(2002年)、《中国工商银行房地产及建筑法人客户评价办法》(2002年)、《中国工商银行小企业法人客户信用评级办法(试行)》(2002年)、《中国工商银行专业外贸企业信用等级评定办法(试行)》(2004年)等。这些信用等级评定办法综合起来,基本上共同形成了覆盖面广、评级方法先进、审查流程完善、评级操作电子化、前后连贯、相互统一的评级体系。

(二)试行贷款质量分类制度

20世纪90年代初期,各国有商业银行根据国务院关于"八五"期间在全国开展清产核资工作的要求,对行内的信贷资产开展了清产核资工作,并根据中国人民银行和财政部"一逾两呆"贷款分类方法的要求,将行内信贷资产分为正常贷款和不良贷款。这种分类方法的优点是在账面上不良贷款的数目一目了然,可操作性强,有利于当时会计制度和金融制度下做账工作的进行。但这种方法建立在以期限确定贷款质量的基础上,在信贷资产风险识别上存在滞后情况,不具有国际可比性,且易导致对资本充足率的错误判断。

1998年,为防范和化解我国的金融风险,经国务院批准,中国人民银行在全国银行业部署开展清理信贷资产、改进贷款分类工作(简称"清分"工作),采用国际通行的贷款五级分类(正常、关注、次级、可疑、损失)方法对我国银行业的贷款质量进行重新认定,摸清国有商业银行不良贷款的底数。1998年4月,中国人民银行印发了《关于开展清理信贷资产、改进贷款分类工作的通知》和《贷款风险分类指导原则(试行)》,并于同年5月初,在广州召开了全国银行"清分"工作试点动员会议,决定首先由中国工商银行、中国农业银行、中国银行、中国建设银行、交通银行5家银行在广东省进行"清分"试点。1998年下半年,"清分"工作在中国工商银行、中国农业银行、中国银行、中国建设银行四家国有商业银行全面铺开。1999年7月,中国人民银行修改和完善了《贷款风险分类指导原则(试行)》,重新明确了损失类贷款的标准,决定从1999年7月末开始至1999年年底前,完成4家国有独资商业银行和3家政策性银行贷款的五级分类工作。按照中国人民银行确定的新的损失类贷款划分标准,国有商业银行也制定了各自的贷款风险分类制度,如《中国建设银行贷款风险分类实施办法(试行)》(1999年)、《中国工商银行资产风险评价分析暂行办法》(2000年)等。贷款五级分类的试行,体现了国有商业银行对不良贷款风险管理水平的提高,也体现了我国与国际先进商业银行风险管理制度的逐步接轨。

总的来说,信贷风险管理体制的健全顺应了国有商业银行"独立经营、自负盈亏、自担风险"的改革目标,具有以下几个方面的积极意义。

第一,提高了信贷风险管理的质量和效率。通过健全信贷风险管理的组织机构,完善信贷风险管理的职能,使信贷风险的监测、制度制定与具体的信贷业务受理、审批工作相分离,避免了信贷营销、审批、风险监管人员"既当运动员又当裁判员"的情况出现,增强了信贷风险管理的客观性,同时也有利于培养在特定领域有专长的风险监测人员,从而提高信贷风险管理质量和效率。

第二,通过建立统一的评级授信管理制度,商业银行总行实现了对跨区域、集团客户的风险集中控制,以及对全行信贷风险的总体把控,也为国有商业银行之后走出国门奠定了基础。

第三,提高了风险的预测能力和抵御风险的能力。通过改变以贷款形态为依据的"一逾两呆"信贷资产质量分类方法,初步建立起以风险为依据的信贷资产五级分类方法,有利于国有商业银行更加真实地摸清不良贷款的底数,尽早采取预防不良贷款增加的措施,化解可能出现的信贷风险。同时,这也是我国国有商业银行信贷风险管理的价值标准和管理目标向国际惯例趋同的一个具体表现。

第六节 内在逻辑与简要评价

一、客观条件与内生动力

这一时期,国有商业银行信贷管理制度的变迁依然受客观条件的约束和内部环境的推动。

从客观条件来说,一是党的十四届三中全会后我国确立了社会主义市场经济体制,国家层面希望尽快实现政府职能的转变,逐步实现"政企分开",在对银行业的管理上更加趋向于使用宏观调控手段,因此对商业银行信贷管理体制从指令计划向间接调控的变化持积极态度。二是国家开始实施金融体制改革,将政策性业务从国有商业银行中分离出来,逐步取消了贷款的限额控制,加快了对国有商业银行的商业化改革。因此,旧的信贷管理体制已经不能适应商业银行市场化发展的需要。

从内部环境来说,随着《中华人民共和国商业银行法》等法律、制度的颁布实施,国有商业银行成了"自主经营、自负盈亏"的企业,需要加强经营管理能力、提升风险防控水平。信贷业务是这一时期国有商业银行的主营业务,加强信贷管理有利于国有商业银行自身的稳健发展,因此从银行层面来看,需要对原有的信贷制度进行改革,进一步规范信贷审批的流程,提升对信贷风险预防与控制的能力。

二、简要评价

1994—1997年的信贷管理体制改革是国有银行信贷管理体制从以计划管理为主向以发挥市场机制为主变迁的重大步骤,它既体现了市场经济对信贷管理的要求,也兼顾到了过渡时期信贷资金管理的特殊情况。实践证明,新的信贷管理体制对加强中国人民银行的宏观调控,推进国家专业银行向国有独资商业银行转变都发挥了积极的作用。当然,这种信贷管理体制仍然以信贷资金的限额控制为主旋律,间接调控的体系还没有完善,国有商业银行仍然未突破存贷款限额管理的局限,因而其资产负债比例管理也就无法彻底实现。随着社会主义市场经济体制改革的进一步深入,这种信贷资金管理体制也将进一步改革。

1998年开始实施的信贷管理体制,是适应社会主义市场经济体制改革的必要之举,也是国有商业银行向"真正的商业银行"转变的重要举措,有着如下重要的里程碑意义。

(1)标志着中央银行宏观调控方式和手段的重大变革。取消信贷规模管控后,中国人民银行更多的是以存款准备金、再贷款、再贴现等货币政策手段实现宏观调控的目的。这是我国金融体制改革进程中一个重要的转折点,是计划经济体制向社会主义市场经济体制过渡的重要标志,也体现出我国央行宏观调控手段科学化、平稳化的转变。

(2)为将国有商业银行"办成真正的商业银行"创造了必要条件。取消国家层面对贷款规模的直接管控后,商业银行作为独立法人自主规划信贷收支计划的目标才更容易实现,"自主经营、自负盈亏"这一改革目标才能真正落地。

同时,新的信贷资金管理体制进一步激发了国有商业银行的竞争意识。信贷规模控制的情况下,每家国有商业银行的季度、年度贷款新增额度是有明确规定的,银行只是被动的"放款人",银行经营管理者对资产负债规模的增量不关心。信贷规模控制取消后,信贷市场成为一个开放的竞争环境,国有商业银行的存贷客户有着流动的可能,这促使国有商业银行经营管理者加强内部管理,建立与市场经济相适应的经营机制,更加注重提高经营效益。

(3)取消贷款规模的指令性控制后,国有商业银行为提升经营效益、信贷资金的安全性和流动性,更愿意向效益好、有市场、讲信用的优质企业发放贷款,使得效益差、信誉低的企业则很难得到贷款。这一方面在一定程度上促进了企业的优胜劣汰,另一方面也促进了资金按市场经济原则流动,市场对资源配置的基础性作用得到进一步的发挥。

(4)改革后的信贷审批制度实现了信贷活动的前后台分离,促进了信贷审批工作的专业化分工,提高了信贷审批的效率和质量,明确了部门间权责利的关系,有利于商业银行控制整体信贷风险。

(5)提高了风险预测和监测的水平。通过建立风险管理部、行业分析中心、评级授信中心等部门,国有商业银行总行的信贷制度得到严格执行,实现了总行对全行贷款风险的实时、连续监测,提高了国有商业银行管理信贷风险的反应能力。

正是因为这一次的信贷管理体制改革是真正触及了宏观管理方式的根本性变革,因此在执行多年后获得了非常明显的效果。特别是随着信贷资金管理体制改革而发展起来的资本市场和货币市场,在很大程度上改变了企业单一依靠银行信贷资金获得资金补充的局面。

第六章

国有控股商业银行时期的信贷管理体制（2003—2024）

  党的十五大报告提出，公有制实现形式可以而且应当多样化，建立现代企业制度是国有企业改革的方向，这在理论层面为国有商业银行股份制改革奠定了基础。之后召开的第二次全国金融工作会议上，正式确定国有独资商业银行开始股份制改革。2003—2010年，中国银行、中国建设银行、中国工商银行和中国农业银行先后完成了股改上市，建立了具有中国特色的"三会一层"的现代公司治理架构，并进一步完善和优化了信贷管理体制。

第六章 国有控股商业银行时期的信贷管理体制（2003—2024）

第一节 经济金融背景

一、经济背景

(一)经济转型发展取得巨大成就

1.社会主义市场经济体制进一步完善

党的十六大以来,我国社会主义市场经济体制得到进一步完善,主要包括如下几个方面。

第一,坚持和完善公有制为主体、多种所有制经济共同发展的基本经济制度。2002年11月,党的十六大召开,提出了"两个毫不动摇",即"必须毫不动摇地巩固和发展公有制经济""必须毫不动摇地鼓励、支持和引导非公有制经济发展"。国有经济主要在关系国民经济命脉的关键领域和重点领域中发挥主导作用。2003年以来,我国所有制结构有了进一步调整,竞争性行业中国有经济的企业法人单位数量进一步减少。据统计,至2012年末,全国企业法人单位有8286654个,其中有控股的企业法人278479个,从数量占比上来说仅占3.36%。[①] 非公有制经济的企业法人单位数量逐年攀升,提供了更多就业机会。2012年末,我国城镇就业人员达37102万人,其中:国有企业单位的城镇就业人员6839万人;有限责任公司、股份公司、私营企业、港澳台投资单位和外商投资企业的城镇就业人员20445万人,较2002年增长了13798万人。[②]

第二,市场经济体系的逐步健全。为了建立起统一、开放、竞争、有序的市场经济体系,更好地发挥市场在资源配置中的基础性作用,主要做了以下几个方面的工作:一是逐步建立起全国统一的市场体系,打破地区封锁和地方保护主义,全国一盘棋。在电子商务和现代物流产业的加持下,加快商品和各种要素在市

---

① 中华人民共和国国家统计局,2013.中国统计年鉴2013[M].北京:中国统计出版社:36.
② 中华人民共和国国家统计局,2013.中国统计年鉴2013[M].北京:中国统计出版社:53.

场调节作用下的全国流动。二是为劳动力在全国流动提供便利，尤其是鼓励农村剩余劳动力进城务工。2012年底，我国农民工人数达26261万人，其中外出务工人员达16336万人。①

第三，宏观调控体系的进一步改善。2006年，第十届全国人大四次会议通过《中华人民共和国国民经济和社会发展第十一个五年规划纲要》，第一次用"规划"二字替代了以往的"计划"二字，这体现出国家层面对国民经济宏观调控方式的转变。此后，我国逐步建立起以财政政策、货币政策、产业政策、价格政策等为主要手段的宏观调控体系基本框架。

2. 推进统筹协调发展

党的十六届三中全会提出"五个统筹"②，其中，"统筹城乡发展"位于首位。根据这一要求，《中华人民共和国国民经济和社会发展第十一个五年规划纲要》提出"建设社会主义新农村"。2002年起，国家施行对农业生产的直接补贴政策，且逐年扩大了补贴范围，到2012年，粮食直补、农资综合补贴、良种补贴和农机补贴的资金规模达到1668亿元③。2011年开始，牧民生产性补贴政策施行，给予牧民每年每户500元的生产资料补贴。2012年，中央财政支农投入达12287亿元，较2002年增长10382亿元，占比从2002年的13.5%上升到19.2%④；农民人均年纯收入由2002年的2476元增长到2012年的7917元⑤。

在统筹区域协调发展方面，国家实施了西部大开发战略、中部地区崛起战略和振兴东北老工业基地战略，推进了区域协调发展和经济结构战略性调整。

21世纪以来，中国形成了一批实力强劲、具有竞争力的企业，对外开放也由单纯的"引进来"转变为"引进来"和"走出去"并举。为了支持企业"走出去"，国家取消了境外投资购汇额度限制，境内企业支付境外投资的前期费用也可以在审核后先行汇出，为中国企业"走出去"提供了极大便利。2012年，我国货物进

---

① 国家统计局,2013.2012年全国农民工监测调查报告[EB/OL].[2019-05-27]https://www.stats.gov.cn/sj/zxfb/202302/t20230203_1898305.html.
② "五个统筹"即统筹城乡发展、统筹区域发展、统筹经济社会发展、统筹人与自然和谐发展、统筹国内发展和对外开放。
③ 郑有贵,2019.中华人民共和国经济史(1949—2019)[M].北京:当代中国出版社:273.
④ 郑有贵,2019.中华人民共和国经济史(1949—2029)[M].北京:当代中国出版社:273.
⑤ 中华人民共和国国家统计局,2013.中国统计年鉴2013[M].北京:中国统计出版社:118.

出口总额达38671亿美元①,成为世界第二大进出口国家。

3.经济发展实现新飞跃

2002—2012年,是中国经济实现跨越式发展的十年。农业综合生产能力显著提高,2012年粮食总产量达58958万吨,肉类产量8387.2万吨,奶类产量3875.4万吨,水产品总产量5907.7万吨,其中谷物和肉类的农产品产量稳居世界第一。工业总产值持续增长,2012年底达到199670.7亿元,其中工业制成品出口总额达19481.6亿美元,进出口顺差达7646.9亿美元。② 人民生活水平持续提高,2012年城镇居民人均可支配收入达24565元,是2002年的2.2倍,扣除价格因素年均实际增长超过9.2%。农村居民年人均纯收入7917元,较2002年增长2.2倍,扣除价格因素实际年均增长幅度超过8.1%。2002—2012年,中国经济总量实现了历史性的飞跃,2008年超过德国位居世界第三,2010年超过日本位居世界第二。③

(二)经济高质量发展,向社会主义现代化目标奋进

党的十八大以来,中国共产党坚定不移地贯彻创新、协调、绿色、开放、共享的新发展理念,引领中国经济由高速增长阶段向高质量发展阶段转变,团结带领全国各族人民全面建成了小康社会,实现了第一个百年奋斗目标,迈上了全面建设社会主义现代化国家、向第二个百年奋斗目标进军的新征程。

1.全面深化经济体制改革

为了贯彻党的十八大关于全面深化改革的战略目标,党的十八届三中全会审议并通过了《中共中央关于全面深化改革若干重大问题的决定》,明确全面深化改革要以经济体制改革为重点,并发挥其对改革全局的牵引作用,同时对全面深化经济体制改革作出战略部署:"一是坚持和完善公有制为主体、多种所有经济共同发展的基本经济制度"④,二是"使市场在资源配置中起决定性作用和更好发挥政府作用"⑤。根据这一要求,2015年10月,中共中央、国务院颁布了《中

---

① 中华人民共和国国家统计局,2013.中国统计年鉴2013[M].北京:中国统计出版社:153.
② 中华人民共和国国家统计局,2013.中国统计年鉴2013[M].北京:中国统计出版社:127.
③ 郑有贵,2019.中华人民共和国经济史(1949—2019)[M].北京:当代中国出版社:285.
④ 中共中央文献研究室,2014.十八大以来重要文献选编(上)[M].北京:中央文献出版社:16.
⑤ 中共中央文献研究室,2014.十八大以来重要文献选编(上)[M].北京:中央文献出版社:513.

共中央国务院关于推进价格机制改革的若干意见》，进一步放开了竞争性领域的商品价格，使市场在资源配置中起决定性作用。三是推进供给侧结构性改革，使经济发展更适应新常态要求。通过"三去一降一补"等措施优化经济结构，不断释放实体经济活力，提升金融服务经济实体的能力，形成国内市场和生产主体、经济增长和扩大就业、金融和实体经济良性循环。

2. 经济向高质量发展转型

党的十八大以来，中国经济以新发展理念为指导，向高质量发展有效推进，经济总量、人均国民收入均实现新的飞跃，中国的综合国力和国际影响力也显著提升。经济保持中高速发展的同时，经济结构不断优化，人民美好生活需要得到更好满足。首先，第三产业（服务业）快速发展。2012年，服务业增加值首次超过第二产业，成为中国第一大产业。2022年，服务业生产总值增加值占国内生产总值的比重达52.8%，对经济增长的贡献率为54.9%①，大众餐饮、文化娱乐、休闲旅游、教育培训等服务性消费成为消费热点。第三产业的快速发展也为国内居民就业提供了大量机会，至2021年末，全国就业人员中第三产业就业人员占48%。其次，工业发展向高质量转型。2013—2021年，装备制造业和高技术制造业年均增加值增长速度分别为9.2%和11.6%，分别超过规模以上工业增加值增长速度2.4%和4.8%。② 最后，农业生产力不断提升。2012—2020年，粮食产量连年稳定在6.3万吨以上，谷物、肉类、花生产量稳居世界第一。

3. 全面建成小康社会

20世纪70年代末80年代初，邓小平在规划中国经济社会发展蓝图时提出"小康社会"的战略构想。党的十八大报告首次正式提出全面建成小康社会。2021年7月1日，习近平总书记在庆祝中国共产党成立100周年大会上庄严宣告，我们在中华大地上全面建成了小康社会。这标志着中华民族伟大复兴向前迈出了新的一大步。

---

① 中华人民共和国统计局，2023.中国统计年鉴[M/OL].北京：中国统计出版社：[2023-10-28].https://www.stats.gov.cn/sj/ndsj/2023/indexch.htm.

② 国家统计局，2023.工业实力持续增强 转型升级成效明显：党的十八大以来经济社会发展成就系列报告之三[EB/OL].[2023-10-28] https://www.stats.gov.cn/sj/sjjd/202302/t20230202_1896673.html.

4.建设高水平社会主义市场经济体制

党的二十大明确要求,坚持社会主义市场经济改革方向,构建高水平社会主义市场经济体制,充分发挥市场在资源配置中的决定性作用,更好发挥政府作用。这一要求再次明确了市场的地位和作用,重申了市场与政府的关系,为今后的改革提供了理论依据。党的二十大报告指出,我国要建设现代化产业体系,坚持把发展经济的着力点放在实体经济上,推进新型工业化,这再次强调实体经济发展对我国经济发展的重要性,指明了金融助力经济发展的方向。

二、金融背景

(一)金融监管体制的完善

2002年11月,中国共产党第十六次全国代表大会召开,强调要加强经济的宏观调控。2003年3月,第十届全国人民代表大会审议通过了《中华人民共和国银行业监督管理法》。随即召开的第十届全国人民代表大会第一次会议审议并通过了《关于国务院机构改革方案的决定》,决定设立中国银行业监督管理委员会(以下简称"银监会"),专门开展对商业银行等金融机构的监督管理工作。2003年4月,银监会正式挂牌成立。自此,我国形成了"一行三会"的金融监管体制。

银监会的成立一方面将中国人民银行从微观主体的运行监督工作中分离出来,使中国人民银行能更加独立、专注地行使宏观调控、发行货币、稳定金融系统的责任,在金融危机发生时充当"最后贷款人"的角色;另一方面也促进了银行业监管法制化和专业化水平的提升,对于防范和化解银行业风险、降低我国商业银行不良贷款率水平作出了突出贡献(从图6-1可以看出,2003—2021年,我国银行业金融机构不良贷款率总体上呈逐年下降趋势)。

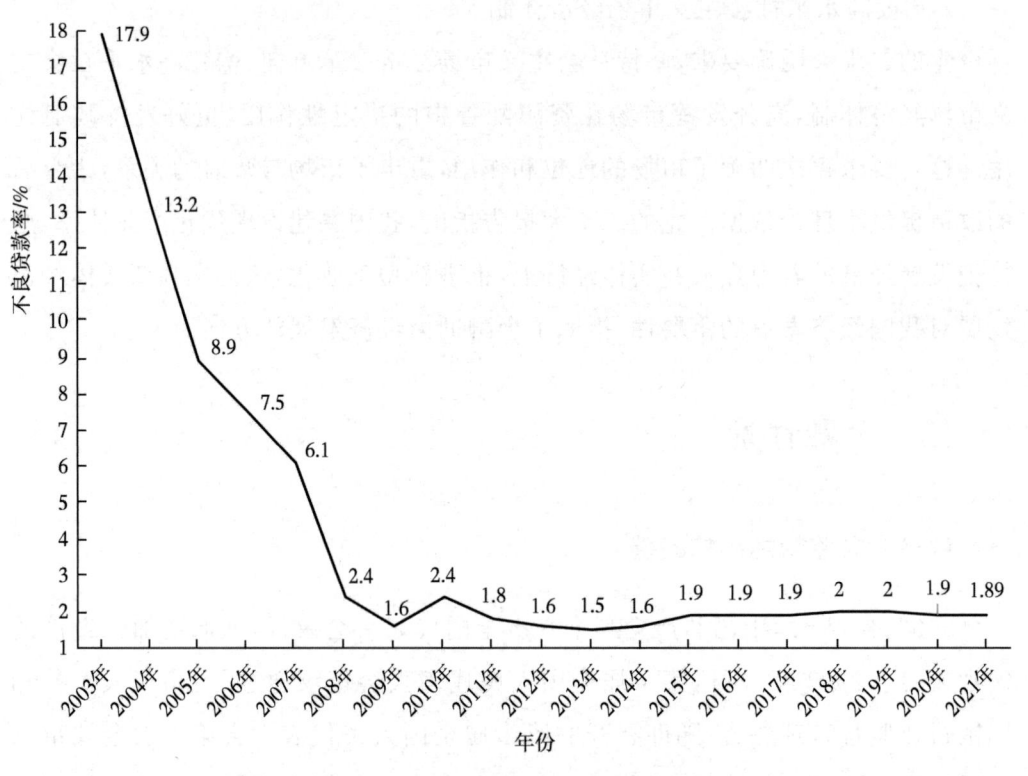

图 6-1　2003—2021 年我国银行业金融机构不良贷款率

数据来源:根据历年《中国金融年鉴》的数据整理而得。

(二)金融体系的国际化

2001 年 12 月我国加入世界贸易组织后,承诺用 5 年过渡时间,逐步放开银行业、证券业和保险业。2006 年底,银行业方面,我国取消了外资银行在我国经营人民币业务的地域限制和客户限制,外资银行已在我国境内设立了 195 家分行、14 家法人机构,经营运作的资产总额超过 1000 亿美元,占我国境内银行业资产总额的 2%[①];证券业方面,经我国政府批准设立的中外合资证券公司有 6 家[②],基金管理公司有 24 家[③];保险业的国际化程度也进一步加深,到 2006 年

---

① 中国人民银行,中国金融学会,2007. 2007 中国金融年鉴[M].北京:中国金融年鉴编辑部:526.

② 中国证券监督管理委员会,2006.外资参股证券公司一览表[EB/OL].[2023-11-06].http://www.csrc.gov.cn/csrc/c101860/c1514806/content.shtml.

③ 中国证券监督管理委员会,2006.外资参股基金管理公司一览表[EB/OL].[2023-11-06].http://www.csrc.gov.cn/csrc/c101900/c1515037/content.shtml.

底,外资保险公司数量增加到47家,外资保险公司实现保费收入259.2亿,占市场份额的4.59%[①]。

在履行外资金融机构"走进来"承诺的同时,中资金融机构也加快了"走出去"的步伐。到2020年底,国有商业银行在海外设立了1200家左右的分支机构,覆盖了亚、欧、美、非和大洋洲五大洲的60多个国家和地区。[②]

(三)维护金融稳定,预防金融风险

面对复杂的国际环境和全球金融风险溢出效应,我国面临新的金融稳定挑战。2005年起,中国人民银行开始发布《中国金融稳定报告》,并且每年发布一次。2008年,全球金融危机给我国经济发展带来了巨大冲击,我国实施了积极的财政政策和宽松的货币政策来维护金融稳定。中国人民银行从2008年初开始5次下调了金融机构人民币贷款基准利率,将贷款利率从年初的7.47%下调至年底的5.31%[③];4次有区别地下调了人民币存款准备金率,将大型商业银行的存款准备金率下调到15.5%[④];从存量和增量上给各商业银行明确的窗口指导,及时释放确保经济增长和稳定市场信心的信号,引导金融机构扩大信贷投放规模。

2011年,中央经济工作会议召开,会议指出:我国经济金融等领域存在一些不容忽视的潜在风险。要综合运用多种货币政策工具,保持货币信贷总量合理增长,优化信贷结构,发挥好资本市场的积极作用,有效防范和及时化解潜在金融风险。2012年起,每年的中央经济工作会议都会强调"坚决守住不发生系统性和区域性金融风险的底线",将预防和化解金融风险、维护金融稳定放在重中之重的位置上。2015年5月,《存款保险条例》正式施行,标志着我国存款保险制度的正式建立,为我国金融安全与稳定发展提供了坚实保障。

2017年7月,习近平总书记在第五次全国金融工作会议上发表重要讲话,提出"三位一体"的金融工作任务,即"服务实体经济、防控金融风险、深化金融改

---

① 保监会,2007.保险业全面实现对外开放[EB/OL].[2023-11-06].https://www.gov.cn/ztzl/bjhgz/content_631846.htm.
② 根据四家国有商业银行2020年度年报数据整理而得。
③ 中国人民银行,中国金融学会,2009. 2009中国金融年鉴[M].北京:中国金融年鉴杂志社有限公司:442.
④ 中国人民银行,中国金融学会,2009. 2009中国金融年鉴[M].北京:中国金融年鉴杂志社有限公司:5.

革"。2017年10月,党的十九大报告指出,要"着力加快建设实体经济、科技创新、现代金融、人力资源协同发展的产业体系","健全金融监管体系,守住不发生系统性金融风险的底线"。同年的中央经济工作会议将防范化解重大风险列入2018—2020年的三年攻坚战首位,重点是防控金融风险。在以上方针政策的指导下,2018年起,我国在维护金融稳定方面采取了一系列重要举措。继2017年国务院金融稳定发展委员会成立后,2018年3月,中国银监会与中国保监会合并,成立中国银行保险监督管理委员会(简称中国银保监会),金融监管框架从"一行三会"调整为"一委一行两会"。2023年5月,在中国银保监会的基础上,组建成立了国家金融监督管理总局,金融监管框架从"一委一行两会"调整为"一委一行一局一会"的结构,为维护金融稳定提供了组织机构保障。

总的来说,构建与新时代经济发展要求相适应的现代金融体系是未来一段时间内我国金融改革发展的主题。金融体制、银行体制的改革始终是我国经济体制改革的重要组成部分,为我国经济发展作出了不可磨灭的贡献。同时,金融体制、银行体制的改革也深深影响着信贷管理体制的变迁。信贷管理体制必须符合客观经济发展要求,并受到金融体制、银行体制大框架的约束,这样才能有助于银行稳定健康发展和经济发展。

第二节 国有商业银行股份制管理体制的形成

一、国有商业银行股份制改革及公开上市

(一)国有商业银行股份制改革的确定

1997年9月,党的十五大报告明确提出:公司制实现形式可以而且应该多样化,股份制是现代企业的一种资本组织形式,有利于所有权和经营权的分离,有利于提高企业和资本的运作效率,资本主义可以用,社会主义也可以用;建立现代企业制度是国有企业改革的方向。这从国家层面为国有商业银行股份制改革奠定了理论基础、提供了依据。

2002年2月,第二次全国金融工作会议在北京召开。会议决定对国有独资商业银行进行股份制改革,要求把国有商业银行改造成为治理结构完善、运行机制健全、经营目标明确、财务状况良好、具有较强国际竞争力的现代金融企业。国有商业银行股份制改革的序幕就此拉开。

(二)股份制改革方案正式确定

2002年8月初,在中国人民银行的牵头下,《国有独资商业银行综合化改革方案(征求意见稿)》出台,并于同年10月底上报至国务院,但财政部和中国人民银行就这一稿方案中关于四家国有独资商业银行巨额不良资产如何处置的问题,没有达成一致意见。据统计,至2001年底,四家国有商业银行的信贷资产损失预计为9700亿元,另外还有账面非信贷类损失4300亿元,合计共1.4万亿元[①]。中国人民银行认为,四家国有商业银行自行消化这些不良资产,时间太长,不利于股改上市;财政部认为,由于1999年刚发行了特别国债,剥离了四家国有商业银行1.4万亿的不良贷款,如果此次股改再通过发行特别国债的方式剥离不良资产,会使国家财政面临巨大压力,也会使我国面临国际舆论压力。因此,该方案最终没有通过。

2003年5月,时任国务院总理温家宝主持召开了国有独资商业银行改革方案的讨论会。会上,中国人民银行提交了关于国有独资商业银行股份制改革的新方案,方案中提出了国家资产负债表、财政资产负债表和商业银行体系资产负债表的新思路,为商业银行化解不良贷款提供了新途径;还提出了国有商业银行股改上市前的不良资产化解,可以打破依靠财政发债的传统方式,转而利用中国人民银行的外汇储备来进行,即通过中国人民银行的资产负债表与商业银行资产负债表的结构重组,以国家注资的方式解决商业银行股份制改革的资金问题。最终,这一方案被审议通过,国有商业银行股份制改革的方案最终确定。

(三)国有商业银行陆续完成股份制改革并公开上市

国有商业银行股份制改革方案确定后,2003年12月,中央汇金投资有限责任公司(以下简称中央汇金公司)在国务院的批准下成立,成为国有独资的投资

---

① 姜建清,詹向阳,2019.中国大型商业银行股改史:上卷[M].北京:中国金融出版社:175.

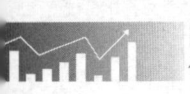

控股公司。同月,中央汇金公司分别向中国建设银行和中国银行注资225亿美元①。2004年1月,国务院宣布启动中国建设银行和中国银行的股份制改革试点工作。

2004年9月,中央汇金公司、中国建银投资有限责任公司、国家电网有限公司、上海宝钢集团公司和中国长江电力股份有限公司在北京召开会议,决定共同发起设立中国建设银行股份有限公司。同月,中华人民共和国国家工商行政管理总局向中国建设银行股份有限公司颁发了企业法人营业执照,这标志着中国建设银行股份有限公司正式成立。

中国建设银行的股份制改革是国有独资商业银行股份制改革的先行先试,是国有商业银行在历史包袱沉重、风险内控薄弱、资本金严重不足的背景下的背水一战。最终,在国家注资等一系列财务重组政策的支持下,中国建设银行股份制改革得以顺利完成并取得相应成果,打破了西方对我国国有商业银行"技术上已经破产"的断言,使中国建设银行重新焕发出勃勃生机,也为后续其他国有商业银行的股份制改革提供了一个成功的范例。

2005年7月,经过几轮谈判,中国建设银行最终确定引入的国外战略投资者的名单[美国银行和淡马锡控股(私人)有限公司]并签署协议,这成为中国建设银行在香港上市的关键一步。2005年10月,中国建设银行在香港联合交易所挂牌上市。2007年9月,中国建设银行在上海证券交易所正式挂牌上市。中国建设银行的成功上市不仅对中国建设银行自身的发展起到了积极作用,还为其他三家国有商业银行今后在境内外公开上市起到了良好的示范效应和借鉴作用。此外,中国建设银行的成功上市,对深化金融体制改革,改进国有商业银行在公司治理结构和经营机制上的缺点,改变国有商业银行经营管理落后的状况,以及提高大型商业银行的国际综合竞争力起到了极大的促进作用。

中国银行的股份制改革不同于中国建设银行,基于保证海外分支机构和国际业务的连续性以及银行稳定性的考虑,中国银行采取了独家发起、整体改制的股份制改革模式,由中央汇金公司独家注入资金,不设立控股公司或存续公司,没有分拆和剥离,由新的股份公司完全承接中国银行的全部资产、债券、业务和员工。2004年8月,中央汇金公司作为独家发起人,召开了中国银行股份有限

---

① 姜建清,詹向阳,2019.中国大型商业银行股改史:上卷[M].北京:中国金融出版社:230.

公司成立大会。2006年6月,中国银行在香港联合交易所上市,并于同年7月5日在上海证券交易所上市。中国银行A股发行是当时我国境内最大规模的A股发行项目,国有股权占发行后总股本的71.95%[①]。

在中国建设银行和中国银行股份制改革试点取得成功后,2005年4月,国务院批准了中国工商银行的股份制改革方案,并于同年10月28日正式挂牌成立中国工商银行股份有限公司。由于自身准备较为充分,且有中国建设银行和中国银行先行先试的成功经验,中国工商银行从启动股份制改革到正式挂牌上市仅用了一年多的时间。2006年10月,中国工商银行在上海证券交易所和香港联合交易所同时挂牌上市。

中国农业银行的股份制改革不仅是国有独资商业银行股份制改革的组成部分,也是我国农村金融体制改革的重要组成部分,其难度和复杂性尤为突出,因此是最后一个启动的股份制改革。截至2004年底,中国农业银行有61.9%的机构网点、51.5%的在岗员工和34.9%的贷款分布在县及县以下地区,其中涉农贷款规模9753亿元,占全部贷款的38.8%。[②] 因此,经过几年的讨论,2007年1月召开的第三次全国金融工作会议最终确定中国农业银行股份制改革的首要宗旨是支持"三农",本着"整体改制、商业运作、择机上市"的原则制订改革方案。2008年10月,国务院审议并通过了中国农业银行的股份制改革方案。同年12月25日,中国农业银行股份有限公司成立。与其他三家国有银行不同的是,中国农业银行在上市之前并没有引入境外战略投资者,而是以战略配售的方式引入了境内投资者,包括22家大型国企、6家保险公司和其他金融机构,以及6家农业产业的龙头企业。2010年7月15日和7月16日,农业银行先后在A股和H股上市,这标志着我国国有商业银行的股改上市工作圆满收官。

国有商业银行的股改上市是我国金融体制改革历史中浓墨重彩的一笔,对于增强我国银行业的稳健经营与可持续发展能力,提升金融业的核心竞争力和对外开放水平都具有重要的意义。

---

① 姜建清,詹向阳,2019.中国大型商业银行股改史:上卷[M].北京:中国金融出版社:297.
② 姜建清,詹向阳,2019.中国大型商业银行股改史:上卷[M].北京:中国金融出版社:395.

二、公司法人管理体制的建立完善

(一)成立"三会一层"

股份制改革并不是国有商业银行综合化改革的最终目标,因为它并不是商业银行经营绩效和风险管理水平提升的必然条件,私有制的产权与经营绩效间并不能简单地直接画等号,这在其他转轨国家已经得到证明。但通过股份制改革和公开上市,国有商业银行成为公众公司,产权结构实现多元化,这就倒逼国有商业银行必须建立权责明确、规范科学、制衡有效的公司治理机制,完善内部管理机制,提升内部管理水平。因此,为了适应股份制商业银行的运作模式,国有商业银行在股改上市的同时,按照现代公司治理模式对组织机构进行了改造,建立了"三会一层"的公司治理架构。

首先建立现代公司治理组织机构的是中国银行和中国建设银行。2004年8月,中国银行率先完成了股份制改革,成立了第一届股东大会、董事会、监事会,并制定了股份有限公司章程。随后,中国建设银行于2004年9月、中国工商银行于2005年11月、中国农业银行于2009年1月完成了股份公司组织架构的改造与搭建。

(二)完善公司治理制度

在公司组织架构初步搭建完成后,各国有商业银行开始了相应的建章立制工作,逐步完善了公司治理的规章制度,包括公司章程、股东大会议事规则、董事会治理规程、监事会治理规程等,内容基本涵盖了商业银行公司治理的各个方面。例如,中国建设银行借鉴国际先进银行和我国部分在境外上市的国有企业的经验,制定了《中国建设银行股份有限公司章程》,并针对赴港上市特别制定了《到境外上市公司章程必备条款》等规章制度,从而既满足自身内部管理的需要,又符合境内外监管机构的要求。

第三节　资产负债资金管理体制的完善

1994年中国人民银行下发《中国人民银行关于对商业银行实行资产负债比例管理的通知》后，国有商业银行开始改革资金管理体制，探索建立资产负债比例管理制度。为了适应股份制改革的步伐，国有商业银行的资金管理向集约化和精细化转变，并主要通过以下三个方面来实现。

一、完善资金管理的组织机构设置

组织机构的完善是管理体制建设的基础。2003年起，国有商业银行先后制定并修订了关于资金管理的组织机构改革方案。例如，中国工商银行于2006年6月发布了《总行组织机构改革总体方案》，决定成立总行资产负债管理部，并在省一级分行成立相应的下级条线部门。资产负债管理部成立后，中国工商银行总行将原先分散在资金营运部、计划财务部等部门的资产负债管理职能统一集中起来，对全行的资产负债总量与结构、经济资本、流动性、资金价格等进行统一管理，形成由上至下统一的资产负债管理运作框架。2013年，中国工商银行又重新对资产负债管理部的职能进行了界定，规定资产管理部主要负责集团资产负债总量和结构管理、资本管理、流动性管理、利率汇率风险管理和内部资金价格管理，制定和实施资产负债总量结构的整体优化方案，为管理层决策提供关键依据。

二、实施资金全额集中管理改革

资金全额集中管理是指商业银行在内部建立起资金转移价格(funds transfer pricing, FTP)体系，分支机构揽收的资金全部按内部资金转移价格缴存到总行，分支机构运用资金的也由总行按照内部资金转移价格分配给各分支机构。资金全额集中管理的特点是资金的来源与运用均由总行进行集中统一管理，并根据内部资金价格实现资金的调配和转移。在资金全额集中管理模式下，分支机构间的资金二级缴存、上存、下借、联行往来等内部资金业务都不复存在。目前，国有商业银行内部普遍建立起了资金全额集中管理模式，在该模式下，商业银行总行对全行的资金来源与运用进行全额分类计价，实现了资金来源与运用的"收支两条线"管理，有利于商业银行总行利用内部资金产品价格对分支行业务经营实现引导，避免了总行经营政策传递效果逐级减弱或失真的现象出现，也有利于商业银行总行对全行流动性风险和利率风险进行统一管理。例如，中国工商银行于2009年10月制定了《全额资金集中管理改革方案》，并于2010年1月发布了《人民币资金管理办法（试行）》和《关于下达〈人民币内部资金转移价格〉的通知》，决定从2010年起实行人民币全额资金管理体制。通过建立全额资金管理体制，国有商业银行实现了总行对全行资金的集中管理，充分发挥总行资金管理的优势和规模效应；提高了系统内资金的管理效率，防止分支机构出现异常资金行为，有助于降低操作风险；实现了总行对全行资金来源和运用的全程监控，增强了总行的经营调控效力。

三、健全资本管理的制度体系

商业银行的资本作为一种稀缺资源，会对银行的经营规模、风险抵御能力和市场扩张能力产生重大的影响。自2006年底中国金融对外资全面开放、2007年巴塞尔新资本协议开始实施以来，我国商业银行的竞争环境和监管环境发生了巨大的变化，业务发展受到监管机构资本约束条件的影响，原来粗放式的规模扩张方式受到了一定的束缚。提高资本管理能力是银行提升竞争力的重要手段，是银行实施精细化管理的必然选择，只有高效地管理有限的资产，才能用有限的资本支撑相对大的业务规模。因此，国有商业银行进一步健全了资本管理的制度体系框架。中国银行于2006年11月正式成立了巴塞尔新资本协议实施领导小组，并制定了内部评级法的具体实施细则。中国工商银行于2006年8月制定了《中国工商银行经济资本管理办法》和《中国工商银行资本充足率管理办法》，初步建立起经济资本管理制度体系。2008年2月，中国工商银行正式印发了《中国工商银行资本管理制度》文件，以及配套的《中国工商银行经济资本管理办法》和《中国工商银行资本充足率管理办法》，正式形成了规范的经济资本管理制度体系。

第四节 信贷审批管理体制的集中化改革

一、授信审批体制的垂直集中化改革

伴随着股份制改革进程的推进,国有商业银行积极借鉴国外先进经验,以适应社会主义市场经济和控制风险为目标,将信贷审批体制向着垂直集中的方向改革,包括重组信贷管理机构、上收审批权限等措施,具体有以下几个方面。

(一)审批管理机构的改组

在股份制改革的过程中,四家国有商业银行对其信贷审批的组织机构进行了不同程度的改组。

1.中国工商银行

中国工商银行于2006年对总行的信贷管理机构进行了改革,将原信贷管理部下设的信贷审批中心(二级部门)分设出来组建了信用审批部(一级部门),将原信贷管理部下设的授信审批中心(二级部门)及原信贷评估部整合为授信业务部(一级部门)。信用审批部和授信业务部作为独立的信贷中台部门,专门负责核定客户的综合授信额度和审批超过分行权限的信贷业务。这样一来,中国工商银行的信贷管理机构就从原来的两个部门变成了四个部门,从而形成了前、中、后台相互分离、权责相互制约的组织机构管理体制,审批部门成为独立的中台部门对信用风险进行总量和单笔业务的把控。2010年,为加强风险管理,统一授信审批的审查标准和管理规范,中国工商银行提出了授信审批垂直集中管理方案,并发布了《进一步深化和完善一级(直属)分行授信审批集中管理的若干规定》,决定逐步撤销二级分行的授信审批分部,将授信审批的权限集中到总行和一级(直属)分行集中管理。到2013年末,中国工商银行基本完成了授信审批权的集中上收管理,建立了集约化、标准化、专业化和信息化的信贷审批体系。2014年初,中国工商银行将信用审批部和授信业务部合并为授信审批部,主要负责法人客户的评级授信、项目评估、押品价值评估、信用审查审批及贷款提款

核准等业务。

2.中国农业银行

股份制改革后,中国农业银行在总行层面设置了信用审批部、信用管理部、风险管理部三个与信贷管理相关的组织机构,并在一级分行和二级分行设置了相应的垂直下级部门。其中:信用审批部负责核定法人信贷客户的综合信用额度以及审批本级行权限内的信贷业务;总行信用管理部负责制定全行行业信贷政策,确定每一类别业务和客户的准入标准;分行信用管理部负责执行和监督下级行对行内信贷政策的执行情况,并对法人客户信贷业务贷后管理情况进行监督;风险管理部主要负责全面风险管理工作。

3.中国银行

中国银行总行设置了风险管理部、信用审批部和授信管理部三个部门用于管理行内信贷工作,并在一级分行和二级分行设置了相应的条线下级部门。其中:风险管理部执行全面风险管理的工作职能;信用审批部负责信贷业务的审查审批工作;授信管理部负责抵押物的价值管理、贷款条件落实情况核查及贷后管理监督工作。

4.中国建设银行

中国建设银行总行设置了风险管理部、资产保全部、信贷管理部、授信审批部四个部门作为信贷业务的管理部门。其中,授信审批部作为中台部门,专门负责法人客户的综合授信额度核定工作和法人信贷客户的信贷业务审批审查工作。

虽然各行在组织机构设置上存在一定的差异,但总的来说都是以审贷分离、控制风险为目标,试图构建集约化、标准化、专业化和信息化的审批体系。

(二)审批权限与对象的细分

伴随着经济的繁荣发展,银行所面对的信贷客户的种类不断多样化,为了适应市场的发展,提高审批的效率与质量,国有商业银行根据信贷客户类型对审批权限进行了细分。大部分国有商业银行将信贷审批权限划分为小微企业客户、个人信贷客户和一般法人客户。

1.一般法人客户

一般法人客户是指除小微企业客户以外的法人客户,包括企业法人和事业法人客户。我国国有商业银行中,除中国农业银行外,其余三家国有商业银行的一般法人客户的信贷审批权限主要集中在总行和一级分行。

中国工商银行采取总行向一级(直属)分行授权的方式,每年对各分行的信贷审批权限进行规定。对于可以转授权的部分信贷审批业务权限,一级分行可以转授权给辖属的分支行。其中:新增和压缩类的单一法人客户的授信审批权限均集中在一级分行;维持类单一法人客户的授信审批权限可以集中在一级分行,也可以由一级分行按比例向下转授权。省内不同二级分行间的关联客户、集团客户的授信审批,必须集中在一级分行授信审批部审批。

中国农业银行一般法人客户的信贷审批权限分散在总行、一级分行和二级分行。各层级机构的行长、主管信贷的副行长和独立审批人是有权审批人,拥有信贷审批的决策权。

中国银行对于总行名单制管理的优质信贷客户实施简化审批流程,可直接由信贷营销部门提交信贷材料给信用审批部审批,不用经过集体审贷会议的讨论即可直接报有权审批人进行审批。除此之外,按照信贷业务品种、金额、风险的不同,将一般法人客户的信贷审批权限划分为总行审批权限和省行审批权限两大类。

中国建设银行在总行实行有权审批人制度:设置首席风险官和专职审批人,负责对审批权限在总行的信贷业务进行审批;在各省分行实行有权审批人双签制度,对省行权限内的信贷业务进行审批,各省的最高有权审批人为总行派驻到各省分行的风险总监;各省分行行长不具有信贷审批权限。

2.小微企业客户和个人信贷客户

对于小微企业客户和个人信贷客户,各国有商业银行对信贷审批权限的设置差异较大。中国工商银行和中国银行将小微企业客户和个人信贷客户的信贷审批权限集中在一级分行,中国建设银行和中国农业银行则将小微企业的信贷审批权限下放到二级分行及以下的分支机构。

中国工商银行将小微企业客户的信贷业务审批权集中在一级分行,但规定可按照"评级、授信、押品评估和业务审批"的"四合一"流程进行上报审批,相对简化了审批流程,其中低风险信贷业务可以不经集体审贷会议讨论,直接由有权审批人审批。另外,还规定个人信贷业务的审批权限可由一级分行在授权范围内全额或部分转授权给二级分行和支行。

中国银行的小微企业和个人信贷业务的审批权限设置在省一级分行,并不进行转授权。中国银行在省分行设立了普惠金融事业部,负责小微企业和个人信贷业务的审批工作;在二级分行设立了普惠金融事业部,负责小微企业的营销和日常管理工作;在省分行个人数字金融部下设了个贷审批中心(二级部),负责个人信贷业务的审查审批。

中国农业银行的小微企业和个人客户信贷业务的审批权限主要集中在二级分行及县级支行。对于期限在一年以内的小微企业贷款和个人经营类贷款,且具有足值有效固定资产作为抵押担保的,可以直接放款。对于不能落实足值房地产押品的小微企业贷款和个人经营贷款,需由专职审批人和支行行长或分管副行长双人签批。对于个人住房贷款、个人消费类贷款和农户小额贷款,可由独立审批人单独签批。

中国建设银行的小微企业信贷业务审批权限主要集中在二级分行。低风险业务由专职审批人单人签批,其他业务由一名牵头审批人和一名专职审批人共同签批。个人信贷业务审批方面,中国建设银行开发了个人贷款评分模型和业务处理系统,系统评分低的个人客户直接由系统拒绝,系统评分高的个人客户直接由系统审批通过,剩余部分则由个人贷款专职审批人审批。对于部分个人信贷业务较多的省份,中国建设银行在相应省份的省一级分行设立了个人贷款集中审批中心,而对于其余省份,个人信贷业务的审批权限则放在二级分行的个贷中心。

二、信贷审批流程的优化

(一)构建"集中、统一"的授信体系

国有企业改革开始后,随着跨区域、跨国家集团客户的增多,国有商业银行开始尝试构建"集中、统一"的授信体系。股份制改革全面铺开后,这项工作显得更为重要和紧迫。例如:中国工商银行于2006年开始建立跨区域集团客户授信牵头行制度,对跨区域集团信贷客户实行工商银行系统内集中统一授信,授信工作由牵头行负责,其他分行共享额度;并于2008年发布《关于印发法人客户评级授信有关文件的通知》,明确建立集中统一的授信体系。2010年,中国工商银行将融资性担保机构和外资金融机构客户也纳入统一授信管理,建立全球统一授信体系。2014年,中国工商银行发布了《关于进一步完善和优化授信管理、提高授信管理效率的意见》及《关于进一步明确授信审批流程有关事项的通知》,对财务管理规范、总部对成员企业控制力较强且实行资金集中管理的集团客户实行"总对总"统一授信,实现集团客户在工商银行系统内的额度高度共享和风险整体控制。通过完善统一授信管理体制,中国工商银行改进了跨区域集团客户的授信核定方式,增强了成员行对辖内成员企业核定授信的主动性和灵活性,减少了境内外分行间不必要的沟通和协调,优化了针对集团客户的授信审批流程。

(二)构建标准化、全口径的押品价值管理体系

抵质押物有助于商业银行缓释信贷风险,建立标准化、全口径的抵质押物价值管理体系有助于为商业银行信贷审批提供可靠的依据,有效发挥抵押品的风险缓释作用。各国有商业银行普遍重视押品价值的管理,例如:中国工商银行于2005年制定了《中国工商银行抵质押物价值评估管理办法》,对抵押品价值内部评估的方法细则、流程、人员资质等作了明确、具体的规定,并对合作中介机构实行名单制管理;于2012年制定了《中国工商银行押品管理办法》,统一了个人贷款和法人贷款、境内贷款和境外贷款的抵押品管理标准,建立了全口径的押品管理制度体系。

三、信贷审批管理制度的完善

(一)完善信贷业务集体审议和专职审议制度

信贷业务集体审议制度是伴随着审贷分离制度而产生的,是银行在信贷审批中防范和控制信用风险的重要环节。国有商业银行大都在20世纪90年代末建立了审贷分离制度,并随着该制度的完善在2000年左右逐渐建立了专职审贷人机制,开始试行集体审贷制度。例如,中国工商银行在2002年制定了《信贷审查委员会章程》,决定由审贷委员会负责大额或疑难业务的集体审贷工作;中国建设银行于2003年制定了《中国建设银行风险经理(专职贷款审批人)岗位职务

管理暂行办法》，对各级别专职审贷人的工作职责做了明确规定；中国工商银行于2010年上收了信贷审批的权限，将一般法人客户的信贷审批业务集中到总行和省一级分行，并在总行和省分行成立了授信审批部，通过竞争考核选聘了一批业务素质强、政策水平高、信贷工作经验丰富的员工专职从事信贷业务的集体审议工作，基本实现了信用风险业务集体审议的专职化和专家化。

(二)建立健全信贷审批人和签批人资格管理和专业认证制度

贷款审批人的专业胜任能力直接关系到贷款审批工作的质量，因此各国有商业银行在建立专职审批人制度后就制定了关于专职审批人的相关管理办法或制度，对专职审批人的选聘采取竞争上岗或专业资格考核认定的方式，并建立相应的制度约束机制考核审批人的工作绩效和履职能力。例如：中国建设银行2003年制定的《中国建设银行专业技术岗位职务管理暂行办法》和《中国建设银行专职贷款审批人岗位职务管理暂行办法》明确要求，专职贷款审批人通过竞争考核上岗的方式确定；中国工商银行于2004年和2007年分别制定了法人客户信贷业务审批人资格认定管理制度和个人信贷业务审批人专业资格认定管理制度，并于2012将境外机构和银行类控股机构的审批、签批人员也纳入了审批资格管理和认证范围，规避了没有审批资格人员审批、签批业务所产生的操作风险和道德风险。截至2021年末，中国工商银行全行具备信贷业务高级审批资格的人员有5808人，具备中级审批资格的人员有19377人，具备初级审批资格的人员有7074人。①

第五节 全面风险管理体制的建立与完善

国有商业银行风险管理体制建设发轫于20世纪80年代末，在金融监管机构的指引下，相关建设得到了积极稳妥的推进，经历了从无到有、从局部到整体、从传统到现代的过程。在国有商业银行股份制改革的过程中，建立健全风险管

---

① 根据中国工商银行2021年年报数据整理而得。

理体制成为改革的核心目标之一,信贷风险的防范也从之前的局部预防向建立全面的风险管理体制转变。

一、完善信用风险管理的组织架构

(一)完善信用风险管理机构的顶层设计

组织架构的建立与完善是各项管理措施得以顺利实施的基础。各国有商业银行在股改上市的过程中,逐步完善了信用风险管理相关的组织架构,尤其是总行层面的组织架构,并从以下三个方面完善了风险管理机构的顶层设计。

第一,国有商业银行在设立董事会的同时,陆续在董事会下设了风险管理委员会作为行内的最高风险管理机构,负责制定全行的风险管理政策,以及监督和评价全行风险管理工作实施情况,并在风险管理委员会下设信用风险委员会、操作风险委员会和市场风险委员会这三个二级委员会,分别负责行内各类型的风险管理工作。

第二,实行首席风险官制度。近几年,各国有商业银行陆续在总行层面设立了首席风险官,并聘请国内外专家组成风险管理团队,对行内风险管理工作进行监督和指导。首席风险官直接向行长负责,这使得风险管理队伍的地位得到大幅提升,风险管理的独立性和专业性水平也有了显著增强和提升。

第三,完善风险管理制度。制度的完善有助于各项管理工作的有序开展,各国有商业银行近年来陆续完善了全面风险管理的制度体系。例如,中国工商银行于2004年制定了"全面风险管理框架",对风险管理的基本原则、组织机构设置等问题在制度上作了详细规定,并在实施过程中根据不同时期的风险管理要求对该框架进行了多次修订,最终形成了以内部评级管理制度为第一层级、评级管理办法为第二层级、评级实施细则为第三层级的三级信用风险管理制度体系;中国银行于2005年制定了《中国银行股份有限公司风险管理总则》(以下简称《总则》),对全面风险管理的流程、架构、基本原则等进行了规定,并在2010—2017年先后四次修订《总则》内容,扩充了风险管理文化、风险管理数据汇总等方面的内容。

(二)完善信用风险管理的横向机构

国有商业银行在该时期进一步加强了风险管理的横向机构设置。以信用风险管理为例,首先,在专业条线上进一步完善了风险管理的组织机构设置,各国有商业银行普遍在总行设立了信贷管理部门、信用审批部门、风险资产处置部门和前台业务部门,形成了前、中、后台相互分离、相互制约的信贷管理部门;其次,加强了非信贷业务条线部门对信贷风险的管控,普遍设立了法律事务部门、内控合规部门等,加强对信贷业务中涉及法律、内控方面事务的专业管理,以降低信贷业务风险;最后,设立了总行直管、独立于分支机构条线的内部审计部门,开展信贷业务的非现场和现场检查,及时发现问题,防微杜渐。通过上述三个方面工作的完善,形成了风险管理的三道横向防线,切实优化了信用风险管理的横向组织体系。

(三)完善分支机构的信用风险管理机构

分支机构是商业银行的"血管",是商业银行客户的亲密接触者,对市场和客户的信息有灵敏、直观的感受,是风险管理的第一道防线。我国地域辽阔,国有商业银行分支机构数量多、分布范围广,完善分支机构信用风险管理相关组织机构的设置,对于提升国有商业银行整体风险管理水平具有重要意义。中国农业银行和中国工商银行在一级分行层面设立了风险管理部和信贷管理部作为信贷风险的管理部门;在二级分行层面设立了信贷管理部对接一级分行风险管理部和信贷管理部,对辖区内信贷客户的风险进行统一管理和监督。

二、强化信用风险的识别与管控

(一)利用现代信息技术建立信用风险识别与计量体系

风险识别与计量是信用风险管理的基础环节。国有商业银行在股份制改革的过程中,积极向国际上的先进银行学习,并随着现代信息技术的兴起,积极研发信用风险识别与计量体系,改变了之前信用风险识别主要依靠信贷工作人员经验和主观意识的状态,提升了信用风险管理水平。

中国银监会于2007年正式发布了《中国银行业实施新资本协议指导意见》，各国有商业银行根据这一指导意见着手实施新巴塞尔资本协议。通过近十几年的建设，各国有商业银行积极搜集内部数据、主动分析各行业风险因子，在行内建立起了涉及公司客户、机构客户、个人客户等方面的内部评级模型，并将评级结果广泛运用于信贷客户的贷前准入、贷时审批和贷后监督等各环节，使信贷风险识别与评价从主观定性转向客观定量分析，大大提升了信贷风险识别的科学性和专业性。例如：中国工商银行与普华永道会计师事务所合作实施了内部评级法项目，针对行内风险管理现状和未来规划制定了详细的实施方案；中国银行在QIS 3（量化影响评估第三版）的基础上制定了内部评级法实施方案和《新巴塞尔资本协议实施方案》；中国建设银行陆续投产了292个风险计量模型，对信贷客户信用风险进行精准识别，有效防控了信用风险。

(二)建立风险预警管控机制

面对日益复杂的风险环境，建立前瞻性的信用风险预警管控机制对商业银行可持续经营具有重要作用。各国有商业银行利用大数据理念和技术，统筹行内和行外多维度的数据信息，对信贷管理的前、中、后台进行了全方位的跟踪监测，研发了适合本行发展状况的风险预警监控体系，对行内信贷客户的行业风险、产品风险、客户自身风险等进行实时监控，如对触发了风险警示的客户，系统及时发送提示通知管户客户经理，提前预警风险，有效控制信用风险。例如，中国工商银行成立了信贷监测中心，对全行信贷客户进行多维度监测分析，有效实现风险预警。

三、设置风险偏好管控机制，严守信贷客户的准入门槛

风险偏好对商业银行的经营策略选择和客户筛选具有导向性和基础性作用。各国有商业银行通过建立明确的风险偏好管控机制，从上到下宣导了客户筛选原则，为行内各部门业务发展以及政策制定与实施提供了指导性意见。

中国银行于2011年发布了《中国银行股份有限公司集团风险偏好陈述书》，并基于银监会"腕骨"监管指标要求、投资者的利益诉求及自身的风险管理水平制定了《风险偏好管理办法》。2014年，根据中国银行的发展状况和当时的行内

外风险环境,中国银行将原有的10个战略性指标扩充至13个战略性指标和13个从属性指标,涵盖各主要风险类别,使得指标覆盖更加全面。

中国工商银行于2010年发布了《风险偏好管理制度(试行)》,对客户选择、风险容忍度、客户回报率等问题进行了明确规定。2017年,又结合银监会监管指标和自身发展要求,完善了风险偏好管控体系,针对客户经济资本占用、业务收益等设置了23个定量指标。

第六节 内在逻辑与简要评价

一、客观条件与内生动力

这一时期,国有商业银行信贷管理制度的变迁依然受外在客观条件的约束和内在环境的推动。

从外在客观条件来说:一是1997年爆发的东南亚金融危机使我国政府认识到银行体系的脆弱性。日、韩、泰等东南亚国家银行信贷管理体制机制的不健全使得国际投机者有机可乘,这促使我国政府不得不推动制度创新,对现有信贷管理体制进行改革,以降低国有资产风险、提高国有银行抵御风险的能力、维护金融系统的稳定。二是随着我国市场经济的进一步发展,部分国有企业在市场竞争中连连受挫、经营困难,导致贷款违约率大幅提升,最终造成国有商业银行产生巨额不良贷款,这在国际舆论上给我国带来不良影响,因此亟须改革国有商业银行信贷管理制度。

从国有商业银行的内在环境来看:一方面,国有商业银行在股份制改革后,不但要回报最大持股者——国家,还要顾及其他股东的投资收益。但是,旧的信贷管理制度使国有商业银行不良资产率不断攀升,直接影响了国有商业银行回报股东的能力,因此国有商业银行意识到需要改革信贷管理体制,建立现代商业银行信贷管理体制。另一方面,当时,非公有制经济蓬勃发展,催生出巨大的信贷市场,也使得经济环境更为复杂多变,国有商业银行不得不改进信贷管理体制,在取得更多信贷投放利润的同时,把控整体信贷风险,以实现可持续发展。

二、简要评价

整体来说,这一时期国有商业银行信贷管理体制的变迁使国有商业银行信贷管理水平有了质的飞跃,也使国有商业银行如凤凰涅槃般获得新的生机,实现了从"理论上破产"到高质量发展的突破。但是,这也是国有商业银行信贷管理体制改革的新起点,国有商业银行信贷管理体制的改革仍然任重道远。

从信贷资金管理体制来说,第一,资金全额集中管理有利于增强总行对全行资金的管控效率;第二,总分行间资金往来全额采取计价买卖的方式进行,有利于总行信贷政策的向下传导,通过资金价格直观地向分支机构明确总行的经营导向;第三,全额资金管理体制下对信贷业务实现了逐笔计价,有助于分支行明确信贷风险水平,也便于总行把控全行总体的信用风险水平。但是,这样的信贷资金管理体制也加剧了地区发展的不平衡,使得资金流动性较小。

从信贷审批管理体制来说,垂直化、集约化的信贷审批体制对于增强信贷审批的标准统一化、管理规范化、人员专业化和独立化具有良好的效果,有利于商业银行提升信贷审批的效率和质量,从流程中控制信贷风险。但由于前、中、后台的完全分离,也模糊了信贷审批的权责利边界,同时也容易导致审批人员脱离实际、按图索骥地审批贷款。

从信贷风险管理体制来说,国有商业银行在近 20 年中取得了长足进步:第一,转变了信贷风险管理的理念,将信贷风险管理融入信贷活动的全流程中,针对贷前、贷中、贷后各阶段分别制定了风险管理制度;第二,积极利用现代科技手段,不断更新银行内部的风险管理手段和管理平台,对信用风险实现了提前预警和贷后监督,有利于总行对全行信贷风险的全面把控;第三,"风险偏好"的设置有利于分支机构更加直观地理解总行的信贷风险导向。但是,信贷风险受经济金融形势、外部监管政策及银行内部管理等多方面的影响,其复杂性不言而喻,因此国有商业银行信贷管理体制的改革仍在继续。

第七章

国有商业银行信贷管理体制变迁的历史经验与问题

　　通过前几章对国有商业银行信贷管理体制历史变迁进程的详细梳理，本章首先总结了国有商业银行信贷管理体制历史变迁的主要特点和历史经验，然后结合国有商业银行的历年数据，列举了国有商业银行信贷管理体制在资金、审批和风险三个方面存在的问题，并对问题的成因进行了剖析。

第一节　国有商业银行信贷管理体制变迁的历史反思

一、国有商业银行信贷管理体制变迁的主要特点

通过前文对国有商业银行信贷管理体制历史脉络的梳理不难看出，无论是在改革开放前的计划经济时期，还是在改革开放以来的市场化改革时期，中国共产党始终如舵手般牢牢把握着我国银行业信贷管理体制变迁、发展的前进方向，立足于每个时期我国经济社会发展的现实背景和发展要求，不断探索适合经济社会发展的信贷管理体制和制度。总的来说，我国国有商业银行信贷管理体制变迁有如下特点。

（一）稳定的政治经济环境是信贷管理体制实现良好发展的必要条件

新中国成立以来，国有商业银行信贷管理体制经历了从无到有再到逐步完善的发展过程。在政治经济环境稳定的时期，信贷管理的组织机构运行良好，各项管理制度得到落实和实施，信贷管理体制建设得到有序发展。

（二）信贷管理体制与国民经济发展形成相互作用

计划经济时期，一方面，"统存统贷"、高度集中的信贷管理体制使得有限的信贷资金全部集中在国家手中，信贷资金对实体经济尤其是国营经济的持续集中"输血"，对发展壮大国营经济继而确立国营经济的主导地位发挥了不可替代的作用；另一方面，国民经济的发展与活跃程度也受到信贷管理体制的制约，这一时期对资本密集型行业的信贷重点投放一定程度上抑制了消费的发展，国民经济的活跃性受到限制。改革开放初期，"差额控制"的信贷计划管理体制赋予银行机构一定的自主经营权，提高了信贷资金的使用效率，便于及时解决实体经济在生产和流通中的资金需求，激发了经济发展的活力。但是，"差额控制"信贷管理体制下"多存可以多贷"的制度，忽视了银行贷款派生存款的能力，导致了存贷款同时快步增长，最终导致了1984年我国出现经济过热和信贷失控的情况。

(三)信贷管理体制的变迁体现出国家主导的强制性与改革步伐的渐进性

新中国成立以来各个时期的信贷管理体制建设,无不体现出国家的绝对主导性。新中国成立初期,我国实行优先发展重工业的"赶超战略",并建立了高度集中统一的信贷计划管理体制。改革开放后,国家对经济体制的改革经历了有计划商品经济、社会主义市场经济等阶段,为了适应经济体制的改革,国家也在不同时期相应出台了信贷管理体制改革的政策,如《信贷资金管理试行办法》(1984年)、《关于金融体制改革的决定》(1993年)。同时,改革不是一蹴而就的,而是渐进式的。从改革开放初期建立专业银行,到国有银行企业化改革,再到国有银行公开上市,国有商业银行信贷管理体制也经历了几次变迁,国家给予国有商业银行的信贷管理权限逐渐扩大:从计划经济时期的完全掌控,到改革开放初期的部分管控,再到现在的以间接调控为主的宏观调控。

(四)信贷管理体制的变迁是经济、银行体制变迁共同作用的结果

信贷管理体制是银行管理体制和经济体制的重要组成部分,与当期的银行体制、经济体制相适应,经济体制的变化必然引起银行管理体制的调整,继而引起信贷管理体制的变化。例如,1978—1984年,我国从计划经济向有计划的商品经济过渡,"大一统"的银行体制发生了变革,"二元"银行体制建立,"差额控制"的信贷管理体制也开始试行。这一信贷管理体制赋予银行机构一定的自主经营权,提高了信贷资金的使用效率,便于及时解决实体经济在生产和流通中的资金需求。同时,"重贷轻存"的思想被打破,银行开始向独立经营的企业转变。1984年,《中共中央关于经济体制改革的决定》提出,社会主义经济是建立在公有制基础上的有计划的商品经济。为了与经济体制改革相适应,国有银行信贷管理体制也做出调整,"实存实贷"的信贷资金管理体制开始施行,为国家对宏观经济的间接调控奠定基础;存款准备金制度初步建立,中国人民银行对信贷的调控不再主要依靠计划指令,而是逐渐过渡到通过存款准备金率、利率、再贴现等间接手段实行。党的十四大确定建立社会主义市场经济体制后,国有银行开启了由国家专业银行向国有商业银行改革的阶段,信贷管理体制也做出了适时调整,信贷规模的指令性控制被逐步取消,信贷资金的配置趋向市场化;信贷资金的价格(利率)随行就市,充分体现出信贷资金"商品化"的特点;商业银行逐步建

立起"审贷分离"的审批管理体制,审核贷款时更加关注贷款收益与风险的平衡,"自主经营、自负盈亏"的经营管理意识进一步增强,使得贷款审批体制更适合市场化运行的商业银行。

二、国有商业银行信贷管理体制变迁的历史经验

尽管国有商业银行信贷管理体制的变迁在不同历史时期有着不同的具体内容,但都是国有商业银行在中国共产党的领导下进行银行体制改革的有机组成部分。在既没有拿来即可用的成熟理论作为指导,也没有他国成功经验作为参考的情况下,我国的国有商业银行立足于我国国情,以百折不挠、勇于开拓的精神不断解决现实中的金融问题,逐步建成了与社会主义市场经济体制相适应的信贷管理体制,有效地促进了实体经济的发展,形成了难能可贵的历史经验。

(一)坚持党管金融

坚持党管金融是保证我国信贷管理体制可持续健康发展的必要条件。中国共产党是引领我国信贷管理体制发展方向的旗帜,我国信贷管理体制建设与改革的每个关键时刻都充分体现出党领导的鲜明特色。1953年,党中央提出过渡时期总路线,决定优先发展重工业,此后信贷政策的基本方针是优先支持国营重工业的发展。改革开放后,国有银行在党的领导下完成了"拨改贷"工作,承担了国企改革的改革成本。当前,中国经济发展进入新时代,银行信贷仍是社会融资的主要来源,在面临更加复杂的内外部环境时,坚持信贷回归本源、支持实体经济发展,深化供给侧结构性改革,优化信贷结构,防范信用风险,都离不开党对信贷工作的方向指引。

(二)实事求是地发展有中国特色的信贷管理体制

大量实践经验表明,我国国有商业银行没有完全按照西方经济学、金融学、银行学里所描述的标准模式建设信贷管理体制,我国的信贷管理体制建设是有着鲜明的中国特色的。我国在审慎地学习和借鉴西方及亚洲发达国家先进经验的同时,也在不断探索着符合我国国情的道路,探索符合我国经济社会实际的信贷管理体制。在国民经济恢复时期,我国实行高度集中统一的信贷管理体系,集

中力量办大事,为我国经济复苏和奠定新中国工业基础发挥了重要作用。改革开放后,我国逐步实施市场化的信贷管理体制,充分发挥银行信贷的杠杆作用,为我国经济腾飞提供了资金支持。显然,新中国成立以来国有商业银行信贷管理体制的建设与调整,无不与当期社会经济发展的现实水平和实际需求相适应。

(三)坚持解放思想、改革创新与稳步推进的辩证统一

创新是银行业可持续发展的原动力,制度创新则是激发银行生命活力的引擎。新中国成立后尤其是改革开放以来,在党中央的正确领导下,国有商业银行充分发挥主观能动性,解放思想,突破旧的信贷管理体制的束缚,以中国特色社会主义市场经济的基本原则为依据,不断推进信贷管理体制的改革创新,使之与市场化相适应,提升信贷支持实体经济发展的能力。

国有商业银行也始终坚持改革步伐的循序渐进。从信贷管理体制改革的现实路径可以看出,国有商业银行在进行信贷管理体制改革时基本遵循了"试点—推广"模式,这种模式是党在长期的工作中总结出的适用于我国这样的大国的宝贵经验。改革开放伊始,正值西方国家金融创新的黄金时期,各类新金融产品层出不穷,信贷杠杆被无序放大。面对这样的情况,国有商业银行在党的领导下,坚持稳扎稳打的渐进性制度变迁,在新的信贷制度实施时,先采取试点的方式进行尝试性改革,例如推行"拨改贷"时先在上海的部分行业进行了一年多的试点工作,又如在进行国有商业银行股改上市时先在体量最小的交通银行开展。

(四)始终发挥信贷对国家发展战略和实体经济的促进作用

无论是国家层面的政策导向,还是国有商业银行自身的信贷政策,都强调信贷对国家重大经济战略项目和实体经济的支持。从计划经济时期信贷重点支持重工业、为国家工业化战略目标提供坚强后盾,到党的十八大以来信贷资金通过贴息贷款、"三去一降一补"等方式向国家重点战略产业倾斜,无不体现着党领导下的信贷管理体制的发展方向始终紧随着国家经济战略发展方向、满足实体经济发展的需求。

(五)坚持以最广大人民利益为出发点建立与完善信贷管理体制

党的十一届三中全会提出,要不断提高全国人民的生活水平。1979年,在"调整、改革、整顿、提高"八字方针的要求下,国家缩小了重工业的信贷规模,将

信贷规模向农业和轻工业倾斜。到1981年,我国轻工业产值首次超过了重工业产值。轻工业的发展使得人民生活用品物资丰富起来,自行车、缝纫机、电视机等轻工产品的产量达到了新中国成立以来的最高水平,人民生活质量有所提高。党的十八大以来,习近平总书记提出"精准扶贫"和"精准脱贫",中央出台了一系列相关信贷政策和措施支持农村脱贫致富,如扶贫贴息贷款、易地扶贫搬迁贷款、"油茶贷"、"林果贷"等。打响脱贫攻坚战以来,扶贫小额贷款累计发放7100多亿元[①],为脱贫攻坚战提供了坚实的资金保障,充分体现了党为最广大人民谋福利的初心与使命。

第二节 国有商业银行信贷管理体制存在的问题

一、信贷资金管理存在的问题

(一)地区发展不平衡加剧

在全额资金管理体制下,各行资金实行"收支两条线"管理,各行内部按照全国统一价对资金来源和资金运用进行计价。对于经济发达地区而言,一方面,这些地区的资金流量大、流动速度快,资金的收益率相对较高,在面对全国统一的FTP价格时,正向点差就相对较高,银行盈利水平也相应提高,在这一良性循环下,总行会配置更多的信贷规模;另一方面,这些地区大型企业聚集、地方政府财政实力雄厚,银行相对具有更多的渠道争取稳定、大量的资金,也有利于弥补信贷资金缺口。对于经济欠发达地区而言,情况正好相反。一方面,这些地区分支机构信贷资金的收益率普遍较低,在与总行进行资金运用申请时,所能得到的收益点差也相对低于经济发达地区的分支机构。另一方面,经济欠发达地区的大型企业较少、地方政府财力也有限,筹集存款的渠道也就相对较少,总行在配置信贷资金规模时也不会优先考虑,最终这些地区分支机构整体盈利水平的提升

---

① 习近平,2021.在全国脱贫攻坚总结表彰大会上的讲话(2021年2月25日)[EB/OL].[2024-01-09]. https://www.gov.cn/xinwen/2021-02/25/content_5588869.htm.

空间也非常有限。在没有相应的补偿调整措施的情况下,这种地区发展不平衡的现象将会越发严重。

(二)资金流动性偏紧

首先,近些年来,随着我国利率市场化程度的进一步加深,各商业银行间存款业务的竞争也呈现白热化趋势。从图 7-1 和图 7-2 中我们可以看出,2015—2022 年,国有商业银行的存款平均付息率有所提升,而贷款平均收益率却在逐年下降,这在一定程度上加剧了"资金荒"和"资产荒",各行为了"拉存款"都在增加资金来源的成本,以期获得更多的流动性。需要说明的是,中国银行 2020 年人民币存款的平均付息率下降明显,是因为其 2019 年平均付息率远高于同业银行,因此在 2020 年主动放弃了部分高成本的存款业务,压降付息成本。

其次,根据四家国有商业银行公布的历年年报,各行流动性缺口总额虽然为正数,但即时偿还、一个月内到期、一至三个月内到期及三个月至一年到期且为负数的流动性缺口占到了 72.95%,这进一步说明各行短期流动性缺口紧张的状况较为明显。

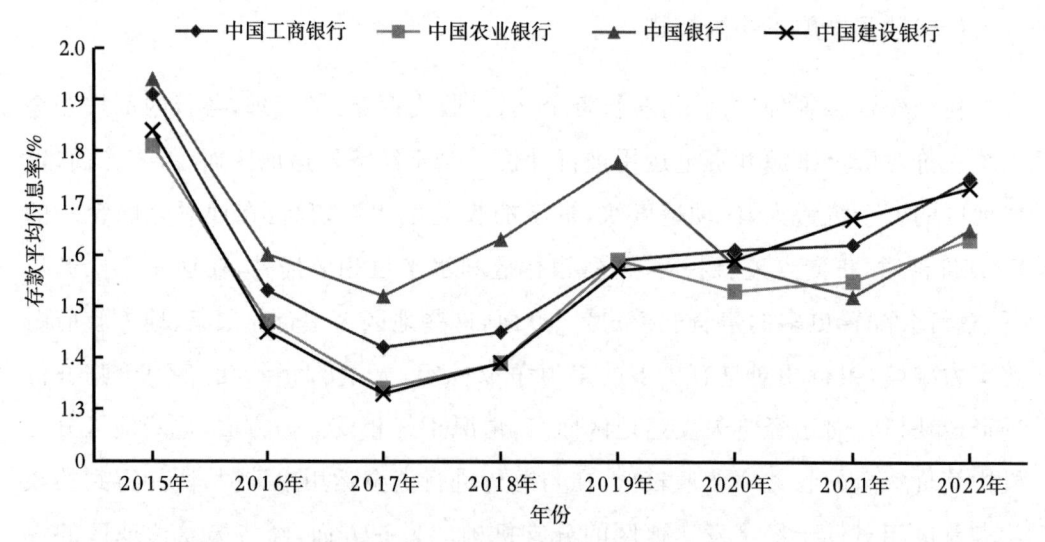

图 7-1 2015—2022 年国有商业银行境内人民币存款平均付息率变化

数据来源:根据各国有商业银行年报数据整理而得。

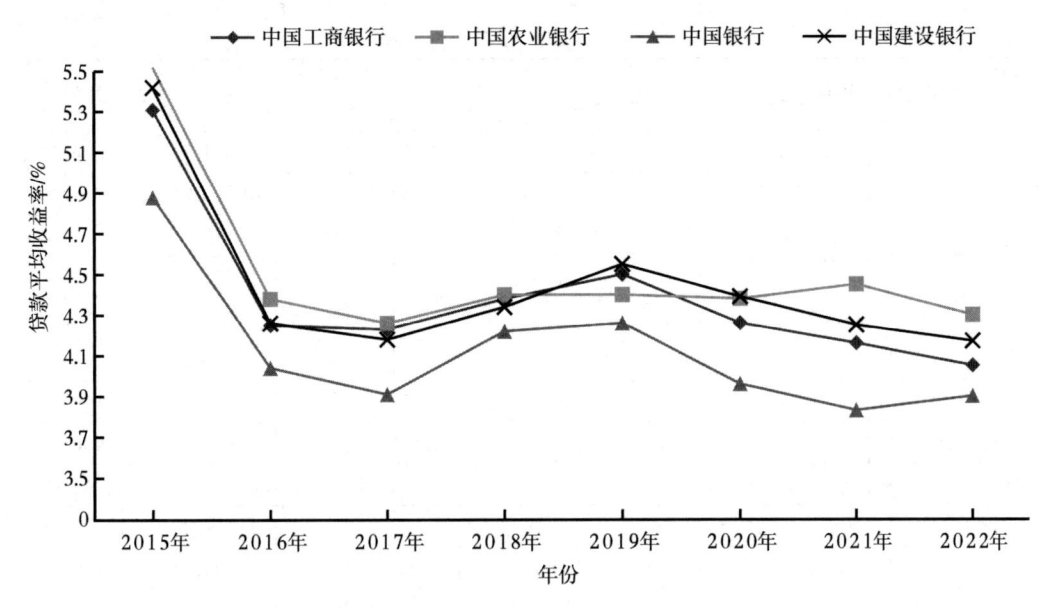

图 7-2　2015—2022 年国有商业银行境内人民币贷款平均收益率变化

数据来源：根据各国有商业银行年报数据整理而得。

表 7-1　各国有商业银行分阶段流动性缺口

单位：亿元人民币

银行名称	年份	即时偿还	1个月内	1至3个月	3个月至1年	1年至5年	5年以上	总额
中国工商银行	2005 年	−29877.4	—	−3354.17	438.64	18731.19	9679.86	2609.84
	2006 年	−35063.7	—	−1788.09	2331.66	18172.21	12973.56	4714.33
	2007 年	−44255.3	−3632.34	−538.84	571.1	24822.86	16544.4	5442.52
	2008 年	−43235.8	−1988.43	−2321.1	−5865.46	26791.07	17579.65	6071.38
	2009 年	−58446.6	−640.06	−669.27	5738.57	19650.97	24570.4	6789.34
	2010 年	−65853	−1624.33	−3011.19	−3833.68	25376.39	35159.49	8216.57
	2011 年	−67071	−4591.58	−6183.15	−3110.01	26139.52	38157.15	9578.23
	2012 年	−70085.8	−4394.85	−4612.87	−6.97	21580.73	40469.04	11284.59
	2013 年	−75699.5	−3391.67	−7671.12	−5291.45	29780.75	43879.52	12784.63
	2014 年	−79583.5	−3258.51	−7829.33	−4791.25	30822.73	46283.44	15373.04
	2015 年	−93858.2	3225.95	−5408.86	262.47	31970.27	51367.33	18005.19
	2016 年	−103913	430.04	−4904.13	−3781.27	33638.6	64995.29	19811.63
	2017 年	−107935	−2003.27	−5955.09	−8295.87	34521.59	76195.44	21410.56
	2018 年	−120574	4327.6	−6747.02	−18848	44121.16	87939.35	23448.83
	2019 年	−131487	3723.11	−7014.06	−7155.46	34988.46	10069.29	2692
	2020 年	−143100	3355.8	−2097.8	−5635.41	9811.45	133246.4	2909.51
	2021 年	−142626	−8944.8	−4157.35	−5635.41	9811.45	133246.4	32752.58

续表

银行名称	年份	即时偿还	1个月内	1至3个月	3个月至1年	1年至5年	5年以上	总额
中国建设银行	2005年	−21182.5	—	−288.07	1829.71	11197.7	7621.1	2876.77
	2006年	−26831.5	—	−1522.93	3300.01	12705.37	10710.01	3302.04
	2007年	−37654.5	611.04	−318.18	2013.54	17351.63	13150.24	4222.81
	2008年	−35979.2	−803.2	−643.23	2808.26	14269.95	13893.28	4675.62
	2009年	−50517.8	137.17	514.92	3890.74	16380.64	21824.5	5590.2
	2010年	−53745.3	−4580.72	−159.72	−2452.71	20632.5	29079.36	7009.05
	2011年	−54392.4	−5755.36	−4322.5	−1808.34	21733.85	30673.84	8166.61
	2012年	−59297.3	−7389.36	−2593.18	2095.88	18957.77	33935.82	9496.09
	2013年	−67112.7	−6101.16	−4278.28	37.73	24935.91	37950.88	10743.29
	2014年	−68601.4	−8127.21	−5169.13	−2358	27380.43	41866.29	12523.63
	2015年	−75428.5	−8189.68	−3636.56	5493.1	22740.1	48291.87	14450.83
	2016年	−85397.6	−7439.69	−3730.94	−3256.1	25341.17	58311.27	15896.54
	2017年	−96267	−8076.25	−8888.44	−3161.65	33330.19	69628.97	17958.27
	2018年	−101472	−1443.91	−5859.77	−1065.09	31819.95	71975.44	19915.94
	2019年	−105689	376.27	−4835.65	−1833.39	24459.84	82873.31	22351.27
	2020年	−115626	−4912.43	−1312.81	−3625.39	20610.94	99163.18	23893.53
	2021年	−117215	−7109.6	−5382.69	−10013.9	23323.29	113850.14	26141.22
中国银行	2005年	−16369.5	−119.87	−748.23	1704.79	9675.89	8078.56	2626.2
	2006年	−18836.1	−6.78	557.33	440.77	10665.68	10869.75	4178.14
	2007年	−21641.6	466.76	−239.53	−53.35	13335.41	12431.66	4549.93
	2008年	−25945.8	5008.63	−459.53	41.34	14241.69	11789.91	4939.01
	2009年	−33578.1	3076.03	−700.44	1327.59	17445.38	17734.38	5453.94
	2010年	−37709.6	2934.31	−1070.56	1277.28	18093.7	23125.04	6761.5
	2011年	−38866.4	6253.17	−4072.14	3727.33	14186.64	26215.01	7571.37
	2012年	−42997.2	7719.77	−2248.23	3788.43	13399.94	28820.95	8615.42
	2013年	−45636.4	−5529.67	−1402.38	561.54	13346.24	29377.24	9614.77
	2014年	−50157.1	−8047.8	−978.53	2305.41	16962.25	31321.15	11834.28
	2015年	−56735.2	−11638.5	−2367.11	7341.48	20093.58	37474.77	13576.05
	2016年	−65022.8	−11309.2	−734.01	391.25	25613.45	44611.69	14870.92
	2017年	−68799.4	−14292.3	−3122.1	1639.08	30509.52	47692.31	15766.79
	2018年	−76699	−6514.59	−5915.2	−543.05	32383.74	53822.16	17253.97
	2019年	−80359.4	−10107.2	−3488.21	2694.6	27212.72	63044.36	19766.96
	2020年	−89326.6	−6935.8	−1439.09	706.57	28953.33	69304.44	21628.37
	2021年	−95863	−3643.83	−6859.92	−3001.83	33307.56	78451.92	23505.53

续表

银行名称	年份	即时偿还	1个月内	1至3个月	3个月至1年	1年至5年	5年以上	总额
中国农业银行	2005年	—	—	—	—	—	—	—
	2006年	—	—	—	—	—	—	—
	2007年	−32039.1	−1090.44	−1326.73	548.18	7061.52	9785.95	−8460.56
	2008年	−33698.3	−331.07	−876.85	−17.77	8073.41	17726.82	913.15
	2009年	−46109.6	114.97	1872.97	903.35	12123.25	21033.76	2232.6
	2010年	−57155.2	2597.54	−446.14	2807.82	14659.27	24333.7	4159.18
	2011年	−60717.2	1015.85	−1188.08	8123.93	10859.01	25977.57	5230.85
	2012年	−65971	4192	−476.2	7131.44	10530.47	28204.75	6029.19
	2013年	−70892.4	3550.5	−1939.73	6313.24	13330.03	32106.14	6711.94
	2014年	−72195.1	935.3	−2685.94	6431.21	13567.24	36532.51	8516.55
	2015年	−81943.8	1265.37	−2635.26	8250.92	16814.53	43850.11	10016.73
	2016年	−93551.5	−622.2	−5100.04	6435.76	22957	54098.06	10621.6
	2017年	−104176	1694.69	−6893.2	−1553.04	30096.91	64945.99	11984.35
	2018年	−107941	2219.13	−9792.35	−717.19	34675.06	71087.45	14826.46
	2019年	−116897	5674.45	−6901.28	364.94	30666.81	81443.18	17524.34
	2020年	−128010	5790.7	−6274.63	2154.55	24429.85	97062.51	19533.62
	2021年	−133687	8999.19	6632.72	−4286.08	20131.18	113887.11	21436.51

数据来源：根据各国有商业银行年报整理而得。

二、信贷审批管理体制存在的问题

(一)信贷审批的实际效率低、权责利边界模糊

国有商业银行在股份制改革后，按照集约化、专业化的理念对信贷审批管理体制进行了进一步的改革，建立了"横向制衡、纵向制约"的体制机制，旨在进一步完善审贷分离制度。例如，中国工商银行2006—2013年陆续完成了境内分行垂直集中授信审批管理体制的改革，将信贷客户的授信审批权限上收至一级分行，并组建了授信审批部作为信贷审批环节的中台部门，实现了信贷审批前、中、后台的分离，对审贷业务的各环节工作职责进行了进一步的细分，具体如图7-3所示。

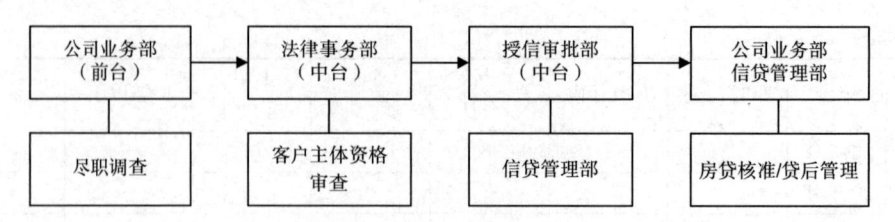

图 7-3 信贷审批环节分工

从总行管理层来看,这种集约化的信贷授信审批体制有利于增强审批决策工作的客观性和独立性。同时,"让专业的人做专业的事"也有利于提升信贷审批的质量和效率。但在实际执行过程中,存在以下几个突出的问题。

第一,信贷审批的实际效率低。在统一集中授信与贷款集中审批的管理模式下,贷款的纵向审批流程(见图7-4)被拉长,业务申请行需要根据不同层级主管部门的要求补充各类材料,同时还需与不同层级业务主管部门和主管反复沟通汇报,催促流程进度。通过图7-4可以保守估计,一笔贷款的审批至少需要近10个独立岗位的工作人员,这还不包括集体审议会议中其他只参与会议、不签批流程的人员。这在无形中降低了实际审批效率,也增加了信贷决策过程中的交易费用。

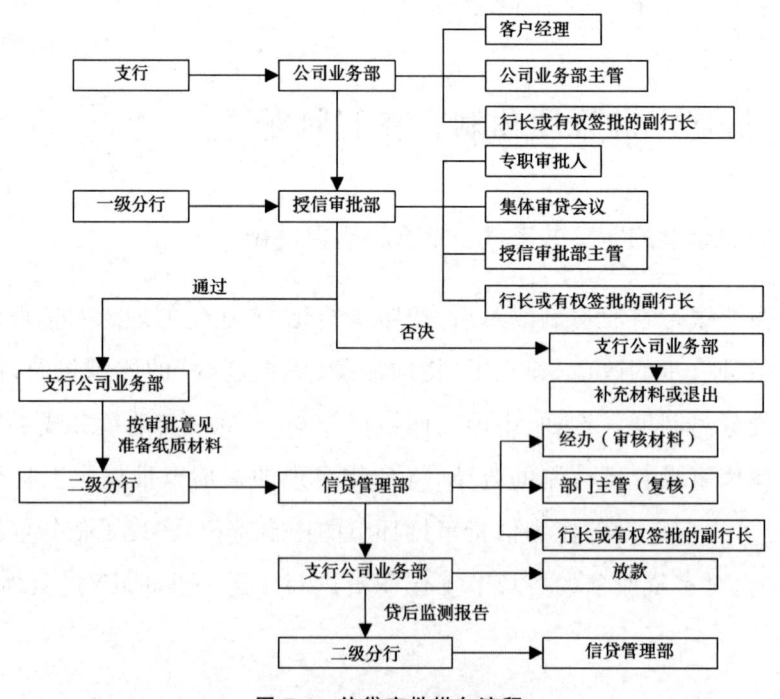

图 7-4 信贷审批纵向流程

第二,信贷审批的责任主体被模糊。目前,各国有商业银行普遍建立起了审贷分离制度和集中审批体制,改变了信贷管理部"独揽大权"的状况,在总行、一级分行和二级分行建立了信贷管理部、公司业务部(有的银行称为客户事业部)、授信审批部、法律事务部等部门,分别负责信贷业务审批流程中不同环节的工作,建立了横向制约机制。但由于横向流转的过程(见图7-5)较长,涉及的审批人员较多,导致权责利关系划分不清,责任主体被逐渐模糊。

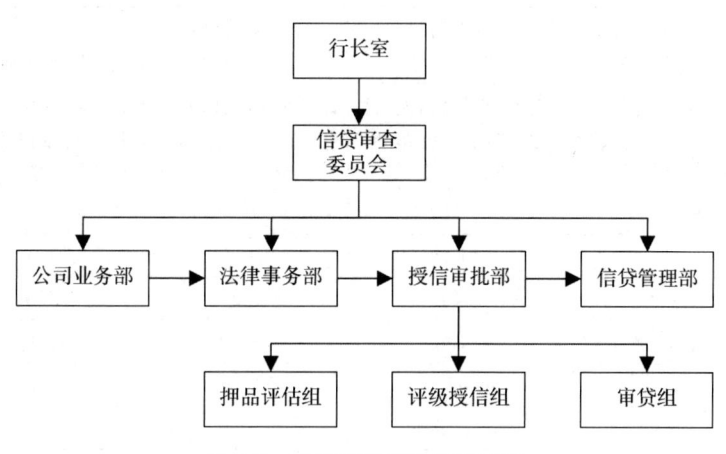

图 7-5 信贷审批横向流转过程

第三,信贷审批的独立性被弱化。虽然国有商业银行经过商业化和股份制改革,已经在形式上建立起了现代商业银行管理体制,但实际上行政化的管理色彩还十分浓厚,行长负责制下"一言堂"的现象仍较为普遍。虽然在制度上规定了信贷审批人员独立审批信贷业务的权利与责任,但由于行长对信贷审批环节各业务部门仍有不小的影响力,因此信贷审批人员的独立性被弱化的现象普遍存在。例如:银行业务部负责筛选和营销目标客户,对符合贷款条件的客户开展贷前调查,并形成调查报告上报信贷审批部门审批。但对于一般的新客户来说,如果该客户的条件不符合行长的风险偏好,则其通过审批的成本将会比受行长支持的新客户通过审批的成本高很多。

(二)"获得信贷"指标逐年走低

世界银行从2003年开始每年定期发布《营商环境报告》,并选取全世界190个国家,对其营商环境便利度进行打分,在我国选取的是北京和上海这两个城市,将其数据作为样本进行分析。在关于我国的营商环境评分中,世界银行选取了开办企业、办理施工许可证、获得电力、登记财产、获得信贷、保护少数投资者、纳税、跨境贸易、执行合同和企业退出这 10 个一级指标，其中我国得分较低的是纳税、获得信贷和企业退出这三个指标。从表 7-2 和表 7-3 可以看出，2016—2020 年，我国"获得信贷"指标排名持续走低，这进一步印证了我国中小企业普遍存在融资难、融资贵问题。

表 7-2　2007—2014 年我国"获得信贷"指标排名

年份	合法权利力度保护指数 衡量担保法和破产法支持动产担保信贷交易的程度（满分 10 分）	信用信息深度指数 评估征信机构提供的信用信息范围、质量和可获得性（满分 6 分）	信贷登记机构覆盖范围 记录收纳从债权人和公开数据来源搜集的借款人信用历史信息（单位：%）	信用局覆盖范围 记录收纳征信机构中个人和企业的征信数据情况（单位：%）	获得信贷指标排名
2007 年	2 分	4 分	10.20	0.00	101
2008 年	3 分	4 分	49.20	0.00	84
2009 年	6 分	4 分	58.80	0.00	59
2010 年	6 分	4 分	62.10	0.00	61
2011 年	6 分	4 分	63.90	0.00	65
2012 年	6 分	4 分	82.50	0.00	67
2013 年	6 分	4 分	27.70	0.00	70
2014 年	5 分	5 分	30.20	0.00	73

数据来源：世界银行官网。

表 7-3　2015—2020 年我国"获得信贷"指标得分与排名

年份	合法权利力度保护指数 衡量担保法和破产法支持动产担保信贷交易的程度（满分 12 分）	信用信息深度指数 评估征信机构提供的信用信息范围、质量和可获得性（满分 8 分）	信贷登记机构覆盖范围 记录收纳从债权人和公开数据来源搜集的借款人信用历史信息（单位：%）	信用局覆盖范围 记录收纳征信机构中个人和企业的征信数据情况（单位：%）	获得信贷指标得分	获得信贷指标排名
2015 年	4 分	6 分	33.20	0.00	50	71
2016 年	4 分	6 分	89.50	0.00	50	79
2017 年	4 分	8 分	91.10	0.00	60	62
2018 年	4 分	8 分	95.30	21.40	60	68
2019 年	4 分	8 分	98.10	0.00	60	73
2020 年	4 分	8 分	100	0.00	60	80

数据来源：世界银行官网。

(三)新时代经济转型发展使信贷审批面临诸多考验

"十四五"规划明确提出加快发展现代产业体系,发展新经济、培育新动能成为当前经济实体转型发展的核心任务。实体经济的发展离不开银行信贷资金的大力支持,因此,银行机构需要随着经济的转型发展,进行战略转型和业务调整。新经济与旧经济在支柱产业、投入要素、生产流程等方面存在较大差异(如表7-4所示),因此商业银行在对新经济企业进行信贷支持时,需要相应地创新授信审批方式和流程,以应对更加多样化、复杂化的信贷风险,这就对商业银行信贷审批工作提出了更高要求。

表 7-4 新旧经济主要特征比较

项目	新经济	旧经济
支柱产业	"互联网+"产业、现代制造业、服务业	传统制造业、房地产业
劳动力	技术型人才为主	劳动密集型
固定资产	轻资产为主	重资产为主
生产效率	高,不以人员规模多少来衡量产出	低,重复性劳动,如果人员规模大就可以取得规模效益
产出结果	高附加值、低替代性	低附加值、高替代性

三、信用风险管理体制存在的问题

(一)贷前风险管理制度对信贷投放的控制作用有限

历经多年发展,国有商业银行的贷前风险管理体系已经逐步细化和成熟,各行对风险管理也有了一定的认识和实践,但是风险预防的理念常常与营销任务发生冲突,且风险预防意识在宣导中呈现出逐级减弱的现象,贷前风险管理制度对信贷投放的控制作用有限。例如,在表7-5所示的某国有商业银行支行行长绩效考核表中,在贷前风险控制方面仅设置了"调整后风险加权资产回报率"和"人均经济增加值"两个指标,且两项指标在总分中的合计权重仅占21%。而且,在客户经理的绩效考核中更是未设置这两项指标。也就是说,贷前风险管理效果的好坏,仅关系到支行的整体考核,与行长有关,与客户经理无关。这很可能导致基层分支机构在信贷业务预期收益与风险持平或略低时，为了完成考核任务而选择在尽职调查时粉饰风险以获取信贷收益，使得贷前风险管理制度的落实在"最后一公里"出现问题，以及对信贷风险的管理还是停留在事后监测或风险暴露后的化解上。

表 7-5 某国有商业银行支行行长绩效考核表

单位：分

指标名称	综合竞争提升类	突出零售业务类
一、经营效益类	480±260	480±240
调整后风险加权资产回报率	90	90
人均经济增加值	120	120
总资产净回报率（成本收入比）	85±60	85±60
拨备前利润（人均拨备前利润调节）	35±30	35±30
新发放贷款收益率（同业比较调节）	35±30	35±30
存款付息率（同业比较调节）	45±40	45±40
人均中间业务收入（同业比较调节）	70±100	70±80
二、风险内控类	1000±40	1000±40
（一）风险管理评价	620	620
不良贷款率（其中：信用卡不良率）	130(30)	130(30)
2013 年以来新增融资不良率	60	60
贷款劣变率	100	100
新发生逾期贷款率	100	100
不良贷款清收处置损失	90	90
风险扣分项	140	140
（二）案件风险控制	250	250
（三）内控合规	130±40	130±40
三、大零售及负债业务类	535±5	605±5
人均本外币储蓄存款日均增量	120	140
大零售业务营业贡献	30	40
竞争力达标网点占比	15	15
四、对公及转型优化类	260±40	200±30
日均金融资产 5 万元以上公司客户数	50	40
日均金融资产 5 万元以上机构客户数	40	35
新开对公账户数	20±10	15±10
结算类业务收入	40±30	40±20

续表

指标名称	综合竞争提升类	突出零售业务类
大资管业务收入（含资管、私银、养老金和托管）	30	20
大投行业务收入（含投行、银团）	20	10
代理销售业务收入	20	20
贵金属和账户交易类产品收入	10	5
承销业务收入	10	0
对公客户产品渗透率	20	15
五、国际业务发展类	40±10	30±5
国际业务拓户	20	15
国际业务结算量	10	5
国际业务相关收入	10±10	10±5
六、互联网金融类	100	100
大型平台企业合作客户数	10	5
互联网金融法人获客数	16	5

(二)贷款结构不合理埋下风险隐患

一是信贷投放过于集中。从表7-6中可以看出，国有商业银行信贷资产的投放地区主要集中于长江三角洲和珠江三角洲地区，如果出现风险事件，将会产生连锁反应。例如，2013—2014年上海、温州、福建等地集中爆发的钢贸类企业不良贷款事件，就充分说明了信贷结构和配置不合理所带来的风险隐患。二是信贷结构配置上依然过度集中于传统行业（如表7-7所示），这从第七章国有商业银行新经济相适性指数的相关指标中也可以看出。国有商业银行主要信贷投放产业仍没有很大改变，还是集中在传统制造业和交通运输业，虽然近些年租赁和商贸服务业信贷投放的占比有所增加，但制造业和交通运输业仍是获得信贷支持最多的行业，并且第二产业信贷投放的平均占比明显高于第三产业。

表7-6 国有商业银行信贷投放分地区占比

单位：%

年份	总行	长江三角洲地区	珠江三角洲地区	环渤海地区	中部地区	西部地区	东北地区	境外及其他地区
2007年	2.44	16.67	9.49	11.60	9.30	7.02	9.04	1.45
2008年	2.42	18.02	9.73	11.59	8.16	6.36	9.16	1.55

续表

年份	总行	长江三角洲地区	珠江三角洲地区	环渤海地区	中部地区	西部地区	东北地区	境外及其他地区
2009 年	1.85	25.19	14.91	17.88	13.88	18.47	5.17	2.65
2010 年	1.67	24.67	14.68	17.93	13.99	18.60	5.23	3.23
2011 年	2.14	23.97	14.34	17.77	13.93	18.55	5.25	4.04
2012 年	2.57	23.35	14.28	17.54	13.87	18.67	5.25	4.48
2013 年	2.92	22.11	13.84	17.20	13.90	18.84	5.14	6.05
2014 年	3.24	21.14	13.54	17.08	14.20	19.21	5.18	6.42
2015 年	3.58	20.29	13.62	16.83	14.52	19.20	5.18	6.78
2016 年	3.75	19.57	14.50	16.15	14.75	18.84	4.99	7.45
2017 年	3.72	19.48	14.52	16.21	15.05	18.87	4.80	7.35
2018 年	4.06	19.37	14.71	16.14	15.51	18.81	4.66	6.65
2019 年	4.00	19.41	15.16	16.05	15.84	18.88	4.51	6.14
2020 年	3.79	20.04	15.88	15.91	16.21	18.89	4.26	5.02
2021 年	3.95	19.61	15.25	16.04	15.85	18.86	4.47	5.94

数据来源:根据各国有商业银行年报整理所得。

表 7-7 国有商业银行信贷投放分行业占比

单位:%

年份	第二产业					第三产业			
	制造业	房地产业	建筑业	采矿业	电力、热力、燃气及水生产和供应业	交通运输、仓储和邮政业	租赁和商务服务业	水利、环境和公共设施管理业	批发和零售业
2007 年	25.45	10.34	2.36	2.34	11.46	11.79	6.23	3.87	5.06
2008 年	24.24	10.44	2.51	2.78	13.27	12.70	6.14	4.38	3.88
2009 年	16.70	8.15	1.86	2.00	9.36	10.32	4.66	5.60	4.34
2010 年	16.70	8.27	2.14	2.15	8.08	10.83	4.99	5.36	5.05
2011 年	17.16	7.23	2.32	2.42	7.86	10.81	4.81	4.43	6.00
2012 年	23.55	6.21	2.51	2.74	7.17	13.12	8.08	3.89	6.91
2013 年	22.12	8.14	2.94	3.82	7.35	13.19	8.73	4.32	6.99
2014 年	20.85	7.95	2.97	3.88	7.14	13.82	9.33	4.17	6.45
2015 年	19.52	6.68	2.90	3.41	8.49	14.77	8.96	3.96	5.95
2016 年	17.66	5.64	2.53	3.00	8.84	15.43	9.70	4.12	5.00
2017 年	15.98	5.75	2.65	2.54	9.29	15.88	11.37	4.85	4.20

续表

年份	第二产业					第三产业			
	制造业	房地产业	建筑业	采矿业	电力、热力、燃气及水生产和供应业	交通运输、仓储和邮政业	租赁和商务服务业	水利、环境和公共设施管理业	批发和零售业
2018年	14.40	6.39	2.71	2.21	8.92	16.34	11.62	5.21	3.45
2019年	13.47	7.26	2.53	2.11	8.30	16.82	12.16	5.54	3.10
2020年	12.97	7.26	2.37	1.84	7.92	17.02	12.78	6.05	3.46
2021年	12.73	6.81	2.59	1.76	7.82	17.25	13.41	6.40	3.62

数据来源：根据各国有商业银行年报整理所得。

(三)信贷风险管理的手段和工具的先进性和前瞻性不足

第一，信用风险管理的基础性环节是对信用风险预期损失的准确评估，新巴塞尔协议规定，使用内部评级法的商业银行至少要有连续五年的违约概率(PD)数据和连续七年的违约损失率(LGD)数据。截至2021年6月，获得中国银保监会批准实施高级内部评级法的商业银行仅有6家。2013年，我国才有商业银行在信用风险经济资本计量中引入内部评级法。此外，我国仍有一大部分商业银行的信用风险经济资本计量中未覆盖内部评级法，这也就使得我国商业银行评级的独立性和权威性与国际先进评级机构之间还存在一定差距。

第二，信用风险的预警指标前瞻性不足。目前，我国商业银行将贷款分为正常、关注、次级、可疑、损失五类，其中，正常类贷款又细分为四个等级，关注类贷款分为三个等级，次级类贷款分为两个等级，可疑类贷款分为两个等级，损失类贷款分为一个等级。只有后三类贷款才会进入中国人民银行不良贷款的统计范围内。而只有当客户欠息逾期达30天以上时，商业银行才会将该笔贷款划为次级类一级。逾期30天以内的贷款虽不得优于关注二级，但仍可被划分为关注三级或关注四级。此时，信贷客户实际上已经发生生产经营困难的情况，还款能力已大幅下降，但因为贷款分类是以客户经理和贷后管理人员的主观判断为依据的，所以商业银行在实际经营中很可能会为了隐匿或推迟信贷风险的暴露，而不将此类客户划入不良贷款分类中，导致对风险的乐观估计。因此，不良贷款额和不良贷款率作为会计上的时点指标，基本上只是对过去的总结，而在信贷风险的预防性和前瞻性上存在明显不足。

第三节 国有商业银行信贷管理体制问题的成因

一、全额资金管理模式加剧了存贷市场的无序竞争

第一,全额资金管理体制实现了行内全部资金来源与运用的统一管理、统一分类计价和统一配置,实现了总行对全行流动性的统一把控,加强了总行对分支机构资金的全流程监控,但同时也加剧了存贷市场的无序竞争。这是因为:一方面,全额资金管理体制下,总行对分支机构的存款利润考核是按照总行的FTP价格加减分支机构的存款资金实际成本计算的,也就是说,分支机构的揽存成本只要比总行给分行的FTP价格低,分行就是有利润的。对于商业银行而言,存款是信贷资金的主要来源,只有多揽存,才能有更多的放贷资金。但市场中的资金是有限的,这导致各商业银行想尽各种办法"拉存款"。中小银行在资金价格的管理方面显得更为灵活,在揽存方面的优惠措施较多,如表7-8中所示部分中小银行的存款利率上浮比例明显高于四家国有商业银行。这种你追我赶的"拉存款"模式,也使得市场资金价格水涨船高,尤其到月末、季末和年末的银行业绩考核时点,整个存款市场的秩序被打乱,不少银行分支机构为了完成存款任务,以天为单位向存款大户高价买存款,最终使整个存款市场的平稳状态受到冲击。

表7-8 各类型商业银行存款利率

单位:%

类别	银行	存款周期					
		活期	三个月	半年	一年	二年	三年
国有商业银行	中国工商银行	0.3	1.35	1.55	1.75	2.25	2.75
	中国农业银行	0.3	1.35	1.55	1.75	2.25	2.75
	中国银行	0.3	1.35	1.55	1.75	2.25	2.75
	中国建设银行	0.3	1.35	1.55	1.75	2.25	2.75

续表

类别	银行	存款周期					
		活期	三个月	半年	一年	二年	三年
全国性中型银行	浦发银行	0.3	1.4	1.65	1.95	2.4	2.8
	中信银行	0.3	1.4	1.65	1.95	2.4	3
	广发银行	0.3	1.4	1.65	1.95	2.4	3.1
	平安银行	0.3	1.4	1.65	1.95	2.5	2.8
地区性小型银行	恒丰银行	0.35	1.43	1.69	1.95	2.5	3.1
	浙商银行	0.35	1.43	1.69	1.95	2.5	3
	渤海银行	0.35	1.43	1.69	1.96	2.65	3.25
	宁波银行	0.3	1.4	1.65	1.95	2.35	2.8

数据来源：各银行官网。

第二，由于"揽存"成本的上升，银行为了赚取利润不得不相应提高贷款利率。由于监管机构对小微企业贷款利率上浮有上限规定，部分银行还会将上浮部分的利率转化为中间业务收入，使得小微企业融资成本上升或是获得信贷支持的可能性降低。同时，国有商业银行也会依靠其资金规模优势和垄断地位，倾向于向资信良好、风险较低的大型企业提供大额贷款，以"薄利多销"的方式赚取规模利润和垄断利润。从表7-9、表7-10和图7-6、图7-7中可以看出，2011—2021年，四家国有商业银行向小微企业发放贷款的数额虽然逐渐增多，但小微企业贷款余额在国有商业银行全行公司类贷款中的占比增长得并不明显，且2016—2018年还有下降趋势，2019—2020年在国家支持小微企业渡过新冠疫情相关政策的影响下，才有比较明显的上升趋势。

表7-9 2011—2017各国有商业银行小微企业贷款投放情况

单位：亿元人民币

类别	国有商业银行名称	2011年	2012年	2013年	2014年	2015年	2016年	2017年
小企业贷款余额	中国工商银行	16900.77	18400.76	18697.69	17215.40	18832.08	20340.43	22195.83
	中国建设银行	9137.58	7454.53	9894.60	11429.28	12778.79	14418.92	16105.82
	中国农业银行	5752.19	5998.01	8133.01	9749.20	10882.28	12035.78	13600.00
	中国银行	7447.45	8225.20	9186.04	10382.00	11457.00	12849.00	14578.00
公司类贷款余额	中国工商银行	52156.05	58448.35	70465.15	76125.92	78695.52	81406.84	89368.64
	中国建设银行	44461.68	49630.50	53996.31	57604.06	57775.13	58648.95	64435.24
	中国农业银行	40921.15	45355.90	48216.80	53047.59	57353.96	59381.98	63350.86
	中国银行	32445.73	34520.04	36889.76	40212.57	44022.58	44968.88	47618.74

数据来源：各国有商业银行2011—2017年年报。

表 7-10 2018—2020 年各国有商业银行普惠金融贷款投放情况

单位：亿元人民币

类别	国有商业银行名称	2018 年	2019 年	2020 年	2021 年
银保监会"两增两控"监管口径普惠金融贷款余额	中国工商银行	3101.14	4715.21	7452.00	10990.12
	中国建设银行	6310.17	9631.55	14523.55	18700.00
	中国农业银行	4937.00	5923.00	9615.20	13219.62
	中国银行	3042.00	4129.00	6117.00	8815.00
公司类贷款余额	中国工商银行	94188.94	99558.21	111027.33	121947.06
	中国建设银行	64976.78	69598.44	83602.21	95935.26
	中国农业银行	65143.83	70957.70	81344.87	91680.32
	中国银行	50576.54	55912.28	62663.31	71614.16
普惠金融贷款余额占公司类贷款余额的比重	中国工商银行	3.29%	4.74%	6.71%	9.01%
	中国建设银行	9.71%	13.84%	17.37%	19.49%
	中国农业银行	7.58%	8.35%	11.82%	14.42%
	中国银行	6.01%	7.38%	9.76%	12.31%

数据来源：各国有商业银行年报；普惠金融贷款余额占公司类贷款余额的比重数据为作者经过计算所得。

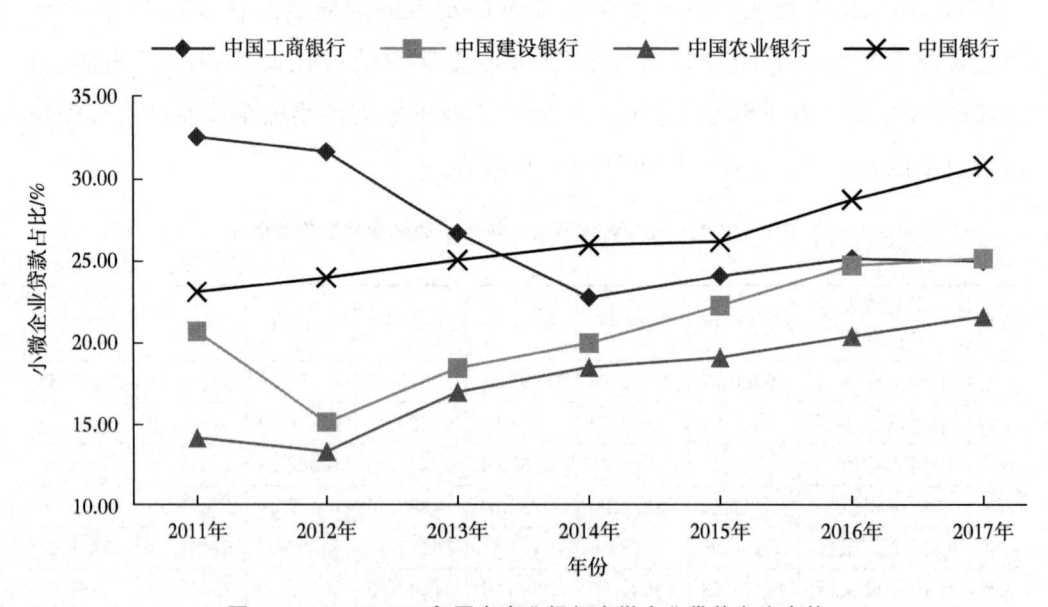

图 7-6 2011—2017 年国有商业银行小微企业贷款占比走势

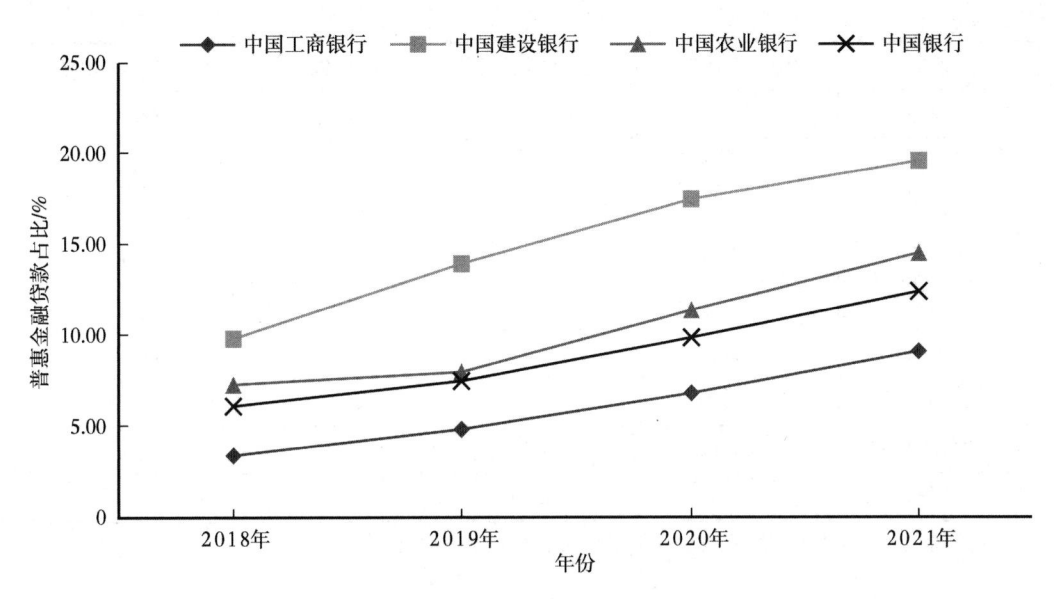

图 7-7　2018—2021 年银保监会"两增两控"监管口径普惠金融贷款占比走势

第三，从四家国有商业银行 2005—2021 年的信贷投放环比增长率和信贷投放增速（如表 7-11 和图 7-8 所示）可以看出，近 15 年来，四家国有商业银行的贷款投放速度基本是逐年放缓的，这是整个信贷市场资金偏紧的原因之一。其中，2020 年各行的信贷增速有所上升是因为受新冠疫情的影响，国家为了复苏经济、帮助实体企业应对新冠疫情暴发带来的财务困境，放松了融资政策，鼓励银行机构加大信贷支持。四家国有商业银行响应国家号召，纷纷加大了对实体经济的信贷支持力度。

表 7-11　2005—2021 年各国有商业银行信贷投放环比增长率

单位：%

年份	中国工商银行	中国建设银行	中国银行	中国农业银行
2005 年	−11.28	10.37	4.13	9.24
2006 年	10.38	16.89	8.80	11.33
2007 年	12.17	13.87	17.22	10.48
2008 年	12.24	15.95	15.63	−10.92
2009 年	25.30	27.04	48.97	33.48
2010 年	18.54	17.62	15.28	19.78
2011 年	14.70	14.59	12.05	13.78
2012 年	13.03	15.64	8.23	14.07

续表

年份	中国工商银行	中国建设银行	中国银行	中国农业银行
2013 年	12.71	14.35	10.82	12.30
2014 年	11.13	10.30	11.51	12.09
2015 年	8.23	10.67	7.69	10.03
2016 年	9.41	12.13	9.17	9.09
2017 年	9.01	9.75	−2.86	10.30
2018 年	8.34	6.83	7.57	11.13
2019 年	8.70	9.00	25.07	11.88
2020 年	11.11	11.74	8.82	13.56
2021 年	10.97	12.04	10.52	13.47

数据来源：根据各国有商业银行各年审计报告数据整理而得。

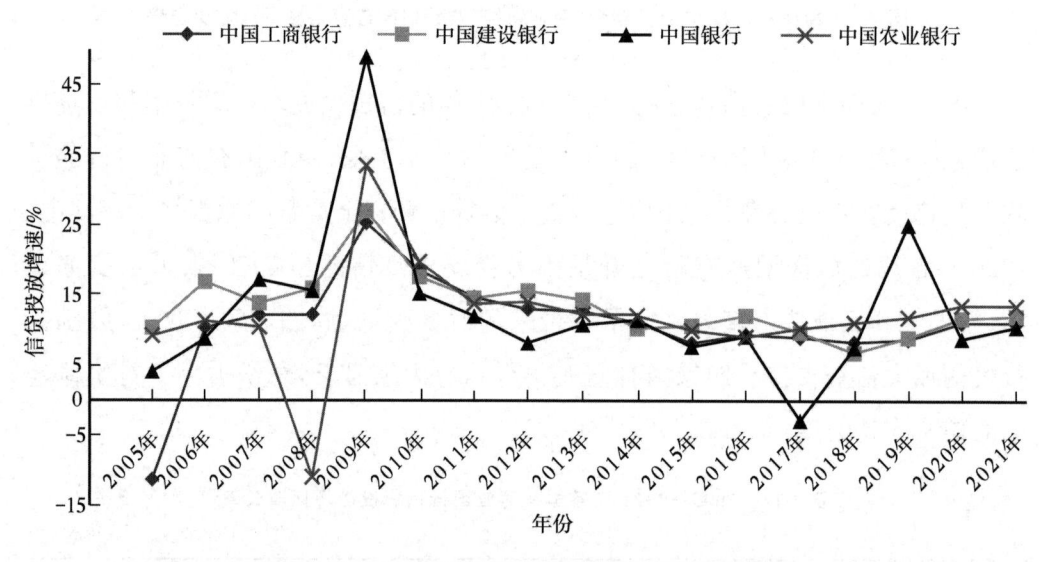

图 7-8　2005—2021 年各国有商业银行信贷投放增速

数据来源：根据各国有商业银行各年年报整理而得。

二、集体审贷与科层制管理体制存在矛盾

信贷授信、审批的适度集中化管理制度，有助于商业银行把控整体风险，实现信贷决策机制标准的统一化与专业化，但我国国有商业银行在实施集中授信和集体审批后，却出现了实际效率降低、权责利边界模糊、"获得信贷"指标逐年

走低等问题,其根源在于国有商业银行科层制"块状"管理体制与集中审批的"条线"体制发生了冲突。

首先,我国国有商业银行的管理体制仍然带有明显的科层制特色,从总行到一级分行(省)再到二级分行(市)乃至支行(县或城区)这四个层次的结构可以看出,这样的设置具有浓厚的行政色彩,在隶属关系上是层层授权与分管的状态,在日常经营和人事管理上是"各人自扫门前雪",呈现明显的"块状"格局。而在集中授信与集体审贷管理体制下,则是按照总行——级分行(省)—支行的"条线"管理模式设置机构,在二级分行不设置授信中心与审贷委员会。但在现实操作中,虽然支行前台部门是直接将审贷材料通过系统扫描传送给一级分行审批人员的,但同时也会主动先向二级分行相关主管部门提交材料、汇报情况,这导致审批权集中在总省行,但业务流程仍然需要二级分行预处理的现象出现。这是因为,一方面,信贷放款审核与贷后管理权限仍然在二级分行;另一方面,支行层面"条线"人员的绩效考核与人事管理权也仍在二级分行。

其次,完全理性的经济人是不存在的,人的认知和行为是存在差异的。从总行管理层看,建立集中授信与集体审批制度,有利于实现审贷分离,建立横向制约机制。但这一机制完美施行的一个重要前提是专业审贷人员都是理性的经济人,都忠于银行的各项规章制度,能够不受外界影响、独立地履行职责,以实现银行利益的最大化为最终目标。但实际情况是,各审贷人员是不同层级、不同部门的,其关注的利益点和最终目标是有偏差的。更不用说每个人对信贷政策的理解会有偏差,个人的风险偏好及利益都会影响个人最终的行为抉择。因此,在实际工作中,当这种横向约束机制在部门流转中被逐渐弱化时,要想专职审批人理性、专业、独立地履行审批职责,是有困难的。专职审批人更倾向于在不明显违规的情况下,有选择性地履行职责。

最后,从上至下严监管、轻激励的管理制度,加剧了基层信贷人员"惧贷""惜贷"的心理。近些年,各国有商业银行纷纷加强了对信贷人员的管理,有的银行还实施了贷款责任终身制的制度。例如,中国工商银行在规定对公客户经理基本职责时提到,对公客户经理是贷后现场管理的第一责任人,也是不良信贷资产日常管理的主要责任人。这些制度设计的本意是加强对信贷营销人员的管理,增强其责任意识与风险意识,但在实际执行过程中也加剧了信贷人员的"惜贷""惧贷"心理。面对国有商业银行信贷管理中普遍存在的轻激励、重约束的管理制度，信贷人员谨慎投放甚至不投放贷款的现象屡见不鲜。尤其是对小微企业或是经济不发达地区的企业，信贷人员投放营销贷款和审批贷款的意愿更弱，这也是我国中小微企业融资难的原因之一。

三、信贷风险管理制度不合理

第一，贷前风险控制制度不完善导致国有商业银行的经营短视行为。虽然近几年我国商业银行，尤其是大型国有商业银行花费了巨大的人力、物力与财力建设信用风险管理体系，推动建立了全面风险管理体制，提出将信贷风险管理重心前移的理念，但是对贷前风险管理的制度供给仍相对滞后，尤其是针对基层分支机构的贷前风险管理体系建设尚不完善。

一方面，目前国有商业银行对分支机构的考核一般按年度进行，且在对分支机构的绩效考核制度中，几乎没有或少有关于信贷风险暴露的长期考核指标。但是，信贷风险的暴露经常存在滞后性，本期新增的贷款客户有可能在几年后或是在遇到某些特殊事件后才会违约。由于商业银行分支机构管理人员的流动性较大，这种考核制度就很容易导致分支机构管理人员的投机行为。只考虑在自己的任期内快速、高效地完成考核任务，以及在短期内提升分支机构银行利润，以有利于自身考核，却忽视或是选择性忽视潜在的长期风险。

另一方面，由于委托代理和信息不对称，总行制定的内控制度在宣导过程中会产生偏差，各分支机构在解读政策和执行制度时往往会选择对自己有利的方式，以期在预期收益与风险暴露之间寻求机会，在短期收益水平可能会超过或与突破制度带来的惩罚力度持平时，往往会优先选择获取短期收益。分支机构尤其是基层机构是商业银行在全国各地的触角，这些机构内的信贷调查人员往往最广泛、最亲密地与客户直接接触，常常掌握着客户第一手、最直观的信息，在贷前调查中起着至关重要的作用。而贷前内控制度制约的缺失和滞后，则是贷前调查人员产生道德风险的重要原因之一。在面对短期内完成高效益任务即可获得高收益的诱惑时，贷前调查人员很可能选择性忽视潜在的信贷风险，甚至与贷款客户串通粉饰风险，向信贷审批人员提供"加工过"的申请材料。

第二，信贷政策"一刀切"造成贷款过度集中。目前，国有商业银行信用风险管理中普遍有统一的风险偏好。各商业银行总行每年会根据本行的经营战略和风险偏好制定统一的信贷政策,并向各分支机构宣导,如中国工商银行会于每年年初下发《年度行业(绿色)信贷政策》文件,对各行业客户的总体融资策略、客户分类标准和风险控制要点进行统一规定。各分支机构在办理信贷业务时,要根据统一的信贷政策对客户开展贷前调查、评级授信、押品评估、贷款审查审批、贷款发放及贷后监控工作,实现全行统一风险偏好的全流程管理。但在实际经营中,各分支机构分布在不同地区,地区经济发展不平衡、产业类别差别较大。全国"一刀切"的信贷政策,虽然有利于在制度上规避风险,实现全行风险的总体可控,但也会使得信贷业务的发展出现极大的行业、地区不平衡情况。

一方面,我国当前处于经济转型期,经济发展呈现出新的特点,一些新兴产业尚处于萌芽阶段,而国有商业银行在制定行业信贷政策时,往往是按照行业领先企业的标准制定的,一些新兴产业的企业明显具有轻资产、低员工规模、高产出效益等特点,但由于无法满足国有大行所要求的有固定资产抵押、员工规模大等准入标准,在银行选择目标客户时被排除在外。

另一方面,商业银行总行制定的统一信贷政策中,在某些项目上会有关于地方政府财政收入和融资企业规模的硬性标准。例如:中国工商银行规定城市基础设施建设领域的贷款,需满足贷款所在地为省会城市、直辖市、计划单列市的条件,或是项目所在地上年度(或近两年平均)本级财政收入50亿元(含)以上且财政债务率在150%(不含)以下、上年度本级一般公共预算收入增速(同口径)为正的地级市。而新农村(小城镇)建设领域的贷款不但需满足城市基础设施建设类贷款中关于所在地准入标准的条件,还需满足所在地上年度农民人均纯收入原则上不低于全国农民平均收入水平的条件。由于地区经济发展的不平衡,各地政府财政水平差异较大,如此"高大上"而又"一刀切"的信贷政策,使得不缺资金的地区银行拼命想放贷,而缺乏资金的地区银行又惜贷如金。

第三,信贷风险管理建设起步较晚。国际上先进的商业银行经过近百年的发展,均拥有着丰富的基础数据资源。我国国有商业银行虽然在近几年的发展中,积极引入了经济资本管理制度、内部评级制度及信用风险预警管理制度,并投入大量人力、物力建立银行基础数据库,但因为我国国有商业银行现代风险管理工作的起步较晚,在数据库的数据资源量、数据提取范围等方面都还与国际先进的商业银行存在着较大的差距,所以在信用风险预期损失的计量中存在数据缺失的问题，无法建立较高级的计量模型进行风险计量，使得信用风险计量的准确度和精确度不够。

第四，信贷风险管理的观念存在差异化现象，考核指标缺乏前瞻性。历经多年发展，我国国有商业银行的信贷风险体系建设已经逐步细化和成熟，各基层行对经济资本管理也有了一定的认识和应用，但风险约束经营发展的战略理念在宣导中呈现出逐级减弱的现象，各级管理人员对信贷风险管理没有形成上下统一的管理理念。相对于总行更加谨慎的信贷风险管理理念而言，银行分支机构的风险预警意识和前瞻性理念较为薄弱。这与目前商业银行分支机构管理人员轮岗较快且信贷风险约束制度缺乏前瞻性有关。分支机构管理者在把控信贷风险时，主要考虑的是客户是否会在自己的任期内暴露风险，只要短期内不良贷款率指标能够达到考核指标，就以效益为先，甚至只要客户有固定资产做抵押物，就敢放心、大胆地放款，至于贷款投向是否合规、行业风险是否聚集，都未有较深层次的考量。

第八章

国有商业银行信贷管理体制改革成效的实证分析

　　前文对国有商业银行信贷管理体制当下存在的问题及成因进行了剖析，但信贷管理体制作为银行体制的次级制度安排，其改革的根本目的不仅仅是解决国有商业银行信贷管理当下存在的问题，更是使国有商业银行转变发展理念，自觉探寻科学发展的道路，更好地发挥信贷优化资源配置的中介作用，成为实体经济发展的金融引擎。因此，评判国有商业银行信贷管理体制改革成效，不仅需要看信贷体制改革是否使银行信贷资产质量提升，更需要检验在改革过程中国有商业银行是否形成了更为先进和科学的发展理念，核心竞争力是否提升。本章试图构建多元化的指标体系，评估国有商业银行信贷管理体制的改革成效。

第八章 国有商业银行信贷管理体制改革成效的实证分析

第一节 指标体系的构建

一、指标体系构建的逻辑依据

对国有商业银行信贷管理体制改革成效的评价是一个综合、复杂的工作。一方面,信贷管理理论认为,商业银行信贷管理要考虑安全性、流动性、盈利性这"三性"的动态平衡以及商业银行的资本情况;另一方面,党的二十大报告提出,建设现代化产业体系,坚持把发展经济的着力点放在实体经济上,推进新型工业化。因此,要将国有商业银行放在新时代的大背景下,结合我国新经济的发展特点,考察国有商业银行信贷体制与新经济是否相适应,在设计指标体系时要考虑安全性、流动性、效益性、资本充足性、新经济相适性五个方面的内容。

本书依据投入产出的基本经济学原理,将国有商业银行信贷管理体制评价指数视为最终产出,安全性、流动性、效益性、资本充足性、新经济相适性五个方面的内容视为投入要素。因此,国有商业银行信贷管理体制改革成效指数的投入产出关系可以表示为一个复合的隐函数,即公式(8-1):

$$\text{Credit}_{\text{bank}} = Y[X_1(\cdot), X_2(\cdot), X_3(\cdot), X_4(\cdot), X_5(\cdot)] \tag{8-1}$$

其中:$\text{Credit}_{\text{bank}}$表示国有商业银行信贷管理体制改革成效指数;$X_i(\cdot)$,$i=1,2,3,4,5$分别表示安全性、流动性、效益性、资本充足性、新经济相适性变量,这几个变量又是由不同数量的细项指标决定的。

将公式(8-1)两边取全微分,并同时乘以$1/\text{Credit}_{\text{bank}}$,得到公式(8-2):

$$\frac{d\text{Credit}_{\text{bank}}}{\text{Credit}_{\text{bank}}} = \sum_{i=1}^{5} \frac{\partial Y}{\partial X_i} \times \frac{X_i}{\text{Credit}_{\text{bank}}} \times \frac{dX_i}{X_i} \tag{8-2}$$

由公式(8-1)和公式(8-2)可知,国有商业银行信贷管理体制改革成效评价指数是商业银行安全性、流动性、效益性、资本充足性和新经济相适性几个方面因素综合影响的结果。同理,这五个自变量的波动也是由它们所包含的指标所决定的。

因此，国有商业银行信贷管理体制改革成效的评价指标体系，至少应包括三个维度。具体来说，国有商业银行信贷管理体制改革成效指数为第一维度，安全性、流动性、效益性、资本充足性和新经济相适性为第二维度，五个变量影响因素下面包含的细项，为第三维度。

二、指标体系的相关说明

根据商业银行信贷管理的"三性"目标、商业银行监管所要求的资本充足指标，以及结合新时代背景下我国新经济发展的特点，本书在设计指标体系时考虑安全性、流动性、效益性、资本充足性、新经济相适性五个方面的内容，具体见表8-1。所需数据来源于各商业银行历年年报、《中国统计年鉴》、《中国金融统计年鉴》以及"前瞻数据库"。

表 8-1　国有商业银行信贷管理体制改革成效综合评价指标体系

第一层级	第二层级	第三层级	计算方式	作用方向
国有商业银行信贷管理体制改革成效指数	安全性	不良贷款率	$\dfrac{\text{不良贷款余额}}{\text{发放贷款和垫款总额}}$	逆向
		最大单一客户贷款比例	$\dfrac{\text{最大一家客户贷款总额}}{\text{资本净额}}$	逆向
		最大十家客户贷款比例	$\dfrac{\text{最大十家客户贷款总额}}{\text{资本净额}}$	逆向
		拨备覆盖率	$\dfrac{\text{期末贷款减值准备金余额}}{\text{期末不良贷款余额}}$	正向
		贷款拨备率	$\dfrac{\text{期末贷款减值准备金余额}}{\text{发放贷款和垫款总额}}$	正向
	流动性	贷存款比例	$\dfrac{\text{期末贷款余额}}{\text{期末存款余额}}$	适度
		流动性比例	$\dfrac{\text{流动性资产}}{\text{流动性负债}}$	适度

续表

第一层级	第二层级	第三层级	计算方式	作用方向
国有商业银行信贷管理体制改革成效指数	效益性	资产收益率	净利润 / 平均资产总额	正向
		资本收益率	净利润 / 平均资本总额	正向
		人均净利润	净利润 / 员工总数	正向
		成本收入比	营业费用 / 营业收入	逆向
		净利差	生息资产平均利率 － 付息负债平均利率	正向
		净利息收益率	利息净收入 / 生息资产平均余额	正向
		加权风险资产收益率	净利润 / 平均加权风险资产及市场风险资本调整额	正向
	资本充足性	资本充足率	资本 / 风险加权资产	正向
		核心资本充足率	核心资本 / 风险加权资产	正向
	新经济相适性	商贸服务业信贷占比	商贸服务业贷款 / 公司贷款总额	正向
		交通运输业信贷占比	交通运输业贷款 / 公司贷款总额	正向
		批发零售业信贷占比	批发零售业贷款 / 公司贷款总额	正向
		信息传输、计算机服务和软件业信贷占比	服务业贷款 / 公司贷款总额	正向
		小微企业信贷占比	信息传输、计算机服务和软件业贷款 / 公司贷款总额	正向

在表 8-1 中,第一列是国有商业银行信贷管理体制改革成效指数,用来综合反映国有商业银行信贷管理体制改革的成效,它由第二列的 5 项第二层级指标构成。第二层级指标包括安全性、流动性、效益性、资本充足性和新经济相适性,分别反映国有商业银行在实施信贷管理体制改革后的安全性、流动性、效益性、资本充足性和新经济相适性是否有了改善,通过不同的第三层级指标来评估。

安全性是保证商业银行可持续发展的第一要素,是商业银行实现效益的前提保障。商业银行信贷管理中的信贷风险管理存在于信贷活动的各个环节,本书选取了不良贷款率、最大单一客户贷款比例、最大十家客户贷款比例三个逆向指标，以及拨备覆盖率、贷款拨备率两个正向指标来综合反映国有商业银行信贷管理的安全性。不良贷款率通过商业银行年末不良贷款余额（不含应计利息）除以年末客户贷款及垫款总额（不含应计利息）得到，用于反映次级、损失类不良资产在总体信贷资产中的占比，是最直观反映商业银行信贷资产质量的指标；最大单一客户贷款比例和最大十家客户贷款比例是反映商业银行信贷风险集中度情况的指标，商业银行控制这两个比例，既是为了满足监管需要，也是为了预防风险集中暴露、提升自身安全性。拨备覆盖率和贷款拨备率（也称贷款总额准备金率）是反映商业银行不良资产处置能力的指标。拨备覆盖率是期末贷款减值准备余额除以期末不良贷款实际余额所得到的数值，体现了商业银行对信贷风险前瞻性处置和抵御的能力；贷款拨备率是期末贷款减值准备余额（不包括核算至其他综合收益项下的票据与福费廷的减值准备余额）与客户贷款及垫款总额的比例，体现了商业银行计提的不良资产减值准备在总体信贷资产中的占比。

流动性是安全性和效益性实现的基础。一方面，流动性不足的商业银行将时刻面临安全性的挑战，效益性更是无从谈起；另一方面，较强的流动性会降低银行的盈利水平。就国有商业银行信贷管理而言，信贷资金的流动性保持在一定的合理范围内，才能既保证安全性又兼顾效益性。本书选取流动性比例和存贷款比例两个指标来评价国有商业银行信贷资金管理的流动性有两个原因：一是我国监管方要求商业银行本外币流动性比例均保持在25%以上；二是虽然我国为了增强商业银行信贷资金的流动性，于2015年取消了法定存贷比低于75%的监管要求，但存贷比作为直观反映商业银行资金流动性的指标，仍具有实际意义。

国有商业银行进行信贷管理体制改革的最终目的是提升信贷业务的效益，进而提升商业银行的整体效益。对商业银行效益性的考察可以选用许多指标，本书主要选取与信贷业务有直接关系的效益性指标：首先是资产收益率、资本收益率、人均净利润和成本收入比，用于综合反映商业银行的盈利能力；其次是净利差和净利息收益率，可以更为直观地考察商业银行信贷资产的收益情况；最后是加权风险资产收益率指标，这是一个兼顾风险的盈利能力指标，该指标数值越高，表明商业银行单位风险资产赚取的利润越多。

资本充足性指标是监管方对商业银行风险抵御能力的衡量指标,该指标数值越高,表明商业银行抵御风险的能力越强。

党的二十大报告指出,建设现代化产业体系,坚持把发展经济的着力点放在实体经济上,推进新型工业化。新时期,实体经济发展呈现新的特点:一是实体经济的支柱产业由传统制造业和房地产业转向"互联网+"产业、现代制造业和商贸服务业等产业;二是民营企业尤其是小微企业仍面临诸多财务困境[①]。因此,本书着重从信贷投放结构来考察国有商业银行信贷管理体制改革的成效,同时考察小微企业信贷投放规模在主体信贷投放规模中的占比。

第二节 评价方法的选择

一、熵值法简介

本书采用熵值法对国有商业银行信贷管理体制改革成效进行评价。"熵"这一概念由德国物理学家鲁道夫·克劳修斯于1854年提出,是在热力学中表示物质状态的一个参量,后来被统计学家借鉴用于经济学研究中,用于解决复杂多元系统中特定信息出现概率的问题。

熵值法是客观赋权的一种方法,根据指标所提供的信息量来决定指标的权重,可以在一定程度上避免主观赋权对系统评价带来的偏差。熵值法的基本原理是通过评判某一指标观测值的离散程度来确定熵值的大小,指标的变异程度越小,熵就越大,该指标所承载的信息量也就越少,权重也就越小。因此,可以根据各项指标值的变异程度,利用熵值法计算出各指标的权重,为多指标综合评价提供较为客观的依据。

---

① 刘林,陈少晖,2020.后疫情时代小微企业复工复产财务纾困研究[J].青海民族研究,31(4):62-67.

二、熵值法的公式表达

黄万华和王梦迪(2021)使用熵值法测度了长江经济带制造业绿色技术创新效率[①],赵碧莹(2019)利用熵值法对国有商业银行竞争力水平进行了综合评价[②]。本书借鉴了上述研究具体步骤,评价2008—2021年四家国有商业银行信贷管理体制变迁的效果,具体步骤如下。

(一)构建决策矩阵

将2008—2021年共14年的数据作为评价的年份集合$O=\{o_1,o_2,\cdots,o_a\}$,把中国工商银行、中国农业银行、中国银行、中国建设银行4家商业银行作为评价的对象集合$P=\{p_1,p_2,\cdots,p_b\}$,把22个三级指标作为评价的指标集合$Q=\{q_1,q_2,\cdots,q_c\}$。把第O_a年的对象P_b关于指标Q_c的评价值记作e_{rst}($r=1,2,\cdots,a;s=1,2,\cdots,b;t=1,2,\cdots,c$),构建决策矩阵$E$。

(二)标准化处理决策矩阵

因为指标的单位和量纲存在差异,因此需要对指标进行标准化处理以消除不同单位和量纲差异带来的影响,并将标准化之后的决策矩阵设为D。本书指标属性的不同,标准化处理的方式也有所不同:一是正向型指标,这一类指标的数值越大,表明改革的成效越好,见公式(8-3);二是适度型指标,这一类指标越接近最优值越好,见公式(8-3);三是逆向型指标,这一类指标的数值越小,表明改革成效越好,见公式(8-4)。

正向型指标和适度型指标标准化处理的公式:

$$D_{rst}=\frac{E_{rst}-\mathrm{Min}(E_t)}{\mathrm{Max}(E_t)-\mathrm{Min}(E_t)} \quad (8\text{-}3)$$

逆向型指标标准化处理的公式:

$$D_{rst}=\frac{\mathrm{Max}(E_t)-E_{rst}}{\mathrm{Max}(E_t)-\mathrm{Min}(E_t)} \quad (8\text{-}4)$$

[①] 黄万华,王梦迪,2021.长江经济带制造业绿色技术创新效率测度[J].统计与决策,37(19):61-63.
[②] 赵碧莹,2019.中国商业银行竞争力评价与影响因素研究[J].金融监管研究(5):70-82.

其中：$\text{Max}(E_t)$ 和 $\text{Min}(E_t)$ 分别表示第 r 年第 s 个指标的最大值和最小值。

对指标进行标准化处理后可得到矩阵 $\mathbf{D}$：

$$\mathbf{D}=[d_{rst}]_{b\times c}=\begin{pmatrix} & Q_1 & Q_2 & \cdots & Q_c \\ P_1 & D_{r11} & D_{r12} & \cdots & D_{r1c} \\ P_2 & D_{r21} & D_{r22} & \cdots & D_{r2c} \\ \vdots & \vdots & \vdots & & \vdots \\ P_b & D_{rb1} & D_{rb2} & \cdots & D_{rbc} \end{pmatrix} \tag{8-5}$$

其中：d_{rst} 指的是第 r 年中第 s 个评价对象的第 t 个指标标准化以后的数值。

(三) 计算各个指标的特征比重

设 M_{rst} 为第 r 年中第 s 个评价对象的第 t 个指标的特征比重，则有式：

$$M_{rst}=\frac{d_{rst}}{\sum_{r=1}^{a}\sum_{s=1}^{b}d_{rst}} \tag{8-6}$$

(四) 计算第 t 个指标的信息熵

$$N_t=-\frac{1}{\ln(ab)}\sum_{r=1}^{a}\sum_{s=1}^{b}M_{rst}\ln(M_{rst}) \tag{8-7}$$

(五) 计算第 t 个指标的权重

$$S_t=\frac{1-N_t}{\sum_{t=1}^{c}(1-N_t)} \tag{8-8}$$

(六) 构建加权决策矩阵

$$\mathbf{W}=[w_{rst}]_{b\times c}=\begin{pmatrix} & Q_1 & Q_2 & \cdots & Q_c \\ P_1 & w_{r11} & w_{r12} & \cdots & w_{r1c} \\ P_2 & w_{r21} & w_{r22} & \cdots & w_{r2c} \\ \vdots & \vdots & \vdots & & \vdots \\ P_b & w_{rb1} & w_{rb2} & \cdots & w_{rbc} \end{pmatrix} \tag{8-9}$$

由此可计算出国有商业银行各年的信贷管理体制改革成效得分,如公式(8-10)所示：

$$U_{rs} = \sum_{t=1}^{c} w_{rst} \qquad (8\text{-}10)$$

第三节　实证结果分析

根据前文所述的国有商业银行信贷管理体制改革成效评价的指标体系,本节基于 2008—2021 年四家国有商业银行信贷管理体制改革成效指数(见表 8-2),对四家国有商业银行信贷管理体制改革成效进行评价。

表 8-2　2008—2021 年四家国有商业银行信贷管理体制改革成效指数

年份	中国工商银行	中国农业银行	中国银行	中国建设银行	平均指数
2008 年	0.570609	0.401869	0.549291	0.604698	0.531617
2009 年	0.415917	0.444807	0.356179	0.508786	0.431422
2010 年	0.540379	0.670336	0.610053	0.715186	0.633989
2011 年	0.675953	0.815345	0.701664	0.843197	0.759040
2012 年	0.74858	0.906514	0.802379	0.915001	0.843118
2013 年	0.695098	1.004574	0.798121	0.785307	0.820775
2014 年	0.702256	0.960152	0.841717	0.775476	0.819900
2015 年	0.672965	0.883117	0.742822	0.651941	0.737711
2016 年	0.558289	0.789162	0.675574	0.574339	0.649341
2017 年	0.639548	0.834731	0.607235	0.606379	0.671973
2018 年	0.759809	0.869655	0.692283	0.732001	0.763437
2019 年	0.83635	0.858868	0.674768	0.810862	0.795212
2020 年	0.766961	0.867604	0.692265	0.831137	0.789492
2021 年	0.803072	0.973331	0.740082	0.879597	0.849020

一、第一层级的结果分析

从第一层级的综合得分来看,四家国有商业银行的改革成效指数呈现总体向好的态势。2008—2021 年,四家国有商业银行的改革成效指数的算数平均数从 0.531617 上升到了 0.849020,虽然其间有些年份出现了指数回落的现象,但总体上是波形上升的状态(见图 8-1)。这说明国有商业银行信贷管理体制的改革是有成效的,尤其是股份制改革以后,进步更为明显。

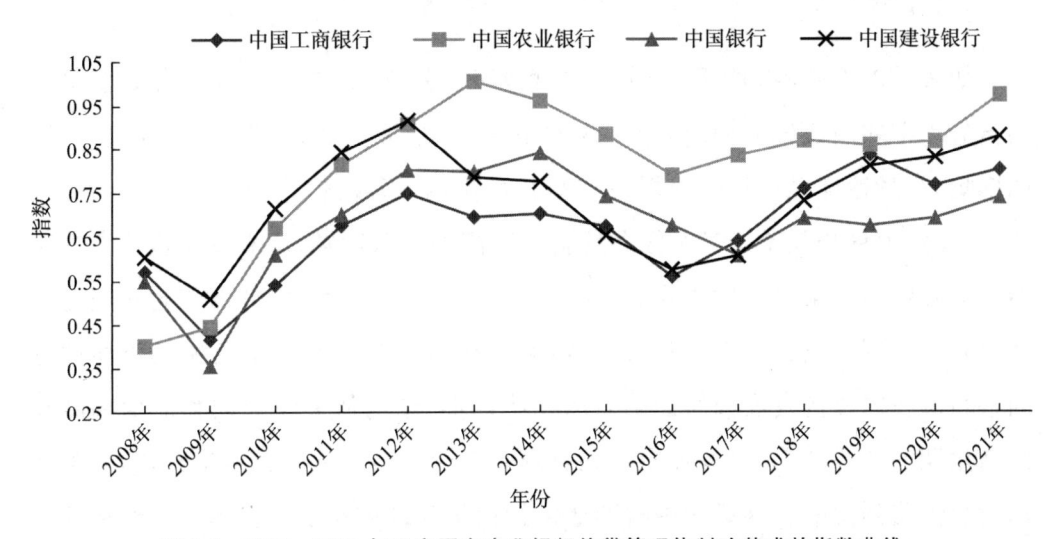

图 8-1　2008—2021 年四家国有商业银行信贷管理体制改革成效指数曲线

从各商业银行的信贷管理体制改革成效指数来看,2008—2012 年,中国建设银行的得分始终保持在第一位。这可能与中国建设银行最早完成股改上市有关,在股改上市前,中国建设银行剥离了不良资产,优化了资产负债结构,并对管理体制、组织机构设置以及各项管理制度进行了革新和优化,使自身在"形"上更加符合现代金融企业的面貌。中国农业银行则后来者居上,在 2010 年 7 月上市后,其改革成效指数于 2011 年起迅速提升,从 2013 年至今始终位列第一。

二、第二层级的结果分析

本书对第一层级的分析,更多是对国有商业银行整体改革成效的评价,对各国有商业银行指数变动原因的分析大多是依靠推测,因此需要对国有商业银行第二层级的各项指标进行分析,以更为直观地把握国有商业银行信贷管理体制的改革成效。本小节将从第二层级的五个方面分别展开评析。

(一)安全性

如表8-3和图8-2所示,安全性维度改革成效指数方面,四家国有商业银行的指数均存在两次较大回落:第一次发生在2008年。受2007年美国次贷危机的影响,全球性金融危机随之爆发。受其影响,我国经济、金融市场也受到较大波及,加之不良贷款率上升和拨备覆盖率下降的双重影响,国有商业银行安全性指数下降明显。第二次发生在2013—2017年。主要原因是2012年起我国经济增速开始放缓,"三去一降一补"的供给侧结构性改革成为经济发展的指导性方向,而且,我国经济发展同时面临着增速换挡期、结构调整阵痛期和前期刺激政策消化期的考验,"三期"叠加使得国有商业银行不良贷款率逐年攀升,信贷管理的安全性受到挑战。这说明国有商业银行信贷管理体制变迁受国内外经济环境的影响明显。同时可以看出,在四家国有银行中,中国农业银行的安全性指数自2009年起便始终高于平均指数,这说明中国农业银行对信贷资产安全性管理得较好。

表8-3 2008—2021年四家国有商业银行安全性维度改革成效指数

年份	中国工商银行	中国农业银行	中国银行	中国建设银行	平均指数
2008年	0.156263	0.018079	0.137108	0.086964	0.099603
2009年	0.167208	0.15503	0.065838	0.159905	0.136995
2010年	0.172839	0.213611	0.197813	0.226117	0.202595
2011年	0.221423	0.286816	0.223175	0.24029	0.242926
2012年	0.23445	0.307611	0.269982	0.254409	0.266613
2013年	0.211855	0.336178	0.298925	0.235246	0.270551
2014年	0.160837	0.276218	0.253305	0.197259	0.221905

续表

年份	中国工商银行	中国农业银行	中国银行	中国建设银行	平均指数
2015 年	0.153214	0.202084	0.224305	0.09841	0.169503
2016 年	0.116191	0.185608	0.247227	0.141819	0.172711
2017 年	0.123451	0.183131	0.193254	0.161399	0.165309
2018 年	0.208444	0.243857	0.216406	0.251106	0.229953
2019 年	0.266136	0.275593	0.231952	0.298737	0.268104
2020 年	0.220681	0.278909	0.2439	0.26112	0.251153
2021 年	0.24695	0.321276	0.271303	0.263841	0.275843

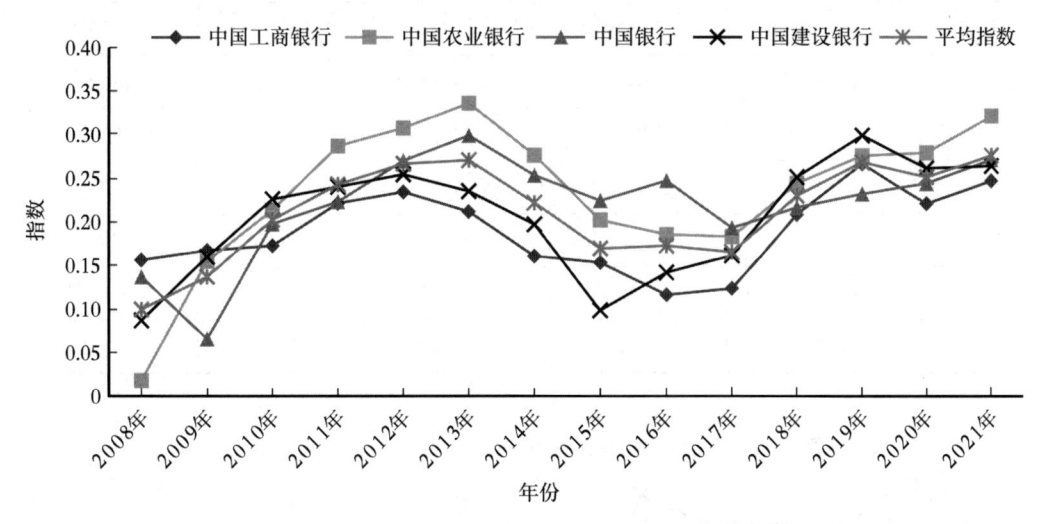

图 8-2　2008—2021 年四家国有商业银行安全性维度指数变动曲线

(二)流动性

如表 8-4 和图 8-3 所示,流动性方面,四家国有商业银行的平均指数从 2008 年的 0.096095 下降到 2021 年的 0.058409,这说明四家银行的流动性缺口较为明显。其中情况较好的是中国农业银行和中国工商银行,中国农业银行的流动性指数自 2013 年起便始终高于平均指数,中国工商银行的流动性指数自 2016 年开始便始终高于平均指数。中国建设银行与中国银行的流动性指数则下降明显,这与这两家银行较高的贷存款比例和较低的流动性比例有很大关系。

表 8-4 2008—2021 年四家国有商业银行流动性维度改革成效指数

年份	中国工商银行	中国农业银行	中国银行	中国建设银行	平均指数
2008 年	0.096561	0.077494	0.097235	0.113092	0.096095
2009 年	0.074502	0.049419	0.056541	0.096703	0.069291
2010 年	0.070808	0.039263	0.042988	0.10025	0.063327
2011 年	0.047163	0.033923	0.068551	0.100032	0.062417
2012 年	0.066718	0.045398	0.072666	0.110038	0.073705
2013 年	0.048033	0.087164	0.062925	0.051379	0.062375
2014 年	0.055108	0.078717	0.070452	0.051889	0.064042
2015 年	0.054997	0.082456	0.051033	0.042027	0.057628
2016 年	0.057587	0.088496	0.039418	0.047319	0.058205
2017 年	0.083359	0.092112	0.038962	0.036216	0.062662
2018 年	0.09296	0.095718	0.094001	0.04569	0.082092
2019 年	0.087382	0.092377	0.066373	0.052151	0.074571
2020 年	0.084162	0.083624	0.058925	0.066756	0.073367
2021 年	0.061288	0.071429	0.029493	0.071429	0.058409

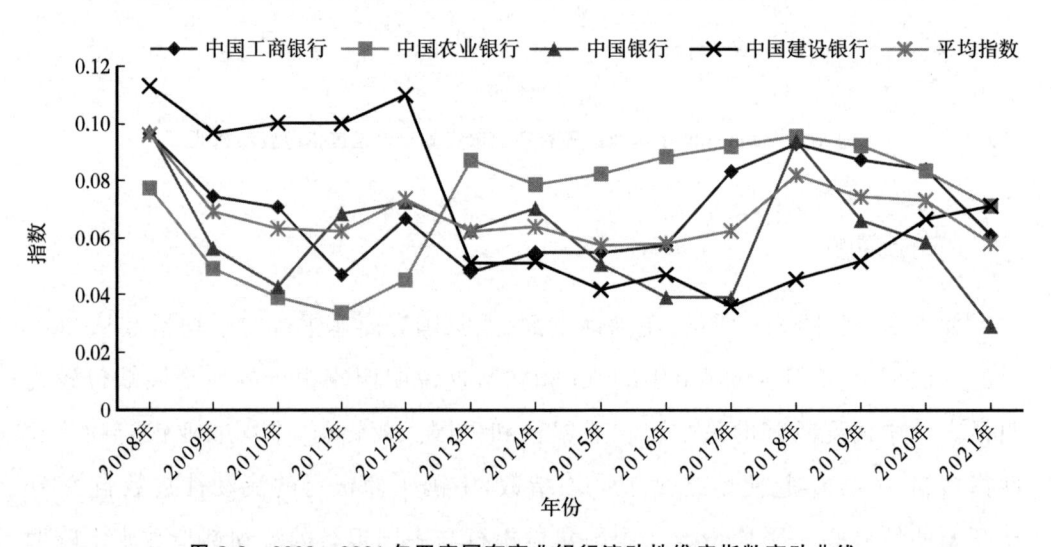

图 8-3 2008—2021 年四家国有商业银行流动性维度指数变动曲线

(三)效益性

如表 8-5 和图 8-4 所示,效益性方面,2008—2021 年四家国有商业银行效益性维度改革成效指数存在两方面的特点:一是四家银行的指数不相上下,说明四家银行间竞争激烈,经营收益上存在较大的同质性;二是四家银行的指数自 2009 年起都经历了快速上升和逐渐回落的过程,并在 2019 年—2021 年趋于平稳。2009 年起的快速上升与经济危机后我国刺激经济的一揽子宽松货币政策存在较大关系,作为国家经济政策主要落地者的国有商业银行,快速扩大的信贷规模为其带来可观的信贷收益。2016 年起,国有商业银行信贷管理的效益性指数回落明显,这与 2015 年起我国利率市场化改革基本完成有关,商业银行净利差明显缩小,因此净利息收益率下降明显。

表 8-5 2008—2021 年四家国有商业银行效益性维度改革成效指数

年份	中国工商银行	中国农业银行	中国银行	中国建设银行	平均指数
2008 年	0.25242	0.169331	0.224328	0.249123	0.223801
2009 年	0.129963	0.121421	0.149946	0.11148	0.128202
2010 年	0.22531	0.255884	0.233149	0.183266	0.224402
2011 年	0.312247	0.307874	0.27876	0.290519	0.297350
2012 年	0.338004	0.343213	0.30752	0.314505	0.325811
2013 年	0.327503	0.358041	0.328424	0.291606	0.326394
2014 年	0.334333	0.373276	0.356633	0.312173	0.344104
2015 年	0.286712	0.319353	0.30156	0.281499	0.297281
2016 年	0.210345	0.231281	0.239058	0.191432	0.218029
2017 年	0.220519	0.248435	0.212916	0.197761	0.219908
2018 年	0.232567	0.257769	0.224289	0.226753	0.235344
2019 年	0.230214	0.220045	0.212551	0.217197	0.220002
2020 年	0.200207	0.20129	0.208208	0.203452	0.203289
2021 年	0.20912	0.238338	0.212246	0.197954	0.214414

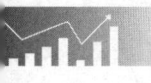

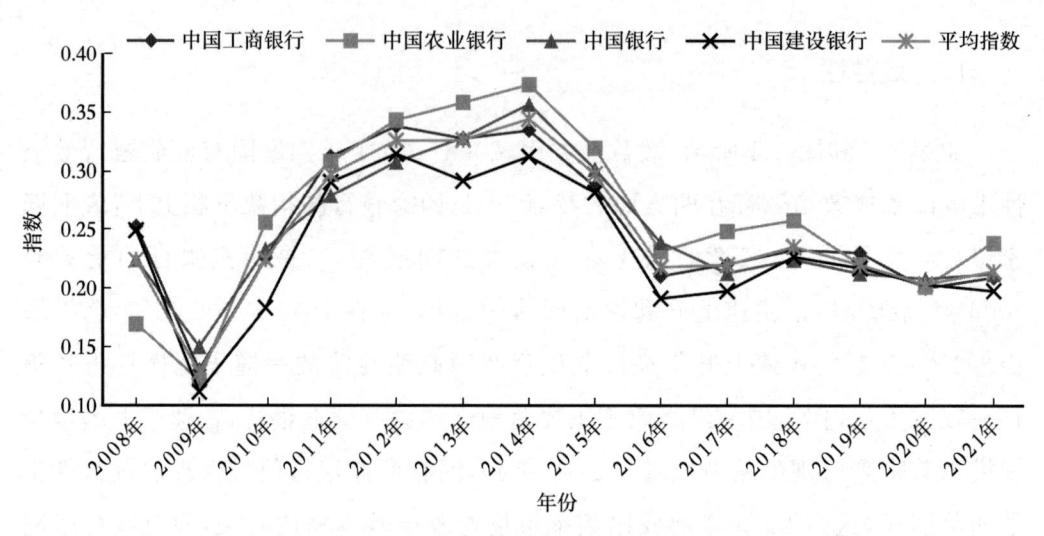

图 8-4 2008—2021 年四家国有商业银行效益性维度指数变动曲线

(四)资本充足性

如表 8-6 和图 8-5 所示,资本充足性方面,四家国有商业银行的改革成效指数上升均十分明显,这说明四家银行的风险抵御能力有了较好的改善。其中,中国建设银行和中国银行的改革成效指数较高,大都在平均指数之上。

表 8-6　2008—2021 年四家国有商业银行资本充足性维度改革成效指数

年份	中国工商银行	中国农业银行	中国银行	中国建设银行	平均指数
2008 年	0.027618	0.005624	0.083461	0.018784	0.033872
2009 年	0.001118	0.006107	0	0	0.001806
2010 年	0.001466	0.057853	0.050219	0.028419	0.034489
2011 年	0.014741	0.056405	0.054776	0.048942	0.043716
2012 年	0.032349	0.065791	0.077869	0.061846	0.059464
2013 年	0.025641	0.050977	0.036418	0.041555	0.038648
2014 年	0.06138	0.05686	0.083187	0.080465	0.070473
2015 年	0.077073	0.083786	0.100662	0.102563	0.091021
2016 年	0.066982	0.08308	0.111819	0.094992	0.089218
2017 年	0.09577	0.094244	0.103911	0.103216	0.099285
2018 年	0.103274	0.12426	0.122184	0.13441	0.121032
2019 年	0.125025	0.127793	0.127043	0.139024	0.129721
2020 年	0.125973	0.1283	0.133456	0.129618	0.129336
2021 年	0.142857	0.140795	0.139499	0.138325	0.140369

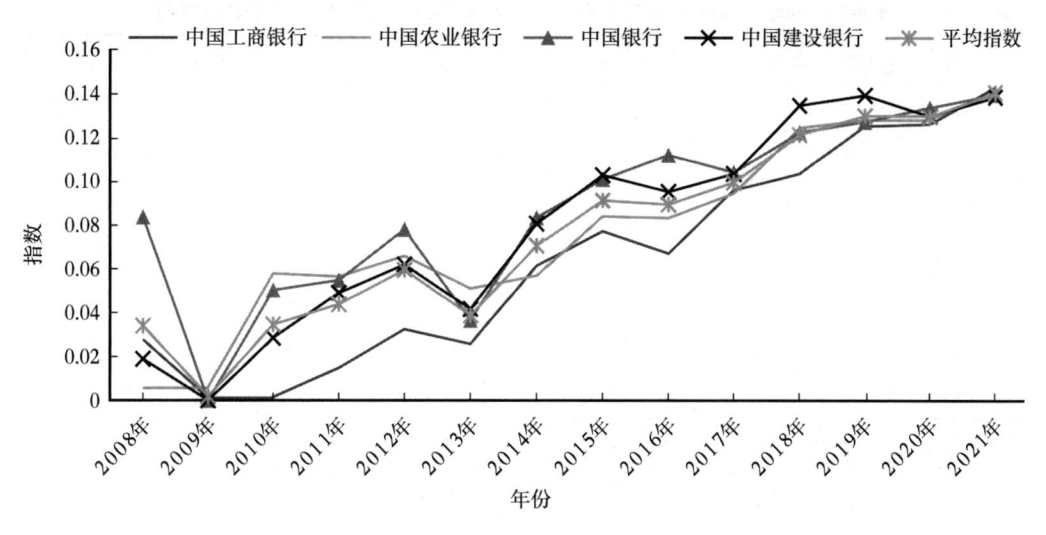

图 8-5　2008—2021 年国有商业银行资本充足性维度指数变动曲线

(五)新经济相适性

如表 8-7 和图 8-6 所示,新经济相适性方面的情况如下:一方面,总体来说,四家国有商业银行新经济相适性维度改革成效指数的平均指数上升明显,从 2008 年的 0.078245 上升到了 2021 年的 0.159985,尤其从 2018 年起上升得较为明显。这是因为,2017 年 10 月,党的十九大报告指出,中国特色社会主义进入新时代,我国经济已由高速增长阶段转向高质量发展阶段,应尽快转变发展方式、转换增长动力,着力加快建设实体经济。国有商业银行积极响应国家号召,以积极的态度在转变发展方式、支持实体经济发展方面先行先试。另一方面,四家国有商业银行的指数分化较为明显,中国农业银行的指数始终高于平均指数,而中国银行的指数始终低于平均指数。这与中国农业银行与中国银行一直以来的信贷行业结构有很大关系:中国农业银行多年来精耕小微企业贷款,使得小微企业贷款在其信贷总量中的占比较大。而中国银行历来扎根于国际业务,商贸服务业、交通运输业的信贷占比较低,甚至未在年报中公布批发零售业以及信息传输、计算机服务和软件业的信贷占比,这说明其信贷业务的发展方向一直以来无较大变化。

表 8-7　2008—2021 年四家国有商业银行新经济相适性维度改革成效指数

年份	中国工商银行	中国农业银行	中国银行	中国建设银行	平均指数
2008 年	0.037747	0.13134	0.00716	0.136735	0.078245
2009 年	0.043127	0.11283	0.083854	0.140698	0.095127
2010 年	0.069955	0.103725	0.085885	0.177133	0.109174
2011 年	0.080379	0.130327	0.076401	0.163415	0.112631
2012 年	0.077059	0.144501	0.074342	0.174204	0.117526
2013 年	0.082067	0.172214	0.071429	0.16552	0.122808
2014 年	0.090599	0.175081	0.07814	0.13369	0.119377
2015 年	0.10097	0.195438	0.065263	0.127441	0.122278
2016 年	0.107184	0.200697	0.038051	0.098777	0.111177
2017 年	0.11645	0.21681	0.058192	0.107787	0.124810
2018 年	0.122565	0.148051	0.035403	0.074043	0.095015
2019 年	0.127594	0.143061	0.036849	0.103754	0.102814
2020 年	0.135937	0.175482	0.047777	0.170191	0.132347
2021 年	0.142857	0.201494	0.08754	0.20805	0.159985

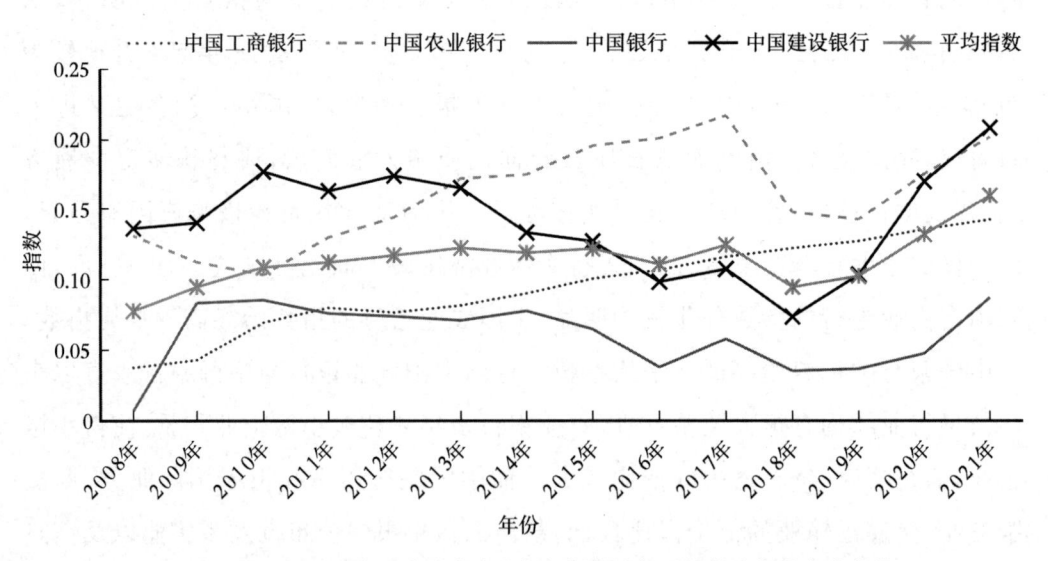

图 8-6　2008—2021 年四家国有商业银行新经济相适性维度指数变动曲线

第九章

优化国有商业银行信贷管理体制的对策建议

中国特色社会主义进入新时代,商业银行要回归服务实体经济的本源,必然要在新经济背景下对信贷管理体制进行适应性改革,这就对商业银行信贷管理体制建设提出了更高的制度标准和精细化管理要求。本章从基本原则、根本动力和重要载体三个方面阐述了优化国有商业银行信贷管理体制的总体思路,基于此思路,从信贷管理的资金管理体制、审批管理体制、风险管理体制三个方面提出了优化国有商业银行信贷管理体制的对策建议。

第一节　优化国有商业银行信贷管理体制的总体思路

一、基本原则——服务实体经济

2017年7月召开的第五次全国金融工作会议指出，金融要把为实体经济服务作为出发点和落脚点。2021年11月，党的十九届六中全会审议通过的《中共中央关于党的百年奋斗重大成就和历史经验的决议》也再次强调坚持金融为实体经济服务。可见，我国金融业在发展过程中应十分重视为实体经济服务。

一般认为，实体经济是以物质生产为中心的经济活动，包括第一产业和第二产业，而虚拟经济是以资本的增值为中心的经济活动。金融业不直接创造物质财富，所以属于虚拟经济。但实际上，对实体经济概念的理解应该更加精确，要根据具体情况具体分析。中国人民银行原行长周小川认为，"实体经济不仅包括物质产品的生产，也包括服务业，不能认为实体经济只是物质经济"，"简单化地理解金融就是虚拟经济，制造业或其他类别服务业是实体经济，是不对的。……金融业有些并非虚拟的，比如说银行贷款、企业发行债券、股票进行融资，这些就属于直接为实体经济服务的"。[①] 从这个意义上讲，不能简单地按照产业部门的分类来区分实体经济和虚拟经济。

因此，对将金融业划分至虚拟经济的范畴，应辩证地看待和进行。一方面，金融业为推动实体经济的发展提供必要的支持。无论是作为支付中介为实体经济提供支付、结算服务，还是以货币为媒介，对实体经济发挥资金融通的作用，帮助企业扩大再生产，金融业都为国民经济发展和国民财富增值作出巨大贡献。我国是一个储蓄率高的国家，金融业将高储蓄转化为社会投资支持我国经济社会发展，使我国走出了一条不同于其他国家依靠外债发展经济的自主化道路。可以说，新中国成立以来，我国经济的发展，尤其是改革开放40多年来的发展，

---

① 周小川,2011.精确"实体经济"概念 更好支持实体经济发展[N].经济日报,2011-12-16(3).

是离不开我国金融业持续、强大的资金支持的。同样地,没有我国门类齐全、具有强大生产力的实体经济作为根基,我国金融业将会成为无源之水、无本之木,陷入自我循环、自成体系的境况中。从这个方面来说,金融业与实体经济是相互成就、相互依托的。另一方面,有一些金融工具是只在金融业体内发挥作用的,它们以资本化的方式运行,在交易和分配的过程中不与或几乎不与实体经济产生联系,以赚取短期暴利为目的。这些金融工具所关联的金融业才是真正的虚拟经济。它们对实体经济的作用很小或是脱离了实体经济,甚至有时会不利于实体经济的发展,很可能引起经济结构的失衡或是资产价格的扭曲。例如,2008年爆发的经济危机就是金融业脱离实体经济、盲目自我创新和自我循环导致的。

在新时代背景下,要深化金融供给侧结构性改革,使金融回归本源,切实增强金融业对实体经济的服务效能。同样地,对国有商业银行信贷管理体制的优化改进,也应遵循这一基本原则。增强对实体经济的服务效能不仅包括加大对实体经济的资金支持力度,还包括完善实体经济金融服务方式和手段,使实体经济融资更便捷、更实惠。

二、根本动力——体制机制创新

创新是推动人类社会进步和经济发展的内在动力。制度经济学认为,当一种新的制度安排所取得的收益超过创新所需要的成本并能满足人们当下的需求时,这种新的制度就会成为现实。制度创新带来的不是某个人效益的增加,而是整个社会总效益的提升。因此,制度创新可以说是激发新事物活力的引擎。

商业银行的制度创新是商业银行可持续发展的动力源泉。纵观西方各国商业银行的发展历史,能够永葆生机的商业银行,无一不是跟随时代前进的脚步不断改革和创新的。这种创新并非一种偶然存在的现象,而是贯穿于商业银行发展的全过程的,是推动商业银行克服自身局限、解决内部矛盾和满足经济社会需求的动力源泉。再看我国商业银行的发展历程,尤其是改革开放40多年来波澜壮阔的改革变迁,我国商业银行没有急于求成,直接按照西方商业银行的发展模式进行改革,而是立足于我国社会主义初级阶段的基本国情和经济社会发展的需要,摸着石头过河,不断地尝试和探索,突破体制机制的障碍,闯出了一条独特的发展之路。从20世纪80年代初期建立"二元"银行体制,到20世纪80年代末实行"拨改贷"、将银行作为经济社会建设资金的主要来源,到20世纪90年代初期实行国有银行商业化改革,再到20世纪90年代末第一次全国金融工作会议召开,全面深化金融体制改革,剥离国有商业银行不良资产为股改上市做准备,直至国有商业银行全部成功股改上市,一路的艰辛历程无不体现着改革者们开放、创新的智慧与勇气。

2021年3月,十三届全国人大四次会议表决通过了关于国民经济和社会发展第十四个五年规划和2035年远景目标纲要的决议,提出坚持创新在我国现代化建设全局中的核心地位。党的二十大报告中也多次提到"创新"一词,指出要加快实施创新驱动发展战略。国有商业银行作为社会主义市场经济中不可或缺的经济组织,在确定未来发展方向与制订战略规划时,也应紧紧围绕《中华人民共和国国民经济和社会发展第十四个五年规划和2035年远景目标纲要》以及党的二十大提出的要求"立足新发展阶段、贯彻新发展理念、构建新发展格局"进行,通过创新突破体制机制障碍、提升效率、降低交易成本,以市场化为导向完善商业银行管理体制,建立资本节约、效率提升、风险可控的信贷管理体制,更好地为实体经济服务。

三、重要载体——金融科技

金融科技(FinTech)从字面上可以理解为金融与科技的结合,但侧重点在金融,即利用现代信息技术改善金融服务、提升金融效率。国际上较早对"金融科技"给出权威定义的是金融稳定理事会(FSB),该理事会于2016年3月对金融科技作了如下定义:金融科技是金融活动中由技术推动所带来的金融创新,它能够产生新的商业模式、应用、过程或产品,从而对金融市场、金融机构或金融服务的提供方式或流程产生重大影响。从这一定义可以看出,金融科技本质上仍然是金融活动,科技赋能所带来的新媒介、新技术只是为金融创新提供了新的业态,但并未改变金融的本质和功能。

我国金融科技的发展历程大致可划分为三个阶段:第一阶段是20世纪90年代初期至2004年,这一阶段可称为金融电算化阶段,主要是商业银行利用电子软硬件来实现电算化,硬件如ATM(automated teller machine,自动取款机)

的普及，软件如信贷系统、清算系统的上线。第二阶段是2005年至2014年，这一阶段可称为互联网金融阶段，主要是商业银行通过利用互联网和信息通信技术搭建线上业务平台，开发网上银行、手机银行等新型金融服务媒介，提供"无感式"的金融服务，减少实体网点布局和柜面业务量，提升用户的便捷度，如手机支付、用网银购买理财产品、用手机银行转账和进行生活缴费等。第三阶段是2015年至今，这一阶段可以称为金融科技阶段。这一阶段金融科技发展的特点主要是银行利用大数据、云计算、人工智能、区块链等最新计算机信息技术，开展信息采集、风险评估等工作，通过计算机的海量收集、储存及计算功能为传统金融中信息不对称、传导滞后等问题提供新的解决思路，实现金融与科技的深度融合，如大数据征信、风险评估模型、人工智能投资顾问等。

2019年8月，中国人民银行发布了《金融科技发展规划（2019—2021年）》，并于2019年12月启动了金融科技创新试点工作，鼓励持牌金融机构在依法合规、保护消费者权益的前提下，运用现代信息技术赋能金融提质增效。截至2021年12月，已公布的142个创新项目中，智能信贷业务领域的项目占比达到了32.39%（见图9-1），成为金融科技创新应用业务领域的排头兵。

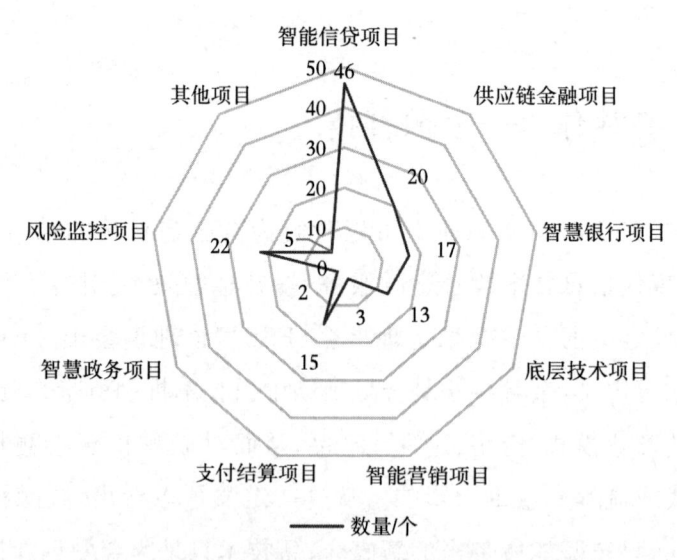

图9-1 金融科技创新试点项目按业务领域分类情况

通过智能信贷平台搭建和开发相关运用场景，商业银行可以利用人工智能技术和大数据分析功能，实现对信贷业务的快速审批和风险管理的智能化。第一，针对小微企业征信数据不全、授信困难等问题，通过大数据搜集小微企业各类型数据，实现授信审批的智能化和批量化，提高小微企业评级授信的获得率和便捷度；第二，针对民营企业担保圈、互联互保等风险不易识别问题，通过数据图谱等技术，深挖企业间隐性的关联，解决商业银行与企业间信息不对称的问题，加强对企业整体风险的把控；第三，通过智能信贷平台场景的搭建，为普惠金融客户提供更高效、便捷的融资服务，解决商业银行物理网点在村镇分布不足的问题，降低商业银行的经营成本。

因此，下一阶段国有商业银行信贷管理体制的优化，应充分利用基于金融科技形成的新媒介、新技术、新平台，以科技赋能解决信贷管理体制中存在的痛点问题。

第二节 国有商业银行信贷管理体制优化的对策建议

全额资金管理体制是目前国际商业银行较为普遍的选择，它可以提高商业银行的资金运用水平，便于商业银行总行统一管理银行资金，控制利率风险和流动性风险，提升产品定价水平。但由于我国国有商业银行客观存在的网点范围分布广泛、区域发展差异较大、科层制管理体制垂直化的问题，全额资金管理体制在实际执行过程中加剧了资金市场无序竞争和资金成本上升等问题，因此国有商业银行需要优化资金管理体制。

一、正确处理全额资金管理中的收权与授权

制度设计理论认为，在信息不对称和有限理性人的前提假设下，委托代理问题的存在是不可避免的，因此制度设计应遵循"激励相容"的根本原则。在制度设计时如能实现代理人自身利益与集团（企业）的利益最大化目标一致，平衡个人利益与集体利益，则这种制度安排将会是"激励相容"的。在全额资金管理模式下，商业银行总行将资金管理的权限全部上收至总行，总行权力得到扩张的同时也打击了分支机构的积极性和灵活性。由于总行对各分行同类型资金的收购

价格和卖出价格是执行全国统一的平均价的,但实际上各分行因为区域经济发展水平、资金规模不同,在市场上的揽存价格是不同的,导致有些分行向总行"卖出"资金时差价极低,或者甚至向总行贴钱交存款,"揽存"的积极性受到极大打击。同样地,资金运用方面,各地贷款市场的竞争程度不一,"统一定价"的贷款使得分行在面对同业竞争时很可能因底气不足而放弃竞争。因此,本书建议,在全额资金管理模式下,实施"收权"与"授权"的有机结合。在资金管理的制度设计中,适当给予分行一定的资金管理和运营权,激发分行发展业务的主动性与成就感,同时对自主管理资金运营效率较高的分行给予正向激励,对效率较低的分行在下一年度缩小或上收自主运营权限。

二、发挥市场导向作用,完善资金定价体系

全额资金管理体制较差额资金管理体制而言,控制了分支机构随意定价所带来的利率风险,实现资金价格对业务发展方向的引导作用。但在实际实施过程中,也应考虑我国的国情和地区性差异,尤其在当前经济环境日益复杂、我国经济正处于转型期的大背景下,应在实施全额资金管理模式的同时,进一步推进分层次、差异化的资金定价体系建设。参考贷款市场报价利率(LPR)定价模式,商业银行在内部资金转移定价(FTP)时,也可以以市场为导向,建立分层次、分地域、分行业的定价模式,利用大数据信息平台,构建行内资金收益基准曲线,在发挥资金价格对分行业务导向作用的同时,也兼顾考虑资金市场分割、来源、期限等因素对资金价格造成的影响。例如,对日常结算客户采取较低的资金价格,以提升服务质量、满足金融需求替代资金收益来吸引留存客户。又如,对长三角、珠三角等资金来源渠道多、规模大但市场竞争较激烈、客户对利率敏感性高的地区的分行给予一定幅度的资金定价权,保持分行在当地的竞争力。

三、完善全额资金管理的组织流程管理制度

全额资金管理体制加快了总行与分支机构间资金流动的速度,但同时也使得资金流动的管理流程更加复杂,对资金管理部门提出了更高的要求。一方面,基层支行需要向上级资金管理部门、业务部门、行长等多方报告资金来源和使用

情况,这样的多重报告制度使得资金使用的申报流程更为复杂;另一方面,资金管理部门需要对全行的资金头寸及时、准确地做出预判,并及时根据资金收益基准曲线和市场价格对产品报价,这使得资金管理工作的难度不断提升。因此,本书建议精简资金管理的流程,打破商业银行"条、块"管理体制对资金管理的束缚,积极推进资金管理体制的矩阵化管理和扁平化管理,实现省行资金管理部门甚至总行资金管理部门直接对接基层分支机构的前台部门,缩短资金使用的纵向流程,减少不必要的组织协调和流转,提升工作效率。

四、以权力与责任相称原则理顺信贷审批的组织体系

组织体系的构建和组织制度的制定,是其他各项制度有效实施的基础。前文提到,由于我国国有商业银行科层制管理体制与集中授信审批存在的冲突,信贷审批的实际效率降低、权责利边界模糊。因此,一方面要精简信贷审批的纵向组织架构,避免流程过长和多重委托造成的效率降低、权责利边界模糊问题;另一方面,要根据权力与责任相称的原则完善信贷审批的横向组织机构,明确不同岗位的职责,避免科层制管理体制下分支机构行长"一言堂"现象对信贷审批专业性和独立性产生不良影响。

(一)打破科层制的制约,推进"流程银行"组织架构的搭建

科层制的管理架构使商业银行内部形成了条线型组织架构,并使权责利的制度设计上形成了由上而下的垂直体系,在这种体系中,权力与责任看似明晰,但实际上容易出现"上压下"和部门间互相推诿的现象。而"流程银行"的组织架构则以业务流程为主线,强化总行业务主管部门对下级分支机构的统领职能,相对弱化分支行领导层在行政上对业务部门的干预。"流程银行"组织管理架构的特点是以某一项业务的流程为主线,从上到下设置垂直化的管理体制。例如信贷审批条线,在总行和分支行分别设置信贷审批部门,分支行的信贷审批部门人员直接接受总行信贷审批部门的领导,不受所属分支行行领导的直接领导,以减少分支行领导层对信贷审批工作的干扰,避免多重代理问题引起的总行信贷审批政策贯彻不彻底的情况,同时也简化信贷审批的纵向流转过程,提升信贷审批的实际效率。

(二)打破"部门银行"的制约,推进矩阵式组织机构建设

矩阵式组织机构建设是指以项目和客户为中心设定横向职能部门,打破"部门银行"制度下"块块分割"的局面,避免业务在流转过程中出现权责利不对等的情况。在矩阵式组织体系下,以项目为中心设置项目小组,由各条线上的职能部门派驻工作人员到项目小组,组员向条线负责人和小组负责人汇报,从而提高各条线部门的工作效率。以信贷业务为例,在分支机构同一区域内以项目为中心设立各项目小组,分支机构信贷审批业务条线派驻信贷审批人员专门负责该项目的信贷审批,该项目信贷审批的各项工作由项目小组组员直接向上级信贷审批部门和项目小组负责人汇报,提升专业审批人"单兵作战"的能力,明确信贷审批权力与责任的归属,保障信贷审批的独立性。

五、以"信贷获得"指标为依据完善信贷审批制度

从第七章的相关内容可知,我国的信用信息深度指数和信贷登记机构覆盖范围两项指标从2007年至今已有了长足进步,但合法权利力度保护指数和信用局覆盖范围两项指标一直得分较低。合法权利力度保护指数用于衡量担保法和破产法支持动产担保信贷交易的程度,信用局覆盖范围指数用于衡量国家和民营信用机构的普及度。其中,合法权利力度保护指数与商业银行关系较密切,因此本书有如下建议。

(一)进一步完善信贷审批中关于动产担保的制度

《中华人民共和国民法典》进一步完善了担保物权的相关法律规定,因此,本书建议国有商业银行根据《中华人民共和国民法典》中关于担保物权的规定完善信贷审批制度。在我国商业银行信贷业务实际操作中,无论是营销人员还是审批人员,都对动产担保的信贷业务接受度普遍不高,甚至有能不做就不做的想法,不愿意做"第一个吃螃蟹的人"。实际上,这与商业银行动产担保相关制度不完善导致的营销人员不会做、审批人员不敢做有关。因此,本书建议商业银行在信贷审批制度中完善关于动产担保的制度,允许将融资租赁、应收账款等动产作为担保物申请融资,并明确动产担保权益的实现条款、优先处置权等规则,为信

贷审批人员审批信贷业务提供制度依据。

(二)进一步提升企业获得动产融资的便利性

中国人民银行征信中心已于2019年4月开始在北京和上海试点动产担保登记制度,并开发了统一登记平台。因此,本书建议商业银行以此为契机,主动加强与政府机构的合作,实现行内系统特别是信贷审批系统与动产评估、登记、质押等平台的无缝衔接,使已完成动产登记与质押手续的信贷业务可以尽快通过审批。

六、以新技术为依托优化信贷审批流程

如今,线上办公已趋于普遍化,机器人流程自动化(RPA)成为企业数字化转型发展的一项有效工具,这也给信贷审批这一传统的银行工作带来了转型升级的契机。机器人流程自动化是指将机器人作为虚拟员工,通过利用用户界面和表面级特征来组合创建自动处理常规性、可预测的数据转录工作脚本,替代人类完成机械、重复的大批量工作,实现工作流程的自动化。因此,对于规则明确、量大重复的工作,如商业银行的对公账户备案、信用卡发卡额度审核等,RPA是目前国际先进企业较优先选择的方式,它可以提高工作效率、防范操作风险、降低人力成本。

我国国有商业银行有着庞大的基础客户群,在零售信贷业务和小微企业低风险信贷业务的审批工作上十分适合运用RPA技术。

首先,零售信贷业务如个人信用卡额度审批、个人消费贷款审批、个人住房贷款审批等,在信贷审批的授信依据上较为固定,一般以个人工资收入、住房公积金额度、个人社保缴存额度与年限为依据核定授信额度。传统的审批做法是申请人将上述材料的纸质版提交给银行信贷审批人员审批,但借助RPA技术可以实现跨系统数据共享和整合,申请人在申请界面填写固定模板的申请材料,RPA可方便快捷地调用用户在其他系统的相关资料,并与申请界面的数据进行整合,完成授信审批工作,简化零售信贷业务的流程,极大提高个人信贷客户获得融资的便捷度与效率。

其次,对于小微企业低风险信贷业务,如金融资产抵质押业务、带担保金的

信用证业务等,风险较易把控,企业融资需求存在短、频、急的特点。如果按照传统信贷审批流程申请,至少需要历经前台申请—中台审批—后台放款的流程,一周之内能完成全部流程便已经算高效了。但在RPA技术的支持下,企业只需开通商业银行认证版网上银行,就可以在企业网上银行中录入企业相关信息,RPA会自动调用该企业的工商注册信息、抵质押物评估结果和行内资信状况,自动完成信贷审批工作和放款工作,并对信贷资金流向进行合规性监控。

因此,充分利用新技术优化信贷审批流程,以实体经济的新需求创新金融服务方式,为国有商业银行适应新时代要求、提升核心竞争力提供了一个较好的思路。

七、以新经济发展理念为指导转变信贷风险管理理念

思想是行动的先导。"十四五"期间,数字经济、智能经济、生物经济、海洋经济、绿色经济五大新经济形态成为引领产业发展的核心力量。新经济企业轻资产、强网络化、低能耗、高人力成本等特点将使得新的风险问题产生,商业银行根据传统经济大客户、重资产、高能耗、密集劳动力等特点形成的风险管理理念已不能适应当前资产市场风险控制的要求,急需转变风险管理理念。

(一)提高对新经济企业的风险容忍度

在商业银行传统的信贷风险管理理念中,抵押物、员工规模、水电消耗和财务报表是考察企业经营风险的重要依据。然而,回顾近些年崛起的新经济企业的发展历程,不难发现,行业走向对企业的生产经营及发展至关重要。智能手机的发展带动了移动软件应用开发行业的发展,也拯救了如大众点评等曾经没有广告赞助的测评公司,这类公司曾因为财务数据不佳、轻资产而被银行拒之门外。因此,商业银行在评估新经济企业风险时,应改变原有的思维模式,重点关注企业所处行业以及上下游相关产业的未来发展趋势。对于行业处于上升期、产品附加值高的新经济企业,应当适当放松财务指标要求,试行风险缺口和组合限额管理。

(二)完善新经济行业的信贷政策

信贷政策是商业银行风险把控的基础,对信贷人员做出信贷决策具有刚性约束效果。商业银行的信贷政策一般会从行业和客户两个方面对本行的信贷投向和风险偏好进行底线规定。在行业方面,会明确某一类行业在本行的总体融资策略和风险控制要点。在客户分类方面,会以客户的规模、市场占有率等为标准,将客户分为积极进入类、适度进入类、谨慎进入类和退出类等几类。作为经济高质量发展和产业结构调整的重要抓手,新经济类企业在一二三产业中代表着创新驱动的发展方向。因此,商业银行要根据市场需求适时调整信贷政策,加大对新经济企业的信贷政策倾斜力度,使市场导向及时传导到前中后台。

八、完善新经济企业的风险管理体系

新经济企业尤其是数字经济企业,往往具有轻资产、高风险的特点,商业银行在对其信贷风险进行管理时,不仅要关注信用和行业风险,还要建立精细化的全面风险管理体系。

(一)完善风险预警模型

针对新经济企业的风险监测指标设置,不仅要将传统的信贷风险监测指标,如现金流状况、企业整体融资状况、财务指标、接受投资和对外投资状况等指标纳入监测模型中,还应将企业跨行业风险、技术创新失败风险、商业模式创新风险、宏观政策变化风险等风险监测指标一并纳入监测模型中,重塑风险管理的顶层设计。同时,还要不断丰富和梳理新经济企业的行业风险基础数据库,利用大数据、云平台等数字化技术和基础设施平台,对行业经营模式、技术动态、市场景气度等数据进行更新,跟踪相关政策和企业经营状况,绘制行业分析图谱,及时发现风险。

(二)创新风险管理手段

新经济企业具有轻资产、高风险的特点,这与商业银行传统的以抵质押物作为风险补偿机制的理念存在冲突。商业银行不仅要转变"当铺思想",重视第一还款来源,还要创新风险管理的机制和手段,缓释风险。

九、完善经济资本对信贷扩张的约束机制

经济资本作为对银行非预期损失进行全面风险管理的有效工具,越来越多地受到国内商业银行的重视,是商业银行可持续发展的重要管理手段。加强资本管理,可以有效转变商业银行原有的过度依赖增量、忽视存量优化调整的粗放型管理方式,使银行分支机构树立通过内部挖潜实现发展的内涵式发展道路,逐步建立科学的经营机制,从而限制商业银行信贷规模的无序扩张,引导商业银行优化资产结构,避免商业银行因将信贷资产过度集中地投放在高资本占用行业而引发系统性风险。因此,本书建议商业银行建立经济资本限额管理模式。

(一)对分行信贷业务经济资本占用增量进行总量限制

总量限制即商业银行总行根据各类贷款经济资本占用情况和业务发展需要测算每年各类贷款的增量,再将贷款规模作为资源分配给各分支机构,各分支机构只能在额度内拓展各类信贷业务。总行分配贷款规模的重要参考依据是分行上一年的净利润增长率和资本回报率。由于不同类型的信贷业务经济资本的占用系数不同,总量限额就起到了节约资本和引导信贷结构优化调整的作用,使得分支机构在有限的资本限额内优先发展资本占用低的信贷业务。

经济资本增量限额的计算公式[①]如下:

经济资本增量限额＝调整后风险加权资产增量限额×系数
　　　　　　　　＝上年度净利润×分行留存比例＋本年度净利润增量×相应比例

其中:系数是中国银行保险监督管理委员会(现国家金融监督管理总局)对我国系统重要性商业银行的腕骨监管中各行的资本指标值,与风险调整资本收益率

---

① 刘林,陈少晖,2021.我国商业银行信用风险经济资本管理研究[J].青海社会科学,(3):119-127.

基本类似,主要用于约束商业银行各类资产的扩张,推动商业银行资产结构调整优化;分行留存比例可以根据各商业银行经济资本供求总量和分红比例确定。

(二)建立限额交易机制

国有商业银行可以在银行内部建立起类似碳排放交易机制的经济资本交易机制,通过行内的市场化手段合理调剂经济资本限额余缺。各分支机构可以与总行进行经济资本交易,多卖少买。但是在资本供求不平衡时,总行有权中止限额交易,并通过系统对超限额单位的资产业务增长进行刚性控制。通过限额机制的约束,可以实现资本运用与资本价值创造的刚性挂钩,充分调动分支机构加强资本管理的积极性,有效缓解原来在宣导过程中呈现出的资本约束理念逐级减弱的现象,使得停留于总行的资本压力通过经营绩效考核和资源配置等市场化手段分散至分支机构及基层支行。具体的经济资本限额交易流程如图 9-2 所示。

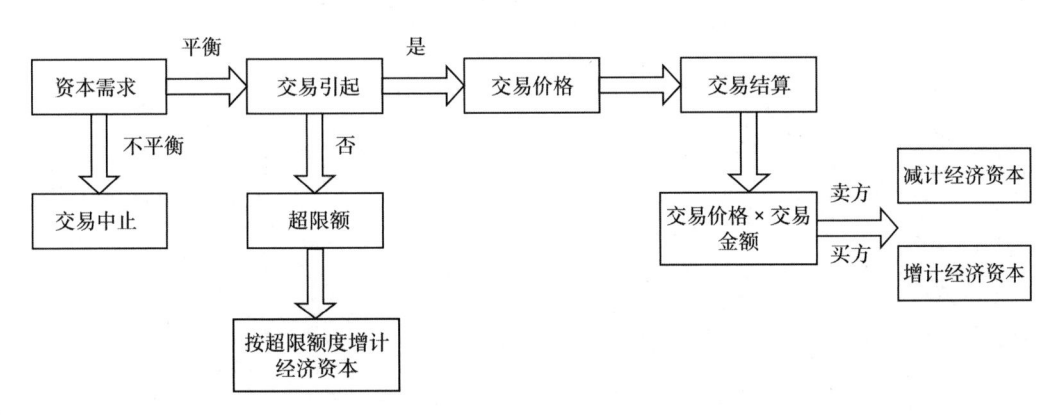

图 9-2 经济资本限额交易流程

资料来源:刘林,陈少晖,2021.我国商业银行信用风险经济资本管理研究[J].青海社会科学(3):119-127.

结论与展望

一、结论

在新时代背景下,对银行业的供给侧结构性改革就是要使银行回归本源,切实增强银行业对实体经济的服务效能。本书围绕国有商业银行信贷管理体制改革这一改革导向,运用相关理论知识,从信贷资金、信贷审批、信贷风险三个方面回顾和总结新中国成立来我国国有银行信贷管理体制建设与改革的宝贵经验及历史教训,并结合现实探索国有商业银行进一步优化信贷管理体制改革的路径,得出如下主要结论。

第一,信贷管理体制是国家经济、金融及银行体制的重要组成部分,其变迁具有一定的客观性,主要受到银行管理体制的影响和制约。因此,银行管理体制决定了商业银行的信贷管理体制。同时,银行管理体制的形成与发展也受到国民经济体制变迁的影响,因此,信贷管理体制又是国民经济体制中的有机组成部分。只有建立与银行管理体制、经济体制相适应的信贷管理体制,才能更好地发挥其管理资金、充当经济杠杆的作用。

第二,历经70多年的发展,我国国有商业银行逐步建成了与中国特色社会主义市场经济体制相适应的信贷管理体制。这与我国国有商业银行在改革中始终坚持实事求是、探索完善符合我国经济社会实际的信贷管理体制有着重要关系。大量的实践经验表明,我国国有商业银行没有完全按照西方经济学、金融学、银行学里所描述的"标准模式"建设信贷管理体制,虽然有些改革方向与西方存在相似之处,但我国的信贷管理体制建设是有着鲜明的中国特色的,始终坚持了独立自主与批判吸收的辩证统一,在审慎地学习和借鉴西方及亚洲发达国家先进经验的同时,也在不断探索着适合中国国情的道路。

第三,国有商业银行作为行业的排头兵,始终发挥着引领作用。纵观我国国有商业银行的改革历程,其既发挥着一般商业银行的信用中介、支付结算等功能,又根据政府的宏观指引承担着部分经济改革的成本与社会责任。例如在20世纪90年代的国企改革和当前对小微企业债务的减免中,国有商业银行都发挥着国有大行支持实体经济与社会经济发展的责任。

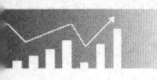

二、展望

　　国有商业银行信贷管理体制改革是一项持久、系统的工程。为优化国有商业银行信贷管理体制，本书在梳理历史的基础上，对国有商业银行信贷管理体制的现实状况进行了分析，并以将服务实体经济作为基本原则、将体制机制创新作为根本动力、将新技术作为重要载体为总体思路，对国有商业银行信贷管理体制的资金管理体制、审批管理体制和风险管理体制等方面提出了进一步优化的建议。随着我国经济转型发展和金融供给侧结构性改革的深化，国有商业银行管理体制改革必将面临一系列新的问题和新的矛盾，因此相关研究还有待进一步拓展。

参考文献

論文要約

参考文献

巴塞尔银行监管委员会,2011.加强银行公司治理的原则[M].北京:中国金融出版社.

巴曙松,吕国亮,2005.股份制改革后国有商业银行的治理结构缺陷及其国际差异[J].管理学报(1):33-36.

布鲁克,2019.金融计量经济学导论[M].第 3 版.王鹏,译.上海:格致出版社.

布罗姆利,2012.经济利益与经济制度:公共政策的理论基础[M].上海:格致出版社.

蔡清而,2006.银行公司治理研究[D].厦门:厦门大学.

曹凤岐,1999.中国金融改革、发展与国际化[M].北京:经济科学出版社.

曹凤岐,贾春新,2006.中国商业银行改革与创新[M].北京:中国金融出版社.

曹蕾,唐玮,2019.无为而治:商业银行风险管理新思维[J].财经问题研究(7):82-88.

曹远征,高玉伟,2018.中国商业银行改革 40 年[J].中国金融(21):26-28.

曾刚,2019.单一到多元的银行体系变迁[J].中国金融(13):32-34.

曾康霖,1997.中国商业银行的一般性与特殊性[J].金融研究(2):15-17.

曾康霖,1998.按现代企业制度建立商业银行[J].金融研究 (2):28-29.

曾康霖,1999.再论按现代企业制度建设商业银行[J].金融研究(9):1-4.

曾康霖,2000.商业银行:选择何种产权制度?[J].新华文摘(8):52-54.

曾康霖,2000.商业银行经营管理研究[M].成都:西南财经大学出版社.

曾康霖,2006.对国有商业银行股改引进外资的几点认识[J].财经科学(1):1-6.

曾康霖,2018.简论系统性金融风险:学习十九大报告有感[J].征信(1):1-3.

曾康霖,2018.漫谈经济与金融的关系及制度安排[J].金融理论与实践(1):1-4.

曾康霖,丁宁宁,单丽蓉,等,1999.进一步深化国有商业银行改革的探讨[J].金融研究(9):1-1.

曾康霖,王长庚,1993.信用论[M].北京:中国金融出版社.

曾康霖,严毅,1980.从我国银行的地位作用谈财政金融体制改革[J].金融研究(3):11-15.

柴晓硕,2019.国有商业银行的经营绩效分析及实证研究[J].全国流通经济(23):45-46.

陈博,尚晓贺,陶江,2016.制度环境、银行信贷与高技术产业发展:基于省际面板数据的实证分析[J].经济问题探索(5):1-8.

陈国藩,陈燕,2008.谈国有商业银行股改中政府监管行为及注资问题[J].商业时代(12):77-79.

陈华,尹苑生,2006.国有商业银行改革:传统观点和一个全新视角:基于金融脆弱性理论的实证分析[J].经济体制改革(1):73-78.

陈新平,2006.关于国有银行改革过度依赖境外资本及其市场的反思[J].财经理论与实践(5):8-13.

陈雅慧,2017.基于RAGA-PPC模型的五大国有商业银行金融创新能力评价研究[J].全国流通经济(8):75-77.

陈征,2005.《资本论》和中国特色社会主义经济研究[M].太原:山西经济出版社.

陈征,2017.《资本论》解说:第1卷[M].福州:福建人民出版社.

陈征,李建平,李建建,等,2017.《资本论》与当代中国经济[M].福州:福建人民出版社.

成思危,2006.成思危论金融改革[M].北京:中国人民大学出版社.

成思危,2006.路线及关键:论中国商业银行的改革[M].北京:经济科学出版社.

崔鸿雁,2012.建国以来我国金融监管制度思想演进研究[D].上海:复旦大学.

达潭枫,2014.银行系统性风险与宏观审慎管理:国际研究回顾与述评[J].金融发展研究(2):22-27.

戴璐,陈曦,魏冰清,2012.国外商业银行改革研究综述及其启示[J].金融论坛(4):76-80.

戴维斯,诺思,2019.制度变迁与美国经济增长[M].张志华,译.上海:格致出版社.

单丽蓉,1999.从微观层面论国有商业银行管理体制改革[J].金融研究(9):8-11.

德姆塞茨,徐丽丽,2005.产权理论:私人所有权与集体所有权之争[J].经济社会体制比较(5):79-90.

邓小平,1993.邓小平文选:第3卷[M].北京:人民出版社.

邓小平,1994.邓小平文选:第1卷[M].北京:人民出版社.

邓鑫,2010.中国国有商业银行注资问题研究[D].北京:中国人民大学.

丁芳伟,2013.国有商业银行的战略目标、组织结构与绩效[D].杭州:浙江工商大学.

丁述磊,2019.开放银行背景下我国商业银行战略转型研究[J].经济研究参考(17):98-107.

凡勃仑,1964.有闲阶级论:关于制度的经济研究[M].蔡受百,译.北京:商务印书馆.

樊志刚,2019.改革开放40年中国银行业的发展[J].前线(1):25-28.

范国英,2007.法律制度、金融结构与经济增长:以中国金融发展史为例的考察[D].北京:中国人民大学.

冯志敏,2019.当前经济形势下对国有商业银行发展的几点思考[J].新财经(5):27-28.

傅利福,2014.我国商业银行战略引资效应是否被高估[J].财经科学(7):1-10.

高同裕,陈元富,2007.国内银行引进外资:目标、约束与策略[J].南方金融(3):30-33.

高玮,2010.市场集中度、竞争与商业银行绩效[D].天津:南开大学.

高晓红,2000.外资银行进入与中国国有商业银行改革困境的解除[J].金融研究(6):40-49.

高绪阳,谭博仁,2019.中国商业银行内部资金转移定价的理论与实践[M].北京:经济管理出版社.

龚强,张一林,林毅夫,2014.产业结构、风险特性与最优金融结构[J].经济研究,49(4):4-16.

广东金融学院中国金融转型与发展研究中心银行改革组,陆磊,2006.中国国有银行改革的理论与实践问题[J].金融研究(9):1-14.

郭江,2010.我国国有控股商业银行国际化研究[D].成都:四川大学.

郭金利,2006.国有商业银行改革问题研究[D].天津:天津大学.

郭友,2007.我国股份制商业银行战略转型研究[D].成都:西南财经大学.

国际清算银行,1998.巴塞尔银行监管委员会文献汇编[M].中国人民银行国际司,译.北京:中国金融出版社.

哈克斯,2004.曼昆经济学原理学习指南[M].梁小民,译.北京:机械工业出版社.

赫国胜,李东,2012.我国上市商业银行可持续发展测度与比较[J].东北大学学报(社会科学版)(1):23-28,41.

弘毅,2020.银行历史:银行哲学要义之一[J].中国金融(11):103-104.

侯维栋,2003.商业银行改革与创新对策[J].上海金融(4):62-63.

胡海鸥,吴国祥,2000.中国金融改革的理论与实践[M].上海:复旦大学出版社.

胡锦涛,2016.胡锦涛文选:第1卷[M].北京:人民出版社.

胡锦涛,2016.胡锦涛文选:第2卷[M].北京:人民出版社.

胡锦涛,2016.胡锦涛文选:第3卷[M].北京:人民出版社.

胡仁彩,2006.国有商业银行公司治理:理论、模式与实践[D].厦门:厦门大学.

胡延平,2007.国有银行改革观点评述与对比[J].南方金融,369(5):16-17.

胡长兵,2019.改革开放40年中国金融法制的发展[J].北方金融(1):20-27.

黄德根,2003.公司治理和中国国有商业银行改革[D].厦门:厦门大学.

黄飞鸣,2017.商业银行管理学[M].上海:复旦大学出版社.

黄海南,2010.商业银行金融创新研究[D].北京:北京师范大学.

惠平,2006.中国国有商业银行战略转型研究[D].厦门:厦门大学.

纪彦彬,2016.中国的银行体系变迁研究:1840—1937[D].北京:中央财经大学.

江春,1998.《产权与中国的经济改革》评介[J].经济学动态(2):77-79.

江其务,周好文,2004.银行信贷管理学[M].北京:中国金融出版社:5-6.

江泽民,2006.江泽民文选:第1卷[M].北京:人民出版社.

江泽民,2006.江泽民文选:第2卷[M].北京:人民出版社.

江泽民,2006.江泽民文选:第3卷[M].北京:人民出版社.

姜建清,2002.加快综合改革提高银行竞争力[J].求是(10):35-39.

姜建清,2014.从百年变迁中把握中国银行业发展的内在规律[J].清华金融评论(2):83-86.

姜建清,2014.互联网金融与信息化银行建设[J].金融监管研究(10):1-9.

姜建清,2017.为"金融科技"正名[J].新华文摘(21):51-54.

姜建清,2019.大型银行是怎样浴火重生的:写在《中国大型商业银行股改史》出版之际[J].中国金融(3):97-98.

姜建清,2019.改革开放四十年中国金融业的发展成就与未来之路[J].上海交通大学学报(哲学社会科学版),27(1):21-26.

姜建清,2019.纠缠千年的"融资难"与"融资贵":历尽艰辛的普惠金融探索史[N].第一财经日报,2019-08-19(A12).

姜孔祝,1997.国有商业银行信贷管理理论与实务[M].济南:黄河出版社:2-5.

焦瑾璞,2001.中国银行业的市场竞争格局及其制度分析[J].宏观经济研究(6):41-46.

焦瑾璞,2002.中国银行业竞争力比较[M].北京:中国金融出版社.

金融改革与金融安全课题组,2002.银行业开放与国有独资商业银行改革[J].管理世界(4):31-36.

凯恩斯,1986.货币论[M].何瑞英,译.北京:商务印书馆.

康芒斯,1997.制度经济学[M].于树生,译.北京:商务印书馆.

康书生,周懋,2014."系统重要性银行恢复与处置计划"述评及启示[J].河北经贸大学学报,35(3):62-65.

郎咸平,2003.咸平财评银行改革:产权无关论[J].新财富(1):2.

郎咸平,2004.银行业绩与产权无关,改制是否有效[J].农村金融研究(7):52.

郎咸平,苏伟文,2003.银行改革:产权无关论[J].新财富(1):22-23.

李芳,2016.经济发展时代交叠期中国金融工具创新研究[D].太原:山西财经大学.

李菲雅,蒋若凡,陈泽明,2017.我国商业银行国际化发展指标体系构建研究:兼议国有商业银行国际化程度的比较[J].金融理论与实践(12):12-16.

李国民,2004.融资制度的概念界定与功能分析[J].青海师范大学学报(哲学社会科学版)(1):20-25.

李皓宇,2016.毛泽民:开拓红色金融伟业[J].中国金融家(7):36-37.

李健,李建军,2004.国有商业银行改革:宏观视角分析[M].北京:经济科学出版社.

李健,王丽娟,王芳,2019.商业银行高质量发展评价研究:"陀螺"评价体系的构建与应用[J].金融监管研究(6):56-69.

李江丁,2007.基于政治经济视角的我国国有商业银行改革研究[D].天津:南开大学.

李克文,宋洪涛,2004.国有商业银行公司治理与风险控制机制的改革[J].投资研究(5):12-15.

李玫,2014.银行法[M].北京:对外经济贸易大学出版社.

李儒训,1989.财政金融概论[M].上海:上海人民出版社.

李双杰,宋秋文,2010.我国商业银行战略引资的效应研究[J].数量经济技术经济研究,27(9):53-66.

李维安,曹廷求,2003.商业银行公司治理:理论模式与我国的选择[J].南开学报(1):42-50.

李文华,2001.商业银行制度论:混营—分业—综合化过程中的商业银行制度变迁研究[M].北京:中国金融出版社.

李秀松,2004.中国商业银行竞争力评价与提升战略研究[M].徐州:中国矿业大学出版社.

李亚新,2003.中国商业银行市场化改革问题研究:产权制度、治理结构与风险控制[D].天津:天津大学.

李泱,黄剑,2010.全球银行业正在走出困境:2010年度"全球银行1000排行榜"述评[J].新金融(9):15-20.

李元朋,2018.历史进程中我国商业银行改革研究[D].济南:齐鲁工业大学.

李志辉,2018.中国银行业改革与发展:回顾、总结与展望[M].上海:格致出版社:17-30.

励瑞云,1986.国民经济主要部门管理[M].长春:吉林大学出版社:461.

梁峰,2012.商业银行竞争力研究[M].北京:经济科学出版社.

梁立俊,张彬,2018.风险对冲与危机化解:改革开放40年中国金融发展的逻辑[J].理论视野,221(7):34-36,56.

林建华,1999.论国有商业银行制度创新[J].金融研究(12):43-45.

林毅夫,1994.关于制度变迁的经济学理论:诱致性变迁与强制性变迁[M]//科斯,阿尔钦,诺斯.财产权利与制度变迁:产权学派与新制度学派译文集.上海:上海三联书店,上海人民出版社:152.

林毅夫,2018.新结构经济学与最优金融结构理论[J].清华金融评论(9):105-106.

林毅夫,蔡昉,李周,2016.中国的奇迹:发展战略与经济改革[M].上海:格致出版社.

林毅夫,李永军,2001.中小金融机构发展与中小企业融资[J].经济研究(1):11-18,53.

林毅夫,孙希芳,2008.银行业结构与经济增长[J].经济研究,43(9):31-45.

林毅夫,孙希芳,姜烨,2009.经济发展中的最优金融结构理论初探[J].新华文摘(21):45-49.

林毅夫,徐立新,寇宏,等,2012.金融结构与经济发展相关性的最新研究进展[J].金融监管研究(3):4-20.

林毅夫,周其仁,姚洋,等,2018.改革的方向.1[M].北京:中信出版社.

凌冰,2018.中国大中型商业银行业务转型研究[D].沈阳:辽宁大学.

刘冰,2019.国有商业银行产权制度改革效应研究[D].沈阳:辽宁大学.

刘大远,2007.中国商业银行信贷制度研究[D].成都:四川大学.

刘孟飞,张晓岚,张超,2012.我国商业银行业务多元化、经营绩效与风险相关性研究[J].国际金融研究(8):59-69.

刘明康,2002.为何要重视银行治理机制[J].国际金融研究(4):9-12.

刘鹏,2008.中国国有商业银行改革的制度选择[D].北京:中国人民大学.

刘清,2005.国有商业银行改革研究[D].北京:中央民族大学.

刘伟,黄桂田,2002.中国银行业改革的侧重点:产权结构还是市场结构[J].经济研究(8):3-11.

刘伟,黄桂田,2003.银行业的集中、竞争与绩效[J].经济研究(11):14-21.

刘新民,2006.商业银行引进外资的利弊分析和风险防范[J].宏观经济研究(10):44-46,54.

刘勇,2010.国家经济伦理与银行改革[D].成都:西南财经大学.

刘远亮,葛鹤军,2011.外资股权对中国商业银行绩效的影响[J].金融论坛,16(12):46-50.

刘志标,2004.中国商业银行的竞争、垄断与管制:关于中国银行业的SCP分析框架[J].财贸研究(4):56-59,70.

娄祖勤,1999.商业银行信贷管理[M].广州:广东经济出版社.

楼裕胜,2007.商业银行竞争力评价方法研究[M].杭州:浙江大学出版社.

卢海峰,刘子宪,2018.国有银行制度的确立、演进及绩效评价[J].沈阳师范大学学报(社会科学版),42(6):87-92.

卢嘉圆,孔爱国,2009.境外战略投资者对我国商业银行的影响:2002—2007[J].上海金融(9):86-89.

陆磊,2004.多元博弈与国有银行改革的基本逻辑[J].南方金融(8):4.

陆磊,2007.银行:推动真实变革[J].财经杂志(4):47-49.

陆磊,李世宏,2004.中央—地方—国有商业银行—公众博弈:国有独资商业银行改革的基本逻辑[J].经济研究,39(10):45-55.

陆岷峰,周军煜,2019.中国银行业七十年发展足迹回顾及未来趋势研判[J].济南大学学报(社会科学版),29(4):5-19,157,2.

陆洋,2009.银行与战略投资者战略合作问题研究[J].投资研究(5):39-44.

罗得志,2003.中国银行制度变迁研究:1949—2002[D].上海:复旦大学.

罗润年,王琼,方萃,2002.谈信贷集中审批的负作用[J].武汉金融(6):49-50.

马伯东,2003.国有商业银行改革的思路与难点初探[D].成都:西南财经大学.

马克思,2018.资本论:第1卷[M].中共中央马克思恩格斯列宁斯大林著作编译局,编译.北京:人民出版社.

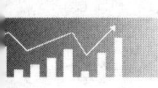

马克思,2018.资本论:第3卷[M].中共中央马克思恩格斯列宁斯大林著作编译局,编译.北京:人民出版社.

毛泽东.毛泽东选集:第1卷[M].北京:人民出版社,1991.

毛泽东.毛泽东选集:第2卷[M].北京:人民出版社,1991.

毛泽东.毛泽东选集:第3卷[M].北京:人民出版社,1991.

毛泽东.毛泽东选集:第4卷[M].北京:人民出版社,1991.

米建国,李扬,黄金老,2002.应对WTO,推进银行制度改革[J].经济研究参考(4):14-25.

苗润雨,2011.近代中国金融机构与实体经济关系研究[D].天津:南开大学.

倪玉平,2020.比较经济史:中国经济史研究的新路径[J].史学集刊(1):31-33.

聂召,2014.利率市场化改革条件下商业银行的战略转型和创新方向[J].南方金融(6):21-26.

诺思,1992.经济史上的结构和变革[M].厉以平,译.北京:商务印书馆.

诺思,2017.经济史上的结构和变革[M].北京:商务印书馆.

彭建刚,2019.商业银行管理学[M].北京:中国金融出版社.

邱立成,殷书炉,2011.外资进入、制度变迁与银行危机:基于中东欧转型国家的研究[J].金融研究(12):115-130.

上海市城市金融学会课题组,2005.国有商业银行实施战略转型的动因、路径和策略研究[J].金融论坛,10(12):18-26.

尚明主,2000.新中国金融五十年[M].北京:中国财政经济出版社.

邵学峰,李中义,2008.中国商业银行深化改革与管理创新研究:第八届国有经济论坛综述[J].管理世界(11):157-159,165.

时广东.1905—1935:中国近代区域银行发展史研究[D].成都:四川大学,2005.

史建平,2005.外资入股中资银行:问题与对策[J].中国金融(6):20-21.

史建平,2006.国有商业银行改革应慎重引进外国战略投资者[J].财经科学(1):7-13.

史建平,2006.国有商业银行引进外国战略投资者是否会威胁国家安全[J].经济研究参考(23):25.

史建平,官兵,2004.垄断、政府控制与金融制度演进[J].国际金融研究(6):60-66.

舒尔茨,2006.改造传统农业[M].梁小民,译.北京:商务印书馆.

斯密,1983.国民财富的性质和原因的研究[M].郭大力,王亚南,译.北京:商务印书馆.

宋翠玲,2018.银行开放冲击与中国商业银行竞争力提升研究[M].苏州:苏州大学出版社.

宋丹,张冬生,许华民,2019.勠力同心铸辉煌阔步奋进新时代:中国农业银行改革开放40周年发展综述[J].商业文化(2):50-55.

宋善炎,陈伟,岳意定,2015.我国商业银行可持续发展水平测度:以长株潭城市群为例[J].系统工程,33(10):122-128.

苏东海,2017.基于结构视域的中国商业银行竞争力研究[M].北京:中国财政经济出版社.

孙大权,2019.现代"银行"一词的起源及其在中、日两国间的流传[J].中国经济史研究(3):97-111.

孙玉丽,2006.中国国有商业银行制度变迁路径依赖分析[J].辽宁经济(3):40-41.

唐松,2019.新中国金融改革70年的历史轨迹、实践逻辑与基本方略:推进新时代金融供给侧改革,构建强国现代金融体系[J].金融经济学研究,34(6):3-16.

陶士贵,2009.金融体系演进中的中国银行业制度变迁研究[D].南京:南京师范大学.

陶士贵,胡静怡,2019.商业银行引进境外战略投资者的路径研究:基于国际金融公司(IFC)与中资银行的合作经验[J].经济纵横(1):112-122.

田国强,王一江,2004.外资银行与中国国有商业银行股份制改革[J].经济学动态(11):47-50.

万解秋,徐涛,2015.货币银行学通论[M].上海:复旦大学出版社.

汪爱利,郑沈芳,童建良,1996.商业银行信贷管理[M].上海:立信会计出版社.

王比,2008.银行成长、战略转型与私人银行业务发展研究[D].厦门:厦门大学.

王国刚,2019.中国金融70年[M].北京:经济科学出版社.

王国刚,2019.中国银行业70年:简要历程、主要特点和历史经验[J].管理世界,35(7):15-25.

王海英,2016.增量改革及产业政治:中国银行业金融形态变迁的历史制度分析:1984—2015[D].上海:上海大学.

王华光,1998.中国国有商业银行制度构建[M].成都:西南财经大学出版社.

王菁,2010.论巴塞尔新资本协议对我国商业银行制度改革的推进[D].沈阳:东北大学.

王立胜,赵学军,2019.中华人民共和国经济发展70年全景实录[M].济南:济南出版社.

王诺扬.中国国有商业银行的制度变迁(1978—　):基于诺思制度分析框架的研究[D].北京:中央财经大学,2012.

王溥,黄俊林,2012.动态能力视角下的商业银行战略转型与经营绩效关系的理论与实证研究:以浦发银行为例[J].管理案例研究与评论(3):178-194.

王曙光,王丹莉,2019.维新中国:中华人民共和国经济史论[M].北京:商务印书馆.

王薇,2013.中国商业银行国际化战略选择研究[D].北京:外交学院.

王曦,金钊,2019.新中国金融宏观调控体系的演变与改革方向:1949—2019[J].中山大学学报(社会科学版),59(5):13-25.

王相东,2014.中国国有商业银行信贷制度研究[D].长春:吉林大学:31,33.

王旭峰,2019.我国商业银行信贷制度的特征和变迁[J].山西财经大学学报,41(A2):31-32.

王一江,田国强,2004.不良资产处理、股份制改造与外资战略:中日韩银行业经验比较[J].经济研究,39(11):28-36,68.

王应贵,沈子杰,2019.我国商业银行盈利模式、脆弱性及创新模式探讨[J].新金融(1):32-38.

王元龙,2001.国有商业银行股份制改革的目标:建立现代商业银行制度[J].国有资产管理(1):42-44.

王元龙,2001.中国国有商业银行股份制改革研究[J].金融研究(1):87-96.

威廉姆森,温特,2020.企业的性质:起源、演变与发展[M].姚海鑫,邢源源,译.北京:商务印书馆:11.

魏春旗,朱枫,2005.商业银行竞争力[M].北京:中国金融出版社.

魏鹏,2015.瓶颈渐显探秘新路:2014年上市银行年报评述[J].银行家(5):17-20.

魏涛,张鑫,2017.中资银行引进外资:动因、影响因素与互动机制:基于优势无形资源跨国转移扩散理论的分析[J].经济问题(9):41-46,52.

巫云仙,2018.中国金融史:1978—2018[M].北京:社会科学文献出版社.

吴敬琏,2002.银行改革:当前中国金融改革的重中之重[J].世界经济文汇(4):3-10.

吴敬琏,2018.社会主义市场经济:认识进展与制度构建[J].中国金融(24):18-22.

吴卫军,2018.从技术上破产到经得起审计:国有商业银行股改成绩[J].中国金融(19):16-18.

伍成基,2000.中国农业银行史[M].北京:经济科学出版社.

武力,2010.中华人民共和国经济史:上[M].北京:中国时代经济出版社.

武力,2010.中华人民共和国经济史:下[M].北京:中国时代经济出版社.

武艳杰,2008.论我国国有银行制度变迁的路径依赖[J].当代经济研究(11):53-56.

武艳杰,2009.国有商业银行制度变迁的演进逻辑与国家效用函数的动态优化[D].广州:暨南大学.

武艳杰,谢军,2010.新制度经济学视野下国有银行制度变迁的演进论解释[J].外国经济学说与中国研究报告(00):368-375.

希克斯,2017.经济史理论[M].北京:商务印书馆.

习近平,2014.习近平谈治国理政:第一卷[M].北京:外文出版社.

习近平,2017.习近平谈治国理政:第二卷[M].北京:外文出版社.

习近平,2020.习近平谈治国理政:第三卷[M].北京:外文出版社.

习近平,2022.高举中国特色社会主义伟大旗帜 为全面建设社会主义现代化国家而团结奋斗[N].人民日报,2022-10-26(001).

肖刚,2006.基于科层治理理论的国有商业银行治理改革研究[D].上海:复旦大学.

肖耿,1997.产权与中国的经济改革[M].北京:中国社会科学出版社.

肖海军,2006.国有商业银行改革的困境与制度创新[D].沈阳:辽宁大学.

肖润华,2004.我国国有商业银行改革的比较制度分析[D].北京:中央民族大学.

肖小勇,肖洪广,2003.企业战略管理理论发展动力研究[J].北京工业大学学报(社会科学版)(4):17-22,44.

肖舟,2008.中国工商银行信贷制度变迁研究[M].北京:科学出版社.

谢平,焦瑾璞,2002.中国商业银行改革[M].北京:经济科学出版社.

谢钟芸,2017.商业银行绩效问题研究:国内外文献综述[J].中国市场(22):12-13.

信瑶瑶,2019.新中国70年银行制度建设:思想演进与理论创新[J].财经研究,45(12):73-85,123.

邢伯春,徐联忠,1994.关于专业银行商业化改革综述[J].经济理论与经济管理(3):75-80.

幸崇健,2004.加入WTO后中国国有商业银行的金融创新研究[D].成都:四川大学.

熊彼特,2017.经济分析史[M].北京:商务印书馆.

许竹青,2003.银行业国际化进程及效应研究[D].上海:复旦大学.

薛晶,2008.我国国有控股商业银行改革绩效分析以及实证研究[D].北京:北方工业大学.

颜丹宁,2016.我国上市国有商业银行经营绩效分析[J].商场现代化(21):108-109.

燕红忠,王昉,2015.中国金融史研究的动态与新进展[J].中国经济史研究(2):129-131,135.

杨馥华,2018.中国民营银行发展及规制机理研究[D].武汉:中南财经政法大学.

杨军,姜彦福,2003.国有商业银行改革的关键:完善银行治理结构[J].清华大学学报(哲学社会科学版),18(3):47-52,58.

杨希天,等,2000.中国金融通史 第六卷:中华人民共和国时期[M].北京:中国金融出版社.

杨有振,2007.中国国有商业银行制度创新研究[M].北京:经济科学出版社.

杨有振,2008.中国商业银行资产负债管理体制的演进及取向[J].山西财经大学学报(8):91-95.

佚名,2021.中共中央关于党的百年奋斗重大成就和历史经验的决议[M].北京:人民出版社.

易纲,1996.中国的货币、银行和金融市场:1984—1993[M].上海:上海三联书店.

易纲,吴有昌,2014.货币银行学[M].上海:上海人民出版社.

于良春,鞠源,1999.垄断与竞争:中国银行业的改革和发展[J].经济研究,34(8):48-57.

于晓东,2011.国有银行引进外国战略投资者成效分析[J].财经科学(10):29-38.

于晓东,2012.2003—2010年中国国有商业银行改革有效性分析[D].大连:东北财经大学.

俞乔,刑晓林,曲和磊,1998.商业银行管理学[M].上海:上海人民出版社:805-825.

袁昌菊,2005.国有商业银行市场化改革研究[D].成都:四川大学.

岳松,2003.关于国有商业银行财务管理体制的思考[J].管理世界(8):138-139.

詹向阳,2013.思索的声音:关于中国银行业改革与发展的演讲集[M].北京:中国金融出版社.

詹向阳,2013.向阳花开银行改革的思考与探索[M].北京:中国金融出版社.

詹向阳,2019.中国大型商业银行股改历程[J].杭州金融研修学院学报,266(5):79-81.

占硕,2005.引进外资战略投资者就能推动国有商业银行改革吗?:兼与田国强、王一江两位老师商榷[J].金融论坛(8):9-14,62.

张东阳,2016.人民币国际化与中资银行"走出去"研究[D].北京:对外经济贸易大学.

张海,万红,2002.中国银行制度变迁的历史考察[J].上海金融(10):18-20.

张恒,杜华东,2014.中国商业银行的股权性质与银行效率的研究:政府控股与外资参股对银行效率的影响[J].经济问题探索(3):126-130.

张杰,1998.中国国有金融体制变迁分析[M].北京:经济科学出版社.

张杰,2001.制度、渐进转轨与中国金融改革[M].北京:中国金融出版社.

张杰,2003.经济变迁中的金融中介与国有银行[M].北京:中国人民大学出版社.

张杰,2015.中国金融改革的制度逻辑[M].北京:中国人民大学出版社.

张军,2013.中国商业银行国际化发展模式研究[D].沈阳:辽宁大学.

张鹏,2010.商业银行发展过程中的功能演进[D].北京:中央财经大学.

张茜茜,2017.碳金融对我国商业银行业务转型的影响研究文献综述[J].时代金融(18):80-81.

张向菁,2004.商业银行竞争力研究[M].北京:中国金融出版社.

张向菁,2014.持续成功之道:商业银行竞争力研究[M].北京:经济科学出版社.

张鑫,2012.国有商业银行产权制度改革效应评析[D].长春:吉林大学.

张兴胜,2007.渐进改革与金融转轨[M].北京:中国金融出版社.

张焱焱,2015.商业银行竞争力提升策略[M].沈阳:沈阳出版社.

张一林,林毅夫,龚强,2019.企业规模、银行规模与最优银行业结构:基于新结构经济学的视角[J].管理世界,35(3):31-47,206.

张羽,2007.中国国有商业银行制度变迁的逻辑[D].大连:东北财经大学.

张羽君,2012.刍议城市商业银行内部治理制度创新[J].商业时代(10):69-70.

章彰,2002.商业银行信用风险管理:兼论巴塞尔新资本协议[M].北京:中国人民大学出版社.

赵富春,2018.中国农业银行三次废立的历史研究:1951—1965[D].保定:河北大学.

赵红,赵雪言,张翼,2016.境外战略投资者对我国商业银行的影响:2002—2007[J].西安交通大学学报(社会科学版),36(2):47-52.

赵洪瑞,李克文,王芬芬,2019.商业银行战略转型的理论、路径与实证研究[J].金融监管研究,89(5):47-69.

赵亮,2018.外资参股对我国商业银行盈利效率的影响研究[J].技术经济与管理研究(1):81-85.

赵鑫,2005.我国银行制度变迁研究:1949—2004[D].西安:西北大学.

赵学军,2018.2017年当代中国金融研究回顾[J].金融理论探索(3):72-80.

赵学军,2019.中国经济的发展与变革[J].中国金融(19):163-165.

郑有贵,2019.中华人民共和国经济史:1949—2019[M].2版.北京:当代中国出版社.

中共中央党史和文献研究院,2018.十八大以来重要文献选编:下[M].北京:中央文献出版社.

中共中央党史和文献研究院,2019.十九大以来重要文献选编:上[M].北京:中央文献出版社.

中共中央党史和文献研究院,2021.十九大以来重要文献选编:中[M].北京:中央文献出版社.

中共中央文献研究室,2008.建国以来周恩来文稿:第1册[M].北京:中央文献出版社.

中共中央文献研究室,2008.建国以来周恩来文稿:第2册[M].北京:中央文献出版社.

中共中央文献研究室,2008.建国以来周恩来文稿:第3册[M].北京:中央文献出版社.

中共中央文献研究室,2011.建国以来重要文献选编:1~20[M].北京:中国文献出版社.

中共中央文献研究室,2011.三中全会以来重要文献选编:上[M].北京:中央文献出版社.

中共中央文献研究室,2011.三中全会以来重要文献选编:下[M].北京:中央文献出版社.

中共中央文献研究室,2014.十八大以来重要文献选编:上[M].北京:中央文献出版社.

中共中央文献研究室,2014.习近平关于全面深化改革论述摘编[M].北京:中央文献出版社.

中共中央文献研究室,2016.十八大以来重要文献选编:中[M].北京:中央文献出版社.

中共中央文献研究室,2017.习近平关于社会主义经济建设论述摘编[M].北京:中央文献出版社.

中国人民银行,2012.中国共产党领导下的金融发展简史[M].北京:中国金融出版社.

《中国工商银行史》编辑委员会,2008.中国工商银行史:1984—1993年[M].北京:中国金融出版社.

《中国工商银行史》编辑委员会,2008.中国工商银行史:1994—2004年[M].北京:中国金融出版社.

《中国工商银行史》编辑委员会,2008.中国工商银行史:附录卷[M].北京:中国金融出版社.

《中国建设银行史》编写组,2010.中国建设银行史[M].北京:中国财政经济出版社.

《中国银行行史》编辑委员会,2001.中国银行行史:1949—1992年:上[M].北京:中国金融出版社.

《中国银行行史》编辑委员会,2001.中国银行行史1949—1992年:下[M].北京:中国金融出版社.

钟伟,巴曙松,2003.中国银行业改革的路径选择[J].经济导刊(7):14-21.

周超,2018.商业银行供给侧结构性改革研究综述与展望[J].管理现代化,38(5):127-129.

周月秋,2018.银行改革发展新起点[J].中国金融(2):31-33.

周宗安,2009.中国国有商业银行产权制度改革研究[D].哈尔滨:哈尔滨工业大学.

朱德林,1988.财政金融学[M].重庆:重庆出版社.

朱雪华,2008.中国国有商业银行改革研究:产权、公司治理与效率[D].北京:中国人民大学.

朱毅峰,等,1989.工商信贷[M].大连:东北财经大学出版社.

祖梅,2007.国有商业银行信贷审批业务的制度分析[J].当代经济(9):124-125.

ALFRED N,1967. Stock versus mutual savings and loan associations: some evidence of differences in behavior[J]. The American economic review, 57(2): 337-346.

ALLEN F,QIAN J,QIAN M J,2008.China's financial system: past, present, and future[J]. China's great economic transformation:506-568.

BAE S C, KLEIN D P, PADMARAJ R, 1994. Event risk bond covenants, agency costs of debt and equity, and stockholder wealth[J]. Financial management,23(4):28-41.

BHATTACHARYYA A, LOVELL C A K, SAHAY P, 1997. The impact of liberalization on the productive efficiency of Indian commercial banks[J]. European journal of operational research,98(2):332-345.

BOATENG A, HUANG W, KUFUOR N K,2015.Commercial bank ownership and performance in China[J]. Applied economics,47(49): 5320-5336.

CROUHY M , GALAI D , MARK R,2000.A comparative analysis of current credit risk models[J]. Journal of banking & finance, 24(1-2):0-117.

DEMSETZ H, 1967. Toward a theory of property rights', papers and proceedings of the seventy-ninth annual meeting of the American economic association[J].American economic review, 57(2):347-359.

DEMSETZ H,1967. Toward a theory of property rights[J]. The American economic review, 57: 347-359.

FRIED J , HOWITT P,1979 .An explanation of credit rationing based upon the theory of implicit contracts[R].London, Ontario:Department of Economics Research Reports of Western University,12: 471-487.

GARCÍA-HERRERO A, GAVILÁ S, SANTABÁRBARA D,2006. China's banking reform: an assessment of its evolution and possible impact[J]. CESifo economic studies,52(2):304-363.

GERSCHENKRON A,1962.Economic backwardness in historical perspective [J]. Cambridge, Massachusetts: the Belknap Press of Harvard University Press.

JAFFEE D M, MODIGLIANI F,1969. A theory and test of credit rationing [J]. American economic review,59(5):50-72.

JEFFERSON G H,RAWSKI T G,1995. How industrial reform worked in China: the role of innovation, competition, and property rights[J]. Proceedings of the World Bank Annual Conference on Development Economics:129-156.

LEUNG M-K,MOK V W-K,2000. Commercialization of banks in China: institutional changes and effects on listed enterprises[J]. Journal of contemporary China, 9(23): 41-52.

LEWIS W A,1951. The principles of economic planning[J].Southern economic journal,(18):309-323.

LEWIS W A,1951. The principle of economic planning[J]. Southern Economic-Journal,18(1):309-323.

MCKINNON R I,1993. The order of economic liberalization: financial control in the transition to a market economy[M]. Baltimore, MD:Johns Hopkins University Press.

MCKINNON R I,1993. The order of economic liberalization: financial control in the transition to a market economy[M]. Baltimore, MD:Johns Hopkins University Press.

MOULTON H G, 1918. Commercial banking and capital formation: IV [J]. Journal of political economy, 26:849-881.

MYRDAL G,1968. Asian drama: an inquiry into the poverty of nations[M]. London:Penguin books.

O'HARA M,1981. Property rights and the financial firm[J]. The journal of law and economics,24(2):317-332.

PODPIERA R,2006. Progress in China's banking sector reform: has bank behavior changed? [R].Working Papers.

RAWSKI T G, 1995. Implications of China's reform experience[J]. The China quarterly(144): 1150.

ROOSA R, 1951. Interest rates and the central bank [M]//WILLIAMS J H. Money, trade, and economic growth.New York: Macmillan.

STIGLITZ J E,WEISS A,1981.Credit rationing in markets with rationing credit information imperfect[J]. American economic review,71(3):393-410.

STOUGHTON M,ZECHNER J,2007. Optimal capital allocation using RAROC and EVA[J].Journal of financial intermediation,16(3):312-342.

TULKENS H,2013. On FDH efficiency analysis: some methodological issues and applications to retail banking, courts, and urban transit[J]. Journal of productivity analysis,4:183-206.